KB008288

어리석음의 미학

도스또예프스끼의 간질병과 예술혼

일러두기

1. 이 책은 도스또예프스끼 소설집 중에서 '열린책들 세계문학판 1쇄(2010)'를 바탕으로 서술했다. '정음사 판 도스또옙스끼 전집(1980 중판)'도 일부 참고하였다. 모든 인용문은 " "으로 표기하였다. 비교적 짧은 단문이나 단어는 꼭 필요한 경우가 아니면 인용 표기만 하고, 작품명 및 쪽수는 생략하였다.
2. 본문에서 도스또예프스끼의 한국 발음은 열린책들을 따라 도스또예프스끼로 표기했고, 그 외 참고자료로 인용한 출판물의 경우에는 원저의 표기를 그대로 따랐다. (예, 앙드레 지드, 《도스토예프스키를 말하다》)
3. 러시아어 지명이나 인명의 우리말 표기는 열린책들에서 표기한 것을 따왔다.

어리석음의 미학

도스또예프스끼의 간질병과 예술혼

1판 1쇄 발행 | 2017년 10월 21일
1판 2쇄 발행 | 2018년 07월 16일

지은이 | 김진국
펴낸이 | 김경배
펴낸곳 | 시간여행
편　집 | 이진의 · 박정민
홍　보 | 강민정
본문 디자인 | 서진원

등　록 | 제313-210-125호 (2010년 4월 28일)
주　소 | 서울시 마포구 토정로 222 한국출판컨텐츠센터 419호
전　화 | 070-4032-3664
이메일 | sigan_pub@naver.com

종　이 | 엔페이퍼
인　쇄 | 한영문화사

ISBN 979-11-85346-53-3　(03330)

* 이 책의 내용에 대한 재사용은 저작권자와 시간여행의 서면 동의를 받아야만 가능합니다.
* 잘못 만들어진 도서는 구입한 곳에서 바꾸어 드립니다.

이 도서의 국립중앙도서관 출판예정 도서목록(CIP)은 서지정보유통지원시스템 홈페이지(http://seoji.nl.go.kr)와 국가자료 공동목록시스템(http://www.nl.go.kr/kolisnet)에서 이용하실 수 있습니다. (CIP 제어번호 : CIP2017025626)

* 이 도서는 국제친환경 인증을 받은 천연펄프지(Norbrite 95#)로 제작되었습니다.

어리석음의 미학

도스또예프스끼의 간질병과 예술혼

김진국 지음

시간여행

| 서문 |

도스또예프스끼로 근대를 읽다

"그런데 요즘 정신병을 앓지 않는 사람이 어디 있어요? 당신도 나도, 그리고 모든 사람이 다 정신병을 앓고 있고 또 그런 예는 얼마든지 있잖아요?"

도스또예프스끼의 미완성 유고작이라고 할 수 있는《까라마조프 씨네 형제들》의 주인공들이 나누는 대화의 한 토막인데, 19세기 러시아의 사회 분위기가 아니라 21세기 한국 사회의 집단 병리 현상을 설명하는 말이라고 해도 크게 어색하지는 않을 것 같다. 지금 이 땅에 사는 사람이라면 누구든 한번쯤은 "온 세상이 미쳐 돌아간다"라고 중얼거려 본 경험과 "미쳐도 더럽게 미친 놈"이란 욕설을 속으로 삼켜 본 기억을 가지고 있을 것이다. 소설이나 영화에서나 볼 수 있는 엽기적인 사건·사고를 거의 매일 현실에서 맞닥뜨리며 살고 있기 때문이다.

도스또예프스끼가 너나 할 것 없이 모두 정신병을 앓고 있다고 했던 19세기 러시아의 시대상황과 마찬가지로, 지금 우리 주변에서도 "미쳤네", "돌았네"라는 소리를 자주, 또 너무나 쉽게 들을 수 있는 까닭은 아마도 '근대'라는 시대 배경과 관련이 있는 것 같다. 근대의 개념과 목표, 그리고 추진 주체나 방법은 나라마다 사정이 다르겠지만, 러시아나 동아시아 국가들은 봉건 신분제 사회를 넘어 근대 시민사회로 이행하는 단계에서 서구문명을 모방하거나 수용하려 했던 공통점이 있다. 러시아의 근대를 촉발시킨 뾰뜨르 대제의 개혁정책과, 한중일 동아시아 3국의 근대화 정책(조선의 동도서기(東道西器), 중국의 중체서용(中體西用), 일본의 화혼양재(和魂洋才))은 똑같이 서구문명, 특히 서구의 과학기술을 모방하거나 습득하려는 목표를 갖고 시작한 것이다. 이와 같은 관점에서 볼 때, 《한국현대사》나 《한국전쟁의 기원》이란 책으로 한국 사회에 잘 알려진 브루스 커밍스 교수가 비서구권 국가의 근대를 "서구에 속하지 않는 나라들이 조금씩 서구 국가 비슷하게 행동하기 시작하는 것"이라고 평가한 것은 명쾌한 정의라고 할 수 있을 것 같다.

그런데 이들 국가가 외형만이 아니라 국민의 삶은 물론 사고방식까지 근대식으로, 다시 말해 서구식으로 바꾸기 위해서는 수천 년 이상 이어져 온 전통문화에 뿌리를 둔 습관이나 사고방식을 부정하거나 포기·말살하는 과정이 필요하다. 문화와 문명이 충돌함으로써 당연히 개개인들의 정체성에 혼란이 생기고 자아의 분열이 일어나게 된다. 정도의 차이일 뿐 누구나 미칠 수밖에 없는 것이 근대라는 시대의 환경인 것이다. 그러므로 자기 의지와는 무관하게 근대의 인간으로 살아가야 하는 사람들이 근대문명의 일방적인 수혜자로서 건강하게 또 행복하게 살아가는가에 대해서는 확신에 찬 답을 할 수가 없다. 도스또예프스끼의 시대감각을 따르자면, 시대가 병든 시대요 세상이 병든 세상이기 때문이다.

도스또예프스끼는 러시아 근대의 중심에 서 있었지만, 근대의 행렬에서는 낙오자였고 근대사회의 이방인이었으며, 이성과 계몽이 비춘 불빛으로 환하게 밝아진 근대가 배척하고 경원하는 병자였다. 병 자체보다는, 눈을 흘기면서 쉽사리 곁을 내주지 않으려는 세상 사람들의 편견과 차별이 더 아팠을 간질병 환자였다. 그래서 자기 시대에 절망했다. 절망했던 만큼 세상을 바라보는 시선에는 혐오와 적의가 가득하다.

도스또예프스끼의 소설에 등장하는 인물 중에는 우리가 '정상'이라고 생각할 수 있는 인물을 찾기가 어렵다. 거의 대부분 미쳤든지, 바보처럼 멍청하든지, 간질병 같은 중병이 들었든지, 그도 아니면 악마나 야수에 비길 정도의 잔혹한 범죄자들이다. 이런 인물의 병든 몸과 마음, 병든 영혼까지 지루할 정도로 장황하게, 그리고 잔인하다 싶을 정도로 속속들이 파헤쳐 드러내놓은 것이 도스또예프스끼의 소설이다. 혐오와 적의로 가득 찬 그의 세계관이 반영된 탓이리라. 그래서 그의 소설을 읽는다는 것은 정신병리학 교과서를 읽는 것이나 다를 바가 없다. 자연스럽게 독자인 나 자신의 내면에 숨어있는 광기와 악마나 야수, 바보 같은 분신들을 만나게 된다. 불편하고 짜증이 나기도 하고, 불쾌하기도 하지만 도스또예프스끼를 통해 나 역시 병든 시대를 살아가는 병든 인간이며, 소용돌이치는 근대의 물결에 내던져진 "무력하고 결함투성이의 하잘것없는 존재"이면서도 죄 많은 인간임을 확인하게 된다.

◆ ◆ ◆

이 책은 4부로 구성되어있는데 1부에서는 도스또예프스끼의 간질병을 현대의학의 관점에서 진단해보고, 간질병이 그의 삶은 물론 인생관이나 창작 활동에 어떤 영향을 미쳤는지를 살펴본다. 간질병 이야기가 길어진 것은 간질병에 대한 이해 없이 도스또예프스끼를 온전히 읽고 이해하기가 불가능하다는 생각에서였다. 도스또예프스끼에게 간질병은 치료하고 극복해야 할 질병이 아니라 창작의 원동력이었고, 곁에서 보는 사람들이 진저리를 치는 발작의 순간은 삶의 희열을 맛보게 하는 자극제 같은 것이었다. 자신이 창조해낸 작중인물들을 통해, 그 순간의 기억과 간질병 환자만의 특이한 행동을 도스또예프스끼는 의학전문서적에 서술된 것보다 더 정확하고 실감나게 표현한다.

2부는 상처받고 병든 도스또예프스끼의 눈에 비친 러시아 근대의 풍경을 정리한 것이다. 도스또예프스끼가 관찰한 근대 러시아의 뒷골목 분위기와 또 근대의 그늘진 곳에 겨우 발붙이고 사는 근대형 인간들의 불안과 우수, 비애는 시공간을 훌쩍 건너뛰어 지금 한국 사회에도 만연하고 있고, 점점 더 확산되는 정서이다. 책을 덮고 당장 우리 주변을 살펴보면 대상을 특정할 수 없는 원한과 적개심으로 하루 종일 속을 부글부글 끓이는 라스꼴리니코프 같은 은둔형 외톨이들과, 아버지를 죽이지는 않았지만 죽이고는 싶은 드미뜨리들, 돌고루끼와 같은 여성 혐오자들, 그리고 얼굴에 온통 육욕이 질질 흐르는 까라마조프형 '아재'들을 마주치는 것이 그리 어렵지 않다.

근대 문명사회를 지탱하는 몇 가지 토대를 꼽으라면, 법치주의와 첨단 의료체계, 관료제도, 과학기술 수준 같은 것들이라고 할 수 있다. 도스또예프스끼는 이 각각의 영역에 숨어있는 문명사회의 부조리를 천재 작가다운 날카롭고 세련된 필치와 병자 특유의 예민한 감수성으로 까발려놓는다. 도스또예프스끼가 포착한 문명사회의 부조리를 모아놓은 3부의 글에서는, OECD 국가에 소속되고 당당하게 문명사회라고 주장하는 우리 사회의 거북하고 불편한 현실과도 맞닥뜨리게 된다. 그리고 간질병 때문에 도스또예프스끼의 자아에서 분열되어 나온 병적인 분신이 내지르는 위험하기 짝이 없는 헛소리도 듣게 될 것이다.

4부는 이 책을 마무리하는 글이다. 도스또예프스끼는 혼돈과 무질서, 타락과 방종에 빠진 거친 세상을 구원할 수 있는 힘은 오직 '아름다움'과 '어리석음'에서 나온다고 보았다. 그런 시각에서 대문호 도스또예프스끼가 창조한 인물이 '유로지비' 즉 바보 성자인 미쉬낀 공작과 바보처럼 순수한 알렉세이 까라마조프다. 하지만 이 인물들이 19세기 러시아 사회에 만연한 불안과 우수, 공포와 절망을 극복할 수 있는 힘이나 지혜를 보여주지는 않는다. 오히려 탐욕과 범죄, 음모와 배신이 다반사로 일어나는 세상 한가운데에 측은할 정도로 무기력하게 내동댕이쳐져 있을 뿐이다.

도스또예프스끼는 자기 시대의 방탕과 방종에 분노하고 절망했지만 단 1분 1초라도 삶의 의지를 굽힌 적은 없었다. 또 온 세상 사람들이 혐오스러워하는 병을 앓았고, 그 병이 깊어져 몸이 만신창이가 되었지만 단 한순간도 병마에 무릎 꿇지는 않았다. 처절한 고통의 시간을 오히려 자신의 예술혼을 고양시켜 영혼의 세계를 개척하는 기회로 삼았다. 몸은 병들었으면서도 그저 삶을 이어간다는 데 만족했던 것이 아니라, "무엇을 위해 살 것인가"에 대한 자신의 "확고한 관념"을 내면의 불가마에서 끊임없이 담금질했던 위대한 작가였다.

천재 작가이기도 하고, 간질병 환자이기도 한 도스또예프스끼의 삶은 어리석은 인간이, 병든 인간이, 자기 시대에 절망한 인간들이 갈망하는 '아름다운 삶'을 찾기 위한 멀고도 험한 고행의 길 같은 것이기도 하다.

어리석음이 끼어들 틈이 없는 인공지능의 시대에, 아름다움조차 시장에서 거래되는 시장만능의 시대에 도스또예프스끼의 아름다움과 어리석음이 한량없이 초라하고 시시하고 무기력해보이지만, 달리 생각하면 병든 한 시대를 헤쳐나가게 하는 또 하나의 처방일 수도 있다. 특히 지금 이 시대에 절망한 사람들, 그리고 내가 머물고 있는 이 세상이 정말 살 만한 가치가 있는지 의심스러워하는 사람들, 그런 사람들의 식어가는 삶의 의지에 다시 불을 지피는 불씨가 될 수 있을 것이라 믿는다.

끝으로 이 책이 세상 사람들의 편견과 오해 때문에 더 아파하는 간질병 환자들, 그 아픔을 같이 감당하면서도 하소연할 곳도 없는 가족들, 나아가 온갖 난치성 질병으로 고통받는 몸으로 해서 영혼이 슬픈 사람들에게 작은 위안이 될 수 있었으면 좋겠다.

2017년 7월 연일 폭염주의보가 내리는 대구에서
김진국

차례

2부 근대의 그늘

3부 문명사회의 부조리

4부 아름다움과 어리석음

1부

병든 시대의 병든 이방인

유령, 이것은 말하자면 내세의 작은 조각과 파편들이고, 그것은 그들의 시작이다. 물론 건강한 사람에게는 그들이 보일 이유가 없다. 왜냐하면 건강한 사람은 가장 현세적인 사람이므로 완전과 질서를 위해 반드시 지상에서의 현세적인 삶만을 살아야 하기 때문이다. 그런데 조금이라도 병이 나서, 유기체 속의 정상적인 지상의 질서가 조금이라도 파괴되면, 다른 세계의 가능성이 나타나기 시작한다. 병이 깊어지면 깊어질수록 다른 세계와 접촉이 빈번해지고, 그러다가 완전히 죽게 되면 그는 곧바로 그 다른 세계로 가게 되는 것이다.

_《죄와 벌》 중에서

1장

거룩한 병자

"이 사람이, 정말 이 사람이…."

그녀는 목이 끓는 것도 아니고, 쉰 것도 아닌 이상한 소리에 놀라 잠이 깼다. 떨리는 손으로 촛불을 밝히고 남편의 침대로 달려갔더니, 그는 침대 끝에 누운 채 온 몸을 구부리고 있었다. (중략) 얼굴은 새파랗고, 입에서는 거품이 끓고 있었다. 그녀는 그가 떨어지지 않도록 온 힘을 다해서 그를 침대 가운데로 옮겼다. 무릎을 꿇고 앉아 입술의 거품과 이마에 맺힌 땀을 수건으로 닦기 시작했다. 이제 그는 죽은 사람처럼 창백한 얼굴로 조용히 누워 있었다. (중략) 이 사람이, 정말이지, 그녀의 남편이란 말인가. 새파래진 얼굴을 한 채 뭔가 보이지 않는 방해를 이기고 침대에 앉으려고 애쓰는 이 사람이, 입에는 거품을 물고 젖은 턱수염은 한쪽으로 쏠려 흐트러져 있는 이 사람이,

정말이지 이 사람이 바로 그이란 말인가? 반년도 더 전에, 설레임에 두근거리는 가슴으로 망토를 매만지며 만났던 그이란 말인가.

구소련의 소설가, 레오니드 치프낀이 쓴《바덴바덴에서의 여름》[1] 에 나오는 이 구절에서 입에 거품을 문 채 쓰러져 버둥거리고 있는 사람은 온 세상이 대문호라 칭송하는 표도르 도스또예프스끼이고, 그를 보듬으면서 두려움과 절망에 몸서리치고 있는 사람은 그의 두 번째 아내, 안나 그리고리예브나이다.

도스또예프스끼는 첫 번째 아내와 사별한 뒤, 속기사로 고용했던 안나 그리고리예브나와 재혼한다. 도스또예프스끼 부부는 자신들을 옥죄는 궁핍한 일상으로부터 벗어나기 위해, 또 점점 심해지는 도스또예프스끼의 간질병 치료를 위해 결혼 직후인 1867년 4월부터 러시아를 떠나 약 4년 동안 유럽의 여러 도시를 전전한다. 도스또예프스끼 부부의 이때 행적을 레오니드 치프낀이 시간여행을 하듯 추적하여 한 편의 소설로 남긴 것이《바덴바덴에서의 여름》이다. 이 소설은 치프낀이 죽은 뒤에 발표되었다. 신경과 의사였던 그가 남긴 유일한 소설이다.

사고무친한 이국땅에서, 갓 결혼한 남편의 간질발작을 속수무책으로 바라보아야 하는 나이 어린 새댁의 공포와 당혹스러움을 굳이 길게 설명할 필요는 없다. 하물며 남편은 당대의 러시아를 대표하는 작가 아니던가? 치프낀은 "이 사람이, 정말이지 이 사람이……."라는 한

---

1 레오니드 치프낀,《바덴바덴에서의 여름》, 이장욱 옮김, 민음사, 2007. 53쪽(이하 치프낀,《바덴바덴에서의 여름》으로 표기).

문장 안에 남편 도스또예프스끼를 바라보는 안나 그리고리예브나의 참담한 심정을 오롯하게 드러낸다. 간질발작이 일어난 남편의 흉측하게 일그러진 모습을 지켜보는 동안 러시아를 대표하는 작가의 아내라는 자부심도 함께 일그러지지 않았을까?

대문호 도스또예프스끼는 중증 간질병 환자였다. 도스또예프스끼의 시대만이 아니라 그 이전에도, 21세기인 지금도 온 세상이 혐오와 기피, 배제의 대상으로 삼는 간질병 환자였다. 19세기를 대표하는 예술가 중 간질병 환자는 도스또예프스끼만이 아니었다. 《마담 보바리》의 플로베르도, 환청으로 자신의 귀를 잘라냈던 고흐도 간질병을 앓았다. 그런데도 유독 도스또예스프끼의 간질병만 도드라져 보이는 이유는, 보통 사람으로서는 감당하기 어려운 그만의 고단하면서 숨 가쁜 삶이 기괴하고 혐오스러운 간질병과 겹쳐지기 때문이다. 삶과 죽음, 영혼과 육체, 영광과 치욕, 빛과 어둠, 상승과 추락, 사랑과 증오, 믿음과 불신, 천사와 악마……. 양 극단을 넘나드는 그의 삶의 이력과 사상이 고질병인 간질병과 절묘한 조화를 이루며 대문호 도스또예프스끼만의 독특한 세계관과 예술혼이 주조된다.

◆ ◆ ◆

그는 한때 권력의 눈 밖에 난 불온한 사상가였고, 그로 말미암아 사형을 언도받은 사상범이었다. 두건을 덮어쓰고 사형대 위에까지 끌려가서 사형 집행을 기다리다 드라마의 한 장면처럼 극적으로 사면된다. 당시 러시아 황제였던 니꼴라이 1세(1796~1855)가 한 편의 연극[2] 같이 꾸민 형벌이었다. 황제가 젊은이들의 생명을 가지고 장난을 친 것이다.

죽음 직전에 극적으로 살아난 도스또예프스끼는 곧바로 시베리아 옴스크 수용소로 끌려가 발에 족쇄를 차고 밑바닥 계층의 온갖 흉악범들과 뒤섞여 4년간 수형생활을 하게 된다. 형기를 마친 뒤에는 졸병으로 강등되어 6년 동안이나 의무복무를 해야 했다. 원래 그는 공병학교를 졸업한 퇴역 장교(중위)였다. 수형생활 동안 그의 간질병은 전신 발작이 반복되는 중증 간질병으로 악화되었고, 이 때문에 결국 의무복무 기간을 다 채우지 못하고 군 생활을 마친다.

또 그는 가난했다. 그는 당시 러시아 사회의 신분 질서에서 잡계급에 불과한 의사의 아들이었다. 아버지가 가난한 사람들을 위한 공공의료기관에 복무한 공로로 훈장과 농노, 그리고 얼마간의 영지를 하사받은 덕분에 귀족계층의 말석에 간신히 턱걸이했지만, 도스또예프스끼가 18살 때 아버지는 농노들의 반란으로 비참하게 삶을 마친다. 그래서 지주 출신의 귀족 작가였던 똘스또이나 뚜르게네프와는 달리 도스또예프스끼는 돈 때문에 글을 써야 했던 가난한 작가였다.

---

2 1849년, 뻬뜨라셰프스끼 독서회 사건에 연루된 도스또예프스끼는 8개월간 페트로 파블로프스크 요새의 토굴 같은 감옥에 감금되었다가 사형 집행장까지 끌려간 뒤 사형집행 직전에 내린 황제(니꼴라이 1세)의 특사로 사형을 면한다. 황제는 처음부터 사형을 집행할 의도는 없었고, 사형대까지 끌고 간 것은 청년들을 겁주기 위한 황제의 각본이었다고 한다. 프로이트는 이를 '죽음의 연극'이라고 했다(지그문트 프로이트, 《예술, 문학, 정신분석》, 정장진 옮김, 열린책들, 2016. 535쪽. (이하 프로이트, 《예술, 문학, 정신분석》으로 표기) 니콜라이 1세는 프랑스 혁명의 열기가 러시아로 번지는 것을 극도로 경계하여 비밀경찰을 운영하면서 청년 지식인들의 활동을 철저하게 감시했다.

도스또예프스끼는 글을 쓰는 것 말고는 달리 돈을 만들 재주가 없었다. 생활비로 미리 받은 원고료 때문에 늘 쫓기듯이 글을 썼다. 유럽을 떠돌 때는 전부터 질투의 대상이었던 뚜르게네프에게 생활비를 빌려야 하는 굴욕적 상황에 내몰린 적도 있다. 주변의 도움 없이는 생계조차 유지할 수 없는 처지였으면서도, 전처 소생의 의붓아들, 형의 죽음으로 살길이 막막해진 형수와 조카들, 알콜 중독증이 있었던 동생의 생계까지 책임져야 할 형편이었다. 그런데도 그는 아무도 원망하지 않고 가족 부양의 책임을 숙명처럼 기꺼이 떠안았다.

한편 도스또예프스끼는 생계를 고민해야 할 절박한 형편이면서도 돈만 생기면 도박장으로 달려가는 지독한 노름꾼이기도 했다. 돈이 없으면 빌려서라도, 아내가 입던 옷을 저당 잡혀서라도 도박장으로 달려갈 정도였다. 돈을 따기 위해서도 아니고, 노름으로 잃은 돈을 벌충하기 위한 것도 아닌, 그저 목적 없는 도박의 탐닉이었다.

게다가 남녀관계가 그렇게 정결한 것도 아니다. 청년 시절에는 몹시 방탕하면서도 문란한 생활을 했고, 첫 번째 결혼 후에는 아내가 폐결핵으로 시름시름 시들어가고 있는데도 젊은 여대생과 유럽에서 애정행각을 펼쳤다. 첫 번째 아내와 사별한 뒤, 두 번째 아내인 안나 그리고리예브나를 만나기 전에도 몇몇 여성에게 청혼을 했다. 안나 그리고리예브나와의 결혼 생활에서는 피해망상 수준의 의처증과 질투심 때문에 여러 번 말썽을 일으킨다.[3]

---

3 안나 그리고리예브나 도스또예프스까야, 《도스또예프스끼와 함께한 나날들》, 최호정 옮김, 그린비, 2003. 180~181쪽(이하 안나 그리고리예브나, 《도스또예프스끼와 함께한 나날들》로 표기).

그의 사상 편력은 양 극단을 널뛰듯 한다. 청년 시절에는 공상적 사회주의의 대표자라 할 수 있는 푸리에(1772~1837)를 추종하는 사회주의자였고, 뻬뜨라셰프스끼가 주도하는 독서회 사건에 연루되어 사형수로 전락한다. 극적인 방식으로 사면된 뒤 시베리아 옴스크 수용소에서 4년간 수형생활을 하는데, 이때 사람을 반죽음으로 빠뜨리는 대발작이 일어나고 그 후 간질발작은 점점 더 심해진다. 이렇게 삶과 죽음의 경계를 넘나든 끝에 그는 무신론과 사회주의를 배척하고, 보수 성향을 넘어 '수구 꼴통' 수준의 슬라브 근본주의로 돌아선다. 그리고 그리스도와 러시아 정교를 열정적으로 믿었다. 러시아 정교만이 러시아를 구원할 수 있고, 나아가 온 인류를 구원할 수 있다면서.

그런데 독실한 수준을 넘어 광신이 아닌가 싶을 정도의 신앙심과, 도스또예프스끼의 실지 행실이나 소설 속의 이야기는 전혀 어울리지 않는다. 그의 작품에는 간통, 성매매, 소아 강간, 존속살인, 자살과 같이 그리스도 율법의 십계명을 무시하고 조롱하다시피 하는 범죄와 악마 같고 엽기적인 행각들로 가득 채워져 있다. 소설 전체가 정신과의 병록지 같다는 생각이 들 정도로, 등장인물들은 현대의학의 정신병리학 진단 기준에 비추어 볼 때 미쳤고, 미쳐가고 있다. 대부분 정신병원에 입원해야 할 수준이다. 작가의 잔인하고 엽기적이면서도 방탕·방종한 상상력은 악마조차 흠칫 놀라지 않을까 싶을 정도다.

그래서 작가의 명성에 훅 넘어가 아무 생각 없이 도스또예프스끼를 집어 들면 당황하게 된다. 끝도 없이 이어지는, 복잡하고 지루한 심리묘사에다, 등장인물들의 잔인함과 피학적이거나 가학적인 정서와 행동에 놀라고, '이 글을 쓴 사람이! 이렇게 끔찍하고 상식에 벗어난 글을 쓴 이 사람이 정말 이 사람이!! 온 인류가 칭송하는 대문호란 말인가?' 라는 회의가 생긴다.

뻬쩨르부르그의 몽상가

미친 것을 넘어 '사이코패스' 같은 인물들이 펼치는 잔혹극이나 사회부적응자들이 저지르는 범죄극 같기도 한 도스또예프스끼의 소설, 그 창작 과정에서 작가의 상상력에 가장 강렬한 영향을 미친 것은 그의 일생을 괴롭힌 불치의 간질병이다. 물론 파란만장하다는 말로는 부족한 그의 인생 역정도 지대한 영향을 미쳤겠지만, 대발작이 일어나면 사람을 반죽음으로 몰고 가는 간질병에는 견줄 바가 못 된다.

그런데 도스또예프스끼에게 간질병은 싸워서 이겨내고 극복해야 할 그런 병이 아니었다. 간질발작은 "어떤 알 수 없는 힘"이 도스또예프스끼를 "고통과 절망의 절규"와 함께 "끝없는 나락"으로 처박는 것이긴 하지만, "현실의 찬란한 순간이 즐거운 환희의 외침"으로 들려오는 순간이며 "이루 말할 수 없는 희망이 생생한 이슬방울처럼 영혼을 적"시듯 하는 순간이기도 하다.[4] 그래서 도스또예프스끼는 느닷없이

4 간질병 환자인 오르디노프가 간질발작이 일어나는 바로 그 순간의 상황을 의사가 아닌 환자 자신의 언어로 서술해 놓은 구절이다(《여주인》, 《뻬쩨르부르그 연대기》 외, 166~167쪽). 간질발작 전후 오르디노프의

그의 몸을 덮쳐오는 간질발작을 병으로 생각하기는커녕 글 쓰는 소재와 기회로 삼았다.[5] 그리고 그리스도 율법에 순종·경배하는 신앙인이라면 마땅히 감당해야 할 수난이나 고행으로 받아들였기에 간질병을 치료할 생각조차 하지 않았다.

도스또예프스끼의 간질병이 언제부터 시작되었는지에 대해서는 여러 주장들이 엇갈리고 있다. 하지만 시베리아 수용소에서 태형이라는 야만스러운 처벌을 받으면서 중증 간질병으로 악화된 것은 분명한 듯하다. 그가 수형생활을 마친 뒤, 6년으로 예정된 의무복무 기간을 다 채우지 못하고 제대하여 전업 작가의 길로 들어설 수 있었던 것은 점점 심해지는 그의 간질발작 때문이었다. 도스또예프스끼가 첫 번째 부인 마리야 드미뜨리예브나와 그다지 원만한 관계를 유지하지 못하고, 별거까지 한 것도 신혼여행 중에 일어난 그의 간질발작 때문이다. 마리야는 별거 중에 폐병을 앓게 되고 끝내 도스또예프스끼와 사별한다.

두 번째 아내인 안나 그리고리예브나가 도스또예프스끼가 죽는 순간까지 곁을 지킨 것도 어떻게 보면 남편의 간질병 때문일 수도 있다. 도스또예스프끼에 대한 안나의 사랑은 통상적인 남녀 사이의 사랑이

이상행동과 정동은《백치》,《악령》,《뻬쩨르부르그 연대기》,《백야》,《네또츠까 네즈바노바》,《죄와 벌》 같은 도스또예프스끼 소설 주인공들 대부분에게 공통적으로 나타난다.

5 "…그 모든 지나간 감정들이 이따금 나를 아프고 괴롭도록 흔들어 놓는다. 붓 아래서 그것들은 더 조용하고, 더 조화된 성격을 가질 것이며, 그럴수록 잠꼬대나 불안한 꿈같은 느낌은 덜해질 것이다. 나는 적어도 그렇게 여긴다. 글쓰기의 기계적인 활동이 이미 바람직한 영향을 미치는 것이다. 그것은 사람을 진정시키고, 냉정해지도록 만들며, 나의 내부에서 과거의 작가적 습관을 일깨우고, 나의 회상과 병적인 몽환을 일, 즉 작업으로 변환시켜 놓는다."(《상처받은 사람들》, 36쪽) 《지하로부터의 수기》 1부 마지막 부분에도 '나'는 독자가 아닌 "나 자신"만을 위하여 글을 쓴다고 하면서, "쓴다는 행위는 실제로 어딘지 일하는 것 같다"는 표현이 나온다(《지하로부터의 수기》, 65쪽).

아니었다. 안나의 사랑은 육체적인 사랑과는 무관한 "지극히 이상적이고 정신적인 사랑"으로, "천재적이고 높은 정신적 가치를 지닌 사람에 대한 숭배이자 동경"이었다. 그리고 "고난 속에 살아온 사람, 기쁨이나 행복이 무엇인지 모르는 사람, 평생 가까운 사람을 위해 모든 것을 바쳤지만 그들로부터 응당 받아야 할 사랑과 보살핌을 누리기는커녕 오히려 버림받은 사람에 대한 연민" 같은 것이었다.[6]

하지만 발작이 일어나면 처참하게 무너지며 혐오스런 짐승처럼 변해가는 남편이 어찌 한결같은 숭배와 동경의 대상이 될 수 있겠는가? 그래서 그 사랑은 "엄혹한 현실이 닥쳐오면 깨질 수도 있는 고상한 감정이요 꿈"같은 사랑이었을지도 모른다. 그러나 안나 그리고리예브나의 지고지순한 모성애는 도스또예프스끼 부부가 부닥친 엄혹하다 못해 잔혹하기까지 한 현실을 함께 이겨내고 꿈같은 사랑을 지켜낼 수 있게 한 가장 큰 힘이었다. 수전 손택은 이런 안나의 사랑을 "관대하면서도 위엄 있는 사랑"이라고 했다.[7]

도스또예프스끼의 간질병은 가정의 불행으로도 이어진다. 도스또예프스끼는 안나와의 사이에서 첫딸 소냐를 얻는다. 그의 나이 마흔이 훌쩍 넘었을 때였다. 그런데 출산의 진통으로 고통과 두려움을 겪는 아내 곁에서 도스또예프스끼는 아무 도움도 주지 못하고 오히려 간질발작을 일으켜 진통에 시달리는 산모를 극도의 공포와 긴장에 빠뜨린다. 산모는 남편의 간질발작이 더 심해질까 이를 악물고 진통을

6 안나 그리고리예브나, 《도스또예프스끼와 함께한 나날들》, 165쪽.
7 치프낀, 《바덴바덴에서의 여름》, 21쪽.

참으며 밤을 지새우고, 이튿날 어렵게 구한 산파의 도움으로 겨우 출산을 한다. 그렇게 힘들게 얻은 귀한 첫째 딸을 얼마 지나지 않아 허망하게 열병으로 잃고 만다. 그리고 소냐를 떠나보낸 뒤에 얻은 아들 알료샤도 지독한 간질발작을 일으키다가 끝내 깨어나지 못하고 도스또예프스끼 곁을 떠난다. 몸과 마음을 칼로 긁어대는 듯한 간질병이 아들에게까지 대물림되고, 그 아들이 결국 간질발작으로 부모 곁을 떠나는 모습을 지켜보아야 했던 도스또예프스끼의 슬픈 운명은 그의 심성에 어둡고도 슬픈, 담즙빛 그늘을 짙게 드리운다.

희극인지 비극인지도 구분하기 어려운, 더 기막힌 일도 있다. 돈도 혈육도 친구도 없이 망망대해나 다를 바 없는 유럽을 아내와 둘이서 방랑하던 시절, 그는 제네바에서 우연히 러시아 노시인 게르첸의 친구인 오가레프(1813~1877. 러시아 혁명가, 시인)를 만나게 된다. 고국 러시아에 대한 향수를 달래고 문학에 대한 갈증을 풀어주는 단비와도 같은 만남이었을 것이다. 그러나 그 만남은 오래 지속되지 못한다. 오가레프가 밤길에 간질발작을 일으켜 도랑에 굴러떨어진 것이다. 하필이면 오가는 사람 없는 밤에 도랑에 처박혀 다리가 부러진 채 밤새 방치된 오가레프는 골절에 독감까지 겹치게 되고, 결국 치료를 위해 제네바를 떠나 이탈리아로 간다.[8] 도스또예프스끼는 다시 외톨이 신세가 되어 삭막한 유럽의 도시를 외롭게 떠돈다. 그의 곁을 늘 안나가 지켜주긴 했지만…….

---

8 안나 그리고리예브나, 《도스또예프스끼와 함께한 나날들》, 237쪽.

◆ ◆ ◆

도스또예프스끼 소설의 배경이 되는 공간은 거의 뻬쩨르부르그로 한정되어 있다. 그가 수형생활과 군생활을 합쳐 거의 10년 가까이 세상과 격리된 생활을 마치고서 정착한 곳이 뻬쩨르부르그인데, 이를 감안하더라도 서사의 무대는 유독 뻬쩨르부르그 중심이다. 그것도 뻬쩨르부르그 중심가가 아니라 온갖 쓰레기와 오물이 범벅이 되어 냄새가 등천을 하고, 먼지를 품은 혼탁한 대기와 눅진눅진한 습기로 말미암아 전염병이 창궐하는 뒷골목 이야기다. 온 나라 방방곡곡에서 몰려든 밑바닥 인생들이 살기 위해 발버둥을 치며 죽고 죽이고 빼앗고 빼앗기던 시절, 무질서 · 무가치 · 무규범의 아노미 상태에 놓여 있던 19세기 근대의 길목에서 일어난 이야기다.

도스또예프스끼의 소설의 또 한 가지 특징은 시간의 흐름이 느껴지지 않는다는 것이다. 시간이 흐른다기보다는 정지되어있다는 느낌을 받는다. 《까라마조프 씨네 형제들》과 같은 어마어마한 분량의 소설도 실지 내용은 표도르 까라마조프가 살해된 순간과 그 사건을 둘러싼 인물들의 성격과 심리묘사가 거의 대부분을 차지한다. 《죄와 벌》도 마찬가지이다. 소설의 줄거리는 은둔형 외톨이 같이 지내던 대학 휴학생이 자기도취적인 동기에 의해 전당포 노파와 노파의 여동생을 참혹하게 살해하는 사건에 대한 것으로, 압축하면 수십 쪽의 단편소설로 끝낼 수 있는 이야기다. 하지만 노파가 살해된 시점에 시간이 정지된 채, 이야기는 하품이 나고 저절로 눈이 감길 정도로 길고도 길게 펼쳐진다. 이야기의 대부분은 그 사건에 연관된 인물들의 자기주장, 태도와 심리를 장황하게 풀어놓은 것들이다. 다른 장편소설이나 단편소설도 큰 차이는 없다.

도스또예프스끼의 작품세계에 이런 경향이 드러나는 것 역시 그의 간질병과 무관하지 않은 것 같다. 우선 그는 사형선고까지 받았던 사상범이었던 터라 당연히 정부의 요시찰 인물 중의 한 사람이었을 것이므로, 해외여행은 말할 것도 없고 국내여행조차 자유롭지 못했을 것이란 점은 쉽게 짐작할 수 있다. 그런 그가 뻬쩨르부르그에 정착한 이후로 간질발작이 점점 더 심해진다.

간질병 환자들은 혼자서 길거리를 나서기도 어려워하고, 누군가를 만나기조차 꺼리는 경우가 많다. 정도의 차이가 있긴 하지만 대개 광장공포증이나 대인기피증을 안고 살아간다. 언제 발작이 일어나 낭패를 볼지 모르기 때문이다. 대신 자기만의 세계에 푹 빠져있는 은둔형 외톨이 같은 모습으로 살아간다. 대문호로 평가받는 소설가가 아닌, 간질병 환자 도스또예프스끼의 폐쇄적인 심성과 좁은 행동반경은 그가 창조한 작중 인물들의 성격에서 짐작할 수 있다.

주변 모두와 관계를 끊고 모든 것을 던져 버린 뒤, 자신의 "껍질" 속으로 거북이처럼 숨어 버리는 돌고루끼(《미성년》), 지하에서 "우울하고 혼란하고, 거칠 정도로 고독한" 삶을 살면서, "아무와도 사귀지 않고 심지어는 말하는 것도 피하고, 방구석에만 처박혀 지내는" 터라 동료들이 "괴상한 놈" 수준을 넘어 "혐오스러운 것"을 쳐다보듯 하는 '나'(《지하로부터의 수기》), "자기만의 생각에 빠져 있어 멍한 듯한" 끼릴로프(《악령》), 끔찍할 정도로 사람을 싫어하고 말도 없으면서 오만하기 짝이 없는 스메르쟈꼬프(《까라마조프 씨네 형제들》), 자신도 믿기 어려운 "음침하고 고독하며 병적인 이성"을 가진 벨차니노프(《영원한 남편》), 밤마다 기다림의 고통을 증폭시키는 "불가사의한 공포"에 시달리는 이반(《상처받은 사람들》), 발작을 일으키고 나면 "지금 일어났던 모든 일을 모두 잊어먹고, 언제나 시간을 혼동하고, 자기만의 몽상에 몰두"하는 레뱌드끼나(《악령》), "이상하고 비사교적인 성격" 때문에 친구들로부터도 "경멸을 감수"해야 할 정도로 대인기피증이 심한 오르디노프(《여주인》), 그리고 외부 세계와 연을 끊고 관 속 같은 방에 처박혀 하는 일이라곤 "생각하는 일"밖에 없는 라스꼴리니꼬프(《죄와 벌》)까지……. 이 모든 인물이 간질병 환자, 도스또예프스끼가 만들어낸 그의 병든 분신들이며, 분열된 자아라고 볼 수도 있다.

◆ ◆ ◆

도스또예프스끼는 자신을 19세기 뻬쩨르부르그의 몽상가라 불렀다. 그는 자신을 "이따금 초점을 잃은 눈빛에, 창백하고 피로가 누적된 표정에 주의가 산만"하고, "항상 끔찍하게 고통스럽고 뭔가 머리가 깨질 것 같은 일에 빠져 있으며, 이따금은 고통 속에 찌든 데다가 마치 힘든 노동으로 피로에 지쳐 있는 듯"한 듯한 모습으로 묘사했다. 그런 겉모습 탓인지 그는 "8년 동안이나 친한 사람이라고는 거의 아무도 없"이 살았고, 초대하는 이도 기억해주는 사람도 없는 뻬쩨르부르그

의 "이방인"이었다.[9]

이 몽상가는 거의 세상을 등진 듯이 뻬쩨르부르그의 한 귀퉁이 골방에 숨어 독서와 관조, 사색으로 밤을 지새운다, 그러다가 새벽 노을이 희붐하게 창문을 물들이면 "어떤 알 수 없는 운명의 힘"이 자신의 몸에 스며드는 것을 느낀다. 맥박은 빨라지고, 얼굴은 창백해지며 설명하기 어려운 "아프고 괴로운 행복감"이 스치듯 지나가면 몽상가는 의식을 잃고 쓰러진다. 그런데 "가슴의 아련함"을 느끼면서 고통스러웠던 잠에서 깨고 나면 그의 눈에 비친 세상은 온통 새로운 모습이다. "가장 하찮고 평범한 일상의 것, 가장 무의미하고 평범한 일"이 잠에서 깨어난 몽상가의 시선에 "환상의 색채"를 띠고 나타나는 것이다.[10]

"백주 대낮에 굳게 닫힌 창문, 볼품없이 쭈글쭈글한 노파나 생각에 잠겨 혼자 중얼거리며 양손을 흔들고 마주 걸어오는 신사 등 우리가 흔히 볼 수 있는 그런 사람들, 나무로 만든 불쌍한 초가집의 창문으로 보이는 집안 풍경, 이 모든 것들"이 하찮고 평범한 것이 아니라, 죽음과도 다를 바 없는 깊은 잠에서 깬 몽상가의 "고요하고 신비스러운 상상의 화려한 화폭"을 채워주는 소재로 변한다. 그래서 뻬쩨르부르그의 몽상가는 "순간적으로 한편의 이야기, 중장편 소설"을 뚝딱 만들어내는 것이다. 소설을 쓰는 것이 아니라 혼자 중얼거리며 쏟아내는 병

---

9 《뻬쩨르부르그 연대기》(128쪽)와 《백야》(225쪽, 230쪽)에 서술된 것으로, 두 소설은 서로 내용이 겹치는 부분이 많다. 특히 《뻬쩨르부르그 연대기》에서 간질발작 직전의 정동과 신체 변화를 묘사한 대목(129쪽)은 《백야》에서 거의 자기표절 수준으로 다시 서술된다(257쪽).

10 뻬쩨르부르그의 몽상가에게 "환상의 색채"를 띠고 나타나는 것(《뻬쩨르부르그 연대기》, 130쪽)은 오르디노프에게 언제나 새로운 희망을 심어주는 "시시하고 사소한 일상"(《여주인》, 136쪽)과 같은 것이다.

적인 작화증이라고 볼 수도 있다. 작화증 중에서도 편집증, 편집광 환자들한테서 볼 수 있는 '환상적 작화증'이다.[11]

도스또예프스끼 소설에 담긴 이야기는 대개 칙칙하고 어둡고 슬프다. "아주 빈번히, 눈에 띄지 않게, 거의 비밀스럽게 뻬쩨르부르그의 무거운 하늘 아래서, 거대한 도시의 어둡고 감추어진 골목길에서, 어지럽게 소용돌이치는 삶, 둔중한 이기주의, 서로 충돌하는 이해관계, 음울한 방종, 비밀스런 범죄의 한 가운데서, 이 모든 무의미하고 비정상적인 삶으로 가득 찬 끔찍한 지옥 한가운데서 벌어지는 음울하고 괴로운 이야기"들이다(《상처받은 사람들》). 병든 시대를 헤쳐 가는 '상처받은 사람들'의 이야기이기 때문이다. 그래서 읽는 사람의 마음도 같이 음울하고 괴롭고 불쾌해진다. 그런데 그 이야기는 깊이 읽으면 읽을수록 19세기 러시아의 수도에서 살던 러시아 사람들의 이야기가 아니라 지금 이 병든 시대를 살아가는 병든 내 자신의 모습이고, "무의미하고 비정상적"이면서 "어지럽게 소용돌이치는 내 자신의" 삶의 모습을 잔인하리만치 속속들이 드러낸다는 듯한 느낌이 든다. 내 자신의 내면에 숨어있던 악마성까지. 그래서 더 불편하고 불쾌해지는 것인지도 모른다.

11 카를 야스퍼스, 《정신병리학 총론, 1권》, 야스퍼스 학회 옮김, 아카넷, 2014. 176쪽.

거룩한 병자의 예술혼

도스또예프스끼가 간질병 환자가 아니었다면 미쉬낀 공작이란 (가공) 인물은 이 세상에 태어나지 못했을 것이고, 우리는《백치》라는 소설을 읽을 수 없었을 것이다.《까라마조프 씨네 형제들》도 아예 창작되지 못했거나 이야기 전개가 완전히 달라졌을 테고,《상처받은 사람들》이나《악령》도 마찬가지다. 지상에 발표된 지 벌써 두 세기가 다 되어가는, 오랜 시간 온 세계 독서인들의 손에 들렸던 도스또예프스끼의 대표작은 그가 간질병 환자였기 때문에 창작이 가능했다.

그의 소설은 희귀한 간질병 사례를 모은 간질학 교과서라고 해도 좋을 만큼 온갖 종류의 간질병 환자가 등장한다. 더불어 그런 환자만이 갖는 독특하면서도 병리적인 정동과 이상한 몸짓까지 촘촘히 기록해 놓고 있다. 그들은 바보의 모습으로, 거룩한 성자의 음성으로, 때로는 잔인한 범죄자로, 어떤 경우에는 자학의 수준을 넘어 자기파멸적인 인물이 되어 등장한다. 도스또예프스끼가 독자들에게, 그리고 세상에 전하고자 하는 사상과 철학까지도 이들의 입을 통해 전해진다.

몸이 오래 병들어 시들다 못해 만신창이가 되어버린 사람들의 아프고 쓰라린 감정, 오랫동안 가슴 한구석에 곰삭힌 정서는 사실 건강한 사람의 평범한 오감으로는 쉽게 공감할 수가 없다. 아니, 아예 공감이 불가능한지도 모른다. 사는 방식과 보는 세계가 서로 너무 다르기 때문이다. 의사들은 그런 공감 능력이 보통 사람보다 더 떨어질 수도 있다. 의사가 읽어낼 수 있는 것은 기계로 정량·정성분석된 수치 아니면, 겉으로 드러난 증상뿐이기 때문이다. 수치와 증상을 자신만 아는 지식에 우겨넣는 것이 의사가 하는 일이다. 그렇게 작성된 처방전은 환자의 아픔이나 슬픔과는 전혀 무관한 처방일 수도 있다.

◆ ◆ ◆

간질병 환자들이 발작을 일으킬 때, 구덩이에 빠져 피울음을 토해내는 듯한 짐승의 소리를 내면서, 희멀건 눈을 치켜뜬 채 온몸의 근육을 쥐어짜는 듯한 긴장성 발작(tonic seizure)을 일으키는 시간은 아무리 길어야 기껏 십여 초, 얼핏 보면 찰나에 불과하다. 그 다음 간대성 발작(clonic seizure)이 이어진다. 이 시기에 몸의 떨림이나 강직이 서서히 풀리면서 발작이 멎는다. 그 이후 환자는 몇 시간씩 깊은 잠에 빠지거나, 비몽사몽을 헤매면서 의미를 알 수 없는 말을 쉴 새 없이 지껄이기도 한다. "몇 시간이고 그치지 않는 비명과 신음, 고통으로 일그러져 완전히 딴판이 된 그의 얼굴과 미친 듯이 멎어버린 눈동자, 횡설수설 이해할 수 없는 말을 내뱉고 있는" 도스또예스프끼의 상태[12]는 간질병 환자들이 간질발작을 일으킨 뒤의 전형적인 모습이다.

그런데 온몸을 뒤트는 고문과도 같은, 길고도 긴 고통의 시간도 지나고, 완전히 의식을 회복한 뒤에는 정작 자신의 몸에서 일어났던 일을 하나도 기억하지 못한다.[13] 다만 몸에 생긴 변화 — 입 주위의 거품

---

12 안나 그리고리예브나, 《도스또예프스끼와 함께한 나날들》, 151쪽.

13 "나는 병이 악화되고 발작이 몇 번쯤 되풀이되면 멍한 상태가 되어 기억력을 완전히 상실합니다. 그런데

이나 분비물과 상처들 — 와 주변의 황망하면서도 혐오스러운 시선, 별안간 낯설게 다가오는 주변 분위기, 그리고 이전의 발작 경험 때문에 좀 전에 자신이 발작을 일으켰음을 서서히 자각하게 되는 것이지, 발작으로 쓰러질 당시의 기억을 정확히 되살리는 경우는 거의 없다. 이때 의사들은 환자가 "의식을 잃었다(LOC= loss of consciousness)"라고 병록지에 기록하고, 간질병 진단에 중요한 단서로 삼는다.

그런데 도스또예프스끼는 보통의 간질병 환자들과는 달랐다. 간질 발작 전후에 의식을 잃는 것이 아니라, 자신의 몸과 마음에서 일어나는 변화를 정확하게 기억하고 기록으로 남길 수 있는 초인적인 능력을 가지고 있었다. 간질병 때문에 내면의 정신세계가 붕괴되기는커녕, 오히려 간질발작이 "평범한 감각에는 주어질 수 없는 집중화된 감정 상태"에 이르게 함으로써, 도스또예프스끼만이 가지고 있는 "감정의 지하 세계, 영혼의 왕국을 꿰뚫어 볼 수 있는 비밀스런 통찰력"에 불을 붙이는 기폭제 구실을 했다.[14]

◆ ◆ ◆

의사들은 외상이나 중증 뇌질환으로 뇌사 상태에 빠진 환자를 "의식이 없다", "의식을 잃었다"라고 진단한다. 간질병 환자가 발작을 일

머리는 제대로 활동을 합니다. 하지만 논리적 사상의 흐름은 차단되는 것 같아요. 두 가지나 세 가지 이상의 사상을 순리적으로 연결시킬 수 없습니다."(《백치》, 90쪽).

14 슈테판 츠바이크, 《도스토옙스키를 쓰다》, 원당희 옮김, 세창미디어, 2013. 66쪽.

으키는 바로 그 순간도 "의식이 없다", "의식을 잃었다"라고 말한다.

그런데 의식을 잃고 뇌사상태에 빠진 환자의 뇌파 파형과 간질병 환자의 뇌파 파형은 전혀 다르다. 바람 한 점 없는 날의 수평선 같이 잔잔한 뇌사환자의 뇌파 파형과 달리, 발작 상태에 들어간 간질병 환자의 뇌파는 천둥벼락과 함께 폭풍우가 몰아치면서 쓰나미가 줄을 지어 밀려오는 듯한 파형을 그린다. 지진이 일어난 것 같기도 하고, 뇌성벽력이 내리치는 것 같고, 괴력난신이 온 지축을 뒤흔들어 놓는 것 같기도 하다. 이때 환자는 의식이 없는 상태라기보다는 혼이 몸과 분리된 상태, 즉 넋이 몸을 빠져나가, '지금', '여기'와는 전혀 다른 세계에 머물고 있는 상태라고 보는 것이 옳을는지도 모른다. '지금' '여기'에 머무는 정상적인 몸이 어떻게 함부로 영계와 접속할 수 있겠는가? 도스또예프스끼가 간질병이 "정상적인 육체 상태를 거부하는 병"이라 한 이유가 바로 이 때문일 것이다.

몸을 빠져나와 영계와 접속한 순간, 혼은 희열을 느낀다. 비록 몸은 정상적인 육체 상태를 거부한 탓으로 뒤틀릴 대로 뒤틀린 채 처절한 울음을 토해내지만, 그 순간의 혼은 쾌락을 느낀다.[15] '지금', '여기'라는 시공간에 묶여 있는 보통 사람들로서는 도저히 느낄 수 없는 감각이다. 그 순간은 "시간이 멈추고 영원해지는 순간"이며, "행복을 획득"하여 더 이상 "시간이 존재하지 않게 되는 순간"이다. 그 순간에 이르면 '지금', '여기'에서의 시간은 아무런 의미가 없어진다. 그래서 간질

15 토마스 만은 그의 대표작《마의 산》에서 간질병 환자의 간질발작 순간을 "사랑의 동의어이자 뇌수의 오르가즘을 느끼는 순간"이라고 표현했다(홍성광 옮김, 을유문화사, 2008. 570쪽).

병 환자 끼릴로프(《악령》)의 시계는 정지되어있다.[16]

그러나 쾌락을 즐기는 혼과는 달리 지상에 머무는 몸은 끔찍할 정도로 아프다. 채찍으로 내리쳐질 때 겪는 아픔과도 비교할 수 없는, 처참하고 수치스러운 아픔이다. 깨어나 눈을 뜨면 느닷없이 천 길 나락으로 굴러떨어진 듯 막막하고 낯선 분위기 속에서 설명되지 않는 공허감이 찾아온다. 물수건으로 깨끗이 지워버린 듯 사라져버린 순간순간의 기억들. 입가에는 침과 피가 흐른 흔적이 남아있다. 찢겨진 이마에서는 피가 흐르고, 흘러나온 침을 삼키면서 입을 다실 때 부러진 이빨이 씹히고, 속옷은 배설물로 축축하게 젖어있다. 고개를 들어보니 혐오스럽고 흉측한 동물을 쳐다보는 듯한 주변의 냉담하면서도 적대적인 시선! 이보다 더 수치스럽고 불쾌한 아픔이 있을까?

이 아픔은 육신이 상처받을 때 느끼는 아픔과는 성격이 다르다. 지상의 정상적인 육체를 거부하는 몸에 쏟아지는 주변의 모멸과 멸시, 학대와 차별 때문에 생긴 아픔이며, 그렇기 때문에 열등감과 수치심이 뒤섞여 있어 쉽게 공감하기 어려운 아픔이다. 게다가 그 아픔이 언제 다시 찾아올지 모른다는 공포에 찌든 아픔이다. 도스또예프스끼는 그런 아픔을 직접 체험하면서 한평생을 살았다.

그런데 모멸과 멸시, 학대와 차별로 말미암은 인간의 아픔이 어찌 병든 몸에서만 생겨나겠는가? 슬프고 쓰라린 아픔을 찾아내는 도스

16 간질병 환자 도스또예프스끼의 정지된 시간 감각은《백야》에서 좀 더 상세하게 묘사되어있다. "…나에겐 시간이 정지된 것 같았습니다. 이 시간으로부터 오직 하나의 감정, 하나의 감각만이 내 안에 영원히 남아있어야만 하는 것 같았습니다. 한순간만이 영원히 계속되어야 하는 것 같았습니다. 마치 나의 삶 전체가 정지해 버린 것처럼……."(《백야》, 285쪽)

또예프스끼의 촉각은 병든 몸만이 아니라 가난한 사람들, 죄수들, 상처받은 사람들, 거리의 여자들, 거리의 바보들이 내지르는 흐느낌과 신음까지 병자 특유의 감수성으로 예리하게 포착해 낸다.

도스또예프스끼는 온 세상 사람이 혐오스럽게 생각하는 자신의 병을, 영혼의 담금질을 위해 기꺼이 견뎌내야 할 불길처럼 생각했다. 의사의 치료를 거부하고 의학자들이 세워놓은 정상과 비정상의 경계를 무의미하게 만들어버림으로써 생명과 건강의 가치를 다시 정립하게 만들었다.

도스또예프스끼에게 질병의 고통을 극복했다는 식의 평가는 오히려 모독일 수도 있다. 그는 질병의 고통을 극복한 작가가 아니라 질병의 고통을 자신의 삶의 한 부분으로 당당하게 끌어안았다. 자신의 고통을, 완성된 삶을 위해 당연히 받아들여야 할 수난과 고행으로 생각한 성자였다. 모두가 진저리치는 간질병에도 전혀 위축되지 않았다. 반복된 발작을 통해 도스또예프스끼는 신비에 싸여 있던 영혼의 세계로 성큼성큼 걸어 들어갔다. 죽어서도 꺼지지 않고 빛을 발하는 거룩한 병자의 예술혼은 발작을 통해 담금질된 것이었다. 이를 지하생활자의 거칠고도 냉소적인 넋두리를 통해 짐작할 수 있다.

> 결국 인간은 그의 영혼을 인생에서 오직 한 번만 드러내는 거야. 발작을 일으킬 때에만!
>
> 《지하로부터의 수기》, 187쪽

2장

간질, 영혼의 울부짖음

오이디푸스 콤플렉스와 히스테리

간질병의 발작 증상은, 괴성을 지르면서 의식을 잃고 쓰러진 뒤 사지와 몸통의 격렬한 경련을 일으키는 대발작(gland mal seizure) 이외에도 주변 사람은 물론 환자 자신도 의식하지 못할 정도의 짧은 시간에 나타났다 사라지는 소발작(petit mal seizure)이나 부분발작(partial seizure)이 있다. 부분발작의 유형은 일일이 헤아리기 어려울 정도로 많아서 특별한 진단 도구나 시설이 없는 환경에서는 의사도 함부로 진단을 내리기 어렵다. 하지만 대발작 증상이 있는 간질병은 워낙 증상이 뚜렷하고 주위 사람에게 강렬한 인상을 주기 때문에 동서양 가릴 것 없이 고대사회 때부터 기록으로 전해져 오는 병이다.

그런데 프로이트는 흔히 간질병이라 여겨지는 간질성 경련이나 간질 소발작, 틱 성질을 띠는 장애, 그리고 만성 구토와 거식증 같은 병은 간질 대발작과 다르다고 말한다. 프로이트는 이 증상이 어린 시절에 경험한 충격적 사건(외상)이 유발하는 히스테리의 일종이라고 주장한다.[17] 도스또예프스끼의 발작도 나쁜 아버지, 연인으로서 경쟁 관계에 있는 아버지에 대한 살해 충동(오이디푸스 콤플렉스)이 해소되자 "승리감과 해방감"에 따른 "지복(至福)의 순간"이 찾아왔다가 연이어 아버지의 죽음을 원했던 패륜에 대한 "자기 응징"의 결과[18] 로 일어난 '정서적 간질'(psychosomatic psuedosezure), 즉 일종의 '간질적 반응'이라고 할 수 있는 히스테리라는 것이 프로이트의 판단이다.

프로이트가 지적한 도스또예프스끼의 정신적 외상이란 농노들의 집단반란으로 아버지가 비참하게 살해된 사건을 말한다.[19] 아버지의 죽음에 대한 "책임감"이나 "도덕적 동요"가 도스또예프스끼의 간질발작의 원인이라고 설명한 모출스끼의 주장[20]은 이런 프로이트의 학설을 따른 것으로 보인다.

그런데 오이디푸스 콤플렉스는 이 지상의 모든 아들들이 아버지에게 가지는 보편적인 감정인가?[21] 도스또예프스끼의 유년시절은 행복

---

17 지그문트 프로이트, 《히스테리 연구》, 김미리혜 옮김, 열린책들, 1997. 15쪽.

18 프로이트, 《예술, 문학, 정신분석》, 533쪽.

19 도스또예프스끼의 아버지는 술에 취해 농노들을 가혹하게 구타했다가 이에 반발한 농노들에게 집단으로 폭행당해 비참하게 숨을 거둔다. 그런데 이때 도스또예프스끼의 나이는 사춘기도 훨씬 지난 18살이었다. 따라서 아버지의 죽음과 연관된 심리적 충격을 '유아기의 정신적 외상'이라고 보기는 어렵다.

20 콘스딴띤 모출스끼, 《도스토예프스키》, 김현택 옮김, 책세상, 2000. 19쪽(이하 모출스끼, 《도스토예프스키》로 표기).

21 러시아 철학자이며 문화비평가인 바흐찐은 "객관적인 사회 · 경제적 조건을 떠난 인간은 존재하지 않는다"라고 전제한 뒤, 프로이트가 제시한 오이디푸스 콤플렉스는 "모든 가족관계를 성적인 것으로 일관되게

하고 따사로운 기억으로 가득 채워져 있다.[22] "경건한 러시아의 가정"에서 태어나 어려서부터 부모의 사랑을 받으며 복음서를 읽었고, "까람진의《러시아의 역사》를 저녁마다 읽어주시던" 아버지에 대한 추억을 간직하고 있던 사람이 어린 시절부터 아버지 살해 충동을 억누르며 심각한 심리적 갈등을 겪었을 것 같지는 않다. 도스또예프스끼가 사회주의에 심취했다가 전향한 것도 가혹한 형벌의 효과가 아니라 부모의 가정교육으로 어린 시절부터 내면에 길러진 "러시아의 혼"과 러시아의 "국민정신" 때문이다.[23]

러시아 사회의 전통적인 질서와 가치관이 동요하는 혼란스런 시대에, 도스또예프스끼의 아버지는 아들 형제를 안정적인 신분을 가진 기술 공무원으로 만들기 위해 공병학교에 보낸다. 아버지는 돈에 관해서는 인색하기 짝이 없었고 성격도 난폭하여 자식을 거칠고 엄하게 대했다고는 하지만, 자식들이 성인이 될 때까지 아버지의 역할을 충실하게 감당해온 것만은 분명하다. 하지만 프로이트는 뚜렷한 근거도 없이 도스또예프스끼가 어릴 때부터 아버지 살해 충동에 시달렸다고 단정한다.

아버지에 대한 살해 충동이 농노들의 반란으로 간접 해소된 뒤, 동시에 일어난 심리적 만족감과 죄의식, 그런 양가감정 때문에 촉발된

취급"하여, 가족관계에서 경제적, 사회적 가치는 고려하거나 이해할 필요조차 없는 것으로 만들어버렸다고 비판한다(미하일 바흐찐,《프로이트주의》, 김윤하 옮김, 뿔, 2011. 27쪽, 164쪽).

22 오르디노프의 어린 시절의 기억(《여주인》, 168쪽)을 보라.

23 도스또예프스끼,《작가의 일기》, 이종진 옮김, 벽호, 1995년. 116쪽 참조(이하 이종진 옮김,《작가의 일기》로 표기함).

도덕적 동요가 히스테리 발작을 일으키고, 결국 대발작으로 악화되었다는 주장은, 히스테리 발작과 간질발작을 쉽게 구분할 수 없었던 20세기 초반까지는 통용될 수 있는 추론이었을지는 몰라도 21세기 의학 수준에서는 받아들이기 어려운 논리의 비약이다.

◆ ◆ ◆

도스또예프스끼는 작품 속 인물들의 간질병을 묘사할 때, 대발작이 동반되는 간질발작과 신경발작, 그리고 정서적인 문제로 발작을 일으키는 히스테리 발작의 차이를 프로이트보다 더 정확하게 알고 있었고 또 정확하게 표현했다. 한 예로《아저씨의 꿈》에서 남편 아파나시 마뜨베이치와 언쟁을 벌이던 마리야 알렉산드로브나가 발작을 일으키는 장면을 보자.

> "당신네들은 저를 미치광이 취급을 하시는군요, 그렇지요?"
> 마리야 알렉산드로브나는 증오심에 숨도 제대로 쉬지 못하면서 간신히 여기까지 말할 수 있었다. 이제 사람의 의지로는 제어하지 못할 상태가 되어있었다. 그녀는 허둥지둥 의자를 찾아내더니 의식을 잃고 그 자리에 쓰러지고 말았다.
>
> 《아저씨의 꿈》, 220쪽

발작을 일으키는 사람이, 그것도 "사람의 의지로는 제어하지 못할 상태"가 된 사람이 주변을 살핀 뒤 의자를 찾아내서 용케 그 자리에 쓰러진다? 간질발작을 일으키는 사람에게 이런 일은 있을 수 없다. 숨을 제대로 쉬지 못할 지경에 이른 것은 화가 머리끝까지 치민 사람들에게 흔히 볼 수 있는 현상이다. 씩씩거리며 과호흡을 하고 있는 것이지 간질병 환자처럼 정말 숨이 컥컥 막히는 호흡 장애가 생긴 것은 아니란 말이다. 주변에 있던 사람들은 "짐짓 기절한 체"하는 것임을 한눈에 눈치챈다.

소냐의 계모, 까쩨리나(《죄와 벌》)는 수시로 발작을 일으킨다. 그런데 그 발작은 귀족 신분의 딸로 태어났으나 무능한 남편을 만나는 바람에 밑바닥으로 추락해버린 자신의 처지에 대한 수치심과 원망, 그로 말미암은 분노가 일으키는 히스테리 발작이다. 그래서 까쩨리나는 발작을 일으키며 머리를 벽에 찍어대다가 쓰러지기도 하지만, 절대 머리에 상처를 입힐 정도로 찍지는 않는다. 적당하게 힘을 조절한다. 까쩨리나(《까라마조프 씨네 형제들》)가 히스테리 발작을 일으켜 혼수상태에서 헛소리를 하고 있다는 소식을 알료샤로부터 전해 들은 이반은 히스테리로 죽은 사람은 아직 없다며 가볍게 받아 넘기고서, 히스테리란 "하느님께서 사랑하는 마음에서 여자들에게 선사한 선물"이라고 대답한다. 이로 미루어 볼 때 도스또예프스끼는 히스테리가 주로 여자들한테서 일어나는 심리적 반응의 하나일 뿐, 목숨에 지장을 줄 정도의 병은 아니라는 사실을 정확히 알고 있었다고 보아야 한다.

히스테리 발작을 일으키는 사람은 기억을 잃는 경우도 잘 없고, 발작 전후 상황의 맥락을 정확히 꿰뚫고 있다. 그리고 쓰러지더라도 몸에 상처를 입는 경우는 없다. 누울 자리를 살핀 뒤 쓰러지기 때문에 의학지식이 없는 사람들도 쉽게 눈치를 채고는 '저 인간이 또!'를 속으로 되뇌며 눈을 흘기고 혀를 찬다. 이런 주변 분위기를 눈치 챈 당사자는 발작이 점점 더 격렬해지는 것처럼 연기를 한다. 이때 발작을 중지시키려면 약도 필요 없고, 그 사람이 말하고 요구하는 것을 인정하고 들어주기만 하면 된다. 그래서 히스테리는 발작이 일어나는 것이 아니라 히스테리를 "부린다"라고 곧잘 이야기들을 한다.

반면에 별안간 대발작을 일으킨 미쉬낀 공작(《백치》)은 한순간에 정신을 잃고 인정사정없이 15층 계단참을 굴러떨어져 돌계단에 뒤통수를 처박는다. 얼굴은 일그러질 대로 일그러져 괴물처럼 변하고 돌계단에 처박힌 뒤통수에서는 피가 질질 흐른다. 바로 앞에서 살의를 품고 칼을 빼내 들고 서 있던 로고진이 오히려 기겁을 하고 달아난다. 이 상황은 천재 작가의 상상력이 지어낸 이야기가 아니라, 지금도 간질병 환자들에게 얼마든지 일어날 수 있는 일이다. 그러나 히스테리 발작을 일으키는 사람에게 이런 일은 있을 수 없다. 계단을 흘끗 내려다보고서는 굴러떨어질 엄두조차 못 낸다. 혹시 쓰러진다 하더라도 안전하게 쓰러질 수 있는 자리를 찾아서 쓰러진다. 도스또예프스끼는 간질발작과 히스테리 발작의 이런 차이를 정확하게 알았고, 자신의 작품에도 정확하게 반영하고 있다.

신경발작

도스또예프스끼는 오랫동안 자신의 병세를 간질병이 아니라 신경발작[24]이라고 생각해왔던 것 같다. 뇌의 병리적인 문제로 생기는 간질과는 다른, 무언가 특정할 수 없는 요인에 의해 몸과 마음에 나타나는 일시적인 현상이라고 본 것이다.

도스또예프스끼가 수형생활과 군 복무를 마치고 뻬쩨르부르그에 정착한 이후 처음 발표한 작품인《상처받은 사람들》에는 두 명의 간질병 환자가 나온다. 한 사람은 1인칭 서술자이며 "러시아의 명예로운 인사"인 작가 이반 뻬뜨로비치이고, 또 한 사람은 발꼬프스끼 공작의 딸 넬리다. 소설에서 작가이면서 '나'로 등장하는 이반 뻬뜨로비치는 간질병 환자였던 도스또예프스끼가 만들어 낸 자신의 분신 정도로 생각해도 무방하다. 그런데 같은 간질병 환자인데도 주인공인 '나'의 발작 증상은 신경발작인 반면 넬리의 발작은 간질발작으로 분명하게 구별하고 있다.

니꼴라이 세르게예비치 이흐메네프가 딸의 결혼 문제로 '나', 이반

---

24 간질의 분류는 크게 전신발작(generalized seizure)과 부분발작(partal Seizure)로 나누고, 부분발작은 의식소실 유무에 따라 다시 단순부분발작(simple partial seizure)과 복합부분발작(complex partial seizure)으로 구분한다. 부분발작에서 시작하여 전신발작으로 진행하는 경우도 있는데, 이런 경우에는 '부분발작과 2차 전신화(simple/complex partial seizure with secondary generalization)'라고 명명한다. 간질병 진단의 국제기준에 따른 분류가 사용된 것은 1981년부터이다. 뇌파 측정기가 개발되지 않았던 19세기에 부분발작을 간질로 진단하기는 무척 어려웠을 것이다. 부분발작은 환자 자신도 모르게 짧은 시간에 나타났다 사라지는 경우가 많기 때문이다. 도스또예프스끼의 간질병은 측두엽 간질의 전형적인 형태라고 할 수 있는 부분발작과 2차 전신화라고 볼 수 있다. 도스또예프스끼는 2차 전신화가 일어나기 전에 반복해서 일어났던 자신의 부분발작을 간질병이 아닌 '신경발작'이라고 생각했던 것 같다.

뻬뜨로비치를 찾아왔을 때 '나'의 몸은 썩 좋지 않은 상태였다. 안색이 좋지 않은 '나'에게 노인(이흐메네프)이 무슨 일이 있는지, 감기는 아닌지 묻자 '나'는 가끔 생기는 "그냥 신경성 발작"일 뿐이라고 대수롭지 않게 대답한다. 그런데 노인이 볼일을 마치고 돌아갈 무렵 '나'의 안색은 점점 더 창백해지고 가만히 서 있기도 힘든 지경에 이른다. 이를 본 노인은 병을 대수롭게 여기면 안 된다며, 오늘은 밖에 나가지 말고 누워서 안정을 취하라고 충고한다.

노인이 돌아가자마자 '나'는 "방 한가운데 쓰러지고" 그 뒤로는 의식은 사위어들고 기억이 지워진다. 대발작이 일어난 것이다. '나'의 기억에 남아있는 것은 노인과 대화를 나눌 때부터 줄곧 곁에 있던 넬리가 소리를 지르며 팔을 벌리고 달려오던 기억뿐이다. 깨어났을 때는 침대 위에 누워 있었고, 무슨 일이 있었는지는 알 수 없고, 넬리의 얼굴이 "환영처럼, 그림처럼 어른거리고", "단지 힘이 없고 사지가 무거운 것"을 느끼면서 좀 전에 내 몸에 무슨 일이 일어났음을 짐작할 수 있을 뿐이다. 이 상황에서도 '나'는 나의 병세를 전에도 일어났고, 이미 잘 알고 있는, "금방 스쳐가는 신경발작"이라 생각하지 결코 간질병이라고는 생각지 않는다. 자신의 병은 "보통 하루 이상을 잘 끌지 않"지만, "강하고 급격한 영향을 주지 않는 것"도 아닌, 신경발작이라는 것이다.[25]

25《여주인》의 오르디노프와 무린도 똑같은 간질병 환자이지만 무린은 간질병을 앓는 환자로 오르디노프는 간질병이 아니라 "초자연적인 이상한 힘"에 이끌린 이상한 병을 앓는 것으로 설정되어있다. 그런 오르디노프에게 간질병 환자인 무린이 간질발작을 조심하라고 충고한다.

도스또예프스끼의 문장에는 '발작'이나 '경련'이란 단어가 유난히 많이 눈에 띈다. 예컨대 "긴장된 의지가 경련을 일으킨 듯", "경련과도 같은 절망", "웃음이 입가에서 경련을 일으키고", "콜레라 비슷한 발작", "너무도 풍요로운 조직체에서 터져 나온 폭풍우와 같은 첫 발작"과 같은 표현들이다. 이 밖에도 "독벌레라도 건드린 듯한 경련", "분노의 발작", "기만의 발작"과 같은 표현들도 있다. 일생을 경련이나 발작에 시달렸던 도스또예프스끼가 아니면 쉽게 쓸 수 있는 표현이 아니다. 그런 몸과 마음이 어떤 상태인지는 직접 체험해본 환자가 아닌 이상 의사조차도 함부로 짐작하기 어렵다.

다만 도스또예프스끼는 자신의 신경발작을 뇌의 병리적 변화 때문에 생기는 간질병이 아니라 긴장과 스트레스, 과로와 같은 조건에서 유발되는 심리적 질병으로 판단했던 것 같다. 신경발작은 "모든 신경의 긴장과 그의 정신적인 충격의 일상적 결과"로 나타난 현상이라고 확신에 찬 정의를 내린다.[26]

반면에 "시선 속에 황량한 기묘함"을 가진 넬리의 병에 대해서는 전혀 다른 표현을 쓴다. 넬리의 병은 "만성적이고 완만하게 진행되며 잘 낫지 않는 어떤 병"이며, "서서히 진행되지만 가차 없이 내부기관을 파괴하는 병"으로, 금방 스쳐가거나 보통 하루 이상을 잘 끌지 않는 자신의 병과는 전혀 다른 병으로 표현한다. 그리고 넬리가 "기괴한 비명

---

26 스쩨빤 뜨로피모비치는 죽기 직전에 발작을 일으킨다(《악령》, 1002쪽). 그 발작은 간질발작이 아니라 "의사(疑似) 콜레라 발작"이고, "히스테릭한 자기 단죄의 발작"이며, 환자 자신이 "금세 지나가버릴 하찮은 것으로 간주"하는, 도스또예프스끼의 주장에 따르면 일종의 '신경발작'이다.

과 함께 땅바닥에 쓰러지면서 무서운 발작"을 일으키자 간질발작을 일으킨 것이라고 명쾌한 진단을 내린다. '나' 역시 노인이 돌아가자마자 의식을 잃고 땅바닥에 쓰러졌으면서도.

◆ ◆ ◆

무신론자요 인신 사상을 신봉하는 끼릴로프(《악령》)는 간질발작에 시달리면서도 자기가 간질병 환자라는 사실을 인지하지 못하고 있다. 바로 곁에 사는 샤또프는 출산을 앞둔 아내의 진통이 시작되자 출산 용품을 빌리기 위해 끼릴로프에게 다급하게 달려온다. 그런데 조금 전까지 샤또프의 방에 와서 직접 출산 바라지를 하겠다고 나서던 끼릴로프가, 샤또프가 산파를 부르러 간 동안 혼자서 산모 방을 엿보고 있던 그가 금세 영 딴 사람이 되어있다. 얼이 빠진 사람 모양 방안을 왔다갔다 하면서 샤또프의 아내가 출산을 한다는 것도, 샤또프가 산파를 구하러 쫓아다닌 사실도 기억하지 못하고, 다급하게 아내의 출산용품을 빌리러 온 사람에게 생뚱맞은 질문을 던진다. "종종 영원한 조화의 순간들"이 있냐고.

그리고는 이어서 "갑자기 완전히 성취된 영원한 조화의 존재"에 대한 유창한 설명을 공식을 외우듯 줄줄 늘어놓는다. 그런 존재감을 느낄 수 있는 "5초"의 기쁨을 위하여 자신의 삶 전체를 내줄 수 있다며, "중간중간에 탁탁 끊어"지는 평상시 어투와는 전혀 다르게 유창한 열변을 토한다.

끼릴로프의 이런 모습을 지켜본 샤또프는 그런 순간이 자주 오느냐고 물은 뒤, 사흘이나 일주일에 한 번씩 찾아온다는 끼릴로프의 대답에 간질병을 앓고 있는 건 아닌지 다시 묻는다. 끼릴로프는 아니라고 단호하게 대답한다. 그러자 샤또프는 마호메트를 예로 들면서 간질발작을 조심하라고 충고한다.

그러나 끼릴로프에게 자신의 발작 증상은 남들이 무슨 소리를 하든 병이 아니라 "너무도 끔찍할 정도로 선명한" 기쁨을 만끽하는 순간일 뿐이었다. 게다가 죽음을 두려워하지 않고, 자살로 인간 의지의 위대함을 증명하려는 사람에게 순간의 발작이 무슨 문제가 될 수 있으랴! 간질발작을 조심하라는 동료의 충고에 사실이 그렇다 하더라도 "이미 글렀다"며 한 귀로 흘리고 만다.

이런 끼릴로프의 간질발작에 대한 병식은 미쉬낀 공작에 의해 선명하게 정리된다.

> …우수와 정신적 암흑과 억압 사이에서 순간적으로 그의 뇌는 불꽃을 튀기고 모든 활력은 폭발적으로 긴장한다. 삶의 감각과 자의식은 번개처럼 이어지는 매 순간 거의 10배로 증가되었다. 그의 모든 감정, 의심, 걱정은 지극한 평온함으로 바뀜과 동시에 빛을 발하는 기쁨, 조화, 희망이 되고, 그의 이성은 결정적인 원인을 이해하는 데까지 이른다. (중략) 이미 건강한 상태에서 상기되고 검토되는 일순간의 감각이 최상의 조화와 아름다움으로 확인된다면, 그 결과 자체가 여태껏 들어보지도 못하고 추측해보지도 못한 충만과 중용과 화해

의 감정과, 고귀한 삶의 합성과 혼합된 법열을 가져다준다면, 긴장이 비정상적이든 아니든 무슨 상관인가?

《백치》, 350쪽

간질발작은 아닌, 이상한 발작

도스또예프스끼는 시베리아 옴스크 수용소에서 수형생활을 하던 중 술 취한 교도소장의 터무니없는 명령을 거부했다는 죄목으로 온몸을 자작나무 몽둥이로 후려치는 태형을 당한다. 이때 도스또예프스끼는 자신이 여태껏 신경발작이라고 생각해왔던 발작의 양상과는 전혀 다른 대발작을 일으킨 뒤 시체와 같은 모습으로 수용소 병원에 입원하게 된다.[27]

그런데 대발작이 멈춘 뒤 도스또예프스끼는 자신의 몸에 무슨 일이 일어났는지 정확하게 이해할 수가 없다. 대발작이 일어나는 순간 기억이 끊어져 버렸기 때문이다. 시간이 지나면서 의식을 회복하고 '지금', '여기'에 대한 지남력이 완전히 돌아온 뒤에도 설명하기 어려운

27 《도스또예프스끼와 여성》(이종진 옮김, 열린책들, 2011)의 저자, 마르끄 슬로님은 도스또예프스끼의 간질에 대해 프로이트의 주장을 그대로 베낀 듯 아버지의 죽음에 따른 '외상성 충격'이 원인이라 주장하면서, 수형생활 중에 받은 체벌의 결과라는 주장은 무엇으로도 확인될 수 없는 것으로 폐기되어야 한다고 주장한다(《도스또예프스끼와 여성》, 32쪽 각주). 그런데 저자가 왜 그 주장이 폐기되어야 하는지 근거를 제시한 것은 하나도 없다.

불안감과 불쾌감만 남아있을 뿐이다. 그래서 쉽사리 자신이 간질발작을 일으킨 사실을 인정하지 않는다. 여전히 딱히 병이라고도 할 수 없는 '신경발작'이 일어난 것이지만, 다만 "이전의 신경발작과는 다르고, 간질 같으면서도 간질은 아닌 이상한 발작"을 앓았을 뿐이라고 생각한다.[28]

도스또예프스끼는 시베리아 옴스크 수용소에서의 수감생활을 담은 《죽음의 집의 기록》을 쓰면서, 죄수들이 자신과 거리를 두려 하고, 특히 강제노역장에서 일할 때는 아예 끼워주려고도 하지 않고, 심지어 욕설까지 하면서 쫓아내려 했던 이유가 자신의 귀족 신분 탓이라고 일관되게 쓰고 있다. 그러나 꼭 그런 이유만은 아니었던 것 같다. 수용소 안에 귀족 출신의 죄수는 도스또예프스끼 혼자만도 아니었다. 그런데도 죄수들 사이에서 유독 도스또예프스끼만 "아직 미성년이거나 완전치 못한 인간"으로 간주되고, 또 "모든 면에서 나약하고 가련하고 유순한 존재"로 따돌려진 진짜 이유가 무엇이었을까?

잔혹한 매질로 말미암은 고통을 견디다 못해 씩씩 숨이 거칠어지는 과호흡이 일어나는가 싶다가, 곧바로 땅바닥에 나뒹굴며 간질발작을 일으킨 뒤 시체와 다를 바 없는 모습으로 병원에 실려 가는 도스또예프스끼의 모습을 죄수들은 지켜보았을 것이다. 이 모습을 직접 보지

---

28 모출스끼, 《도스토예프스키》, 209쪽. 여기서 모출스끼는 도스또예프스끼의 간질발작의 원인이 아버지의 죽음에 대한 도덕적 동요였다는 앞의 이야기를 뒤집고, "최초의 간질발작이 감옥 안에서 일어났다"는 것은 "전적으로 확실하다"면서 태형이 간질발작의 원인이라고 분명하게 서술하고 있다. 도스또예프스끼의 간질병과 관련된 혼란은 모두 20세기 이후의 의학지식을 잣대로 19세기 환자를 진단하려는 데서 생긴 문제가 아닐까?

못한 죄수들은 소문으로 듣게 된다. 사실보다 더 부풀려진 이야기로. 그래서 수용소 안에서 도스또예프스끼의 별명이 '시체'였던 것 아니겠는가? 사회 밑바닥에서 몸 하나로 험한 인생을 살아왔던 죄수들이 보기에 도스또예프스끼는 "하인 없이는 손가락 하나 까닥할 줄 모르는" 역겨운 귀족이기도 하지만, 또 한편으로는 누구든 혐오스러워하고 가까이 다가가기 싫어하는 간질병 환자였다. 밑바닥 계층의 죄수들이 도스또예프스끼를 "호기심"과 함께, "우월감이 담긴 시선"으로 "무척이나 무례하게 훑어"볼 수 있었던 것도 간질병 때문이었을 것이다. 아무리 밑바닥 계층의 죄수라고는 하지만 평범하고 흔해 빠진 귀족에게 호기심까지 품고 훑어볼 리는 없지 않겠는가?

간질병 환자에게 곁을 내주는 사람은 잘 없다. 지금 당장 발작이 없는, 멀쩡한 상태인데도 내 곁에 있는 낯선 사람이 간질병 환자라는 말을 들으면 누구나 몸이 움찔거리고 곁눈질을 하면서 표정이 달라진다. 도스또예프스끼가 모스크바 여행을 가는 길에, 첫 번째 아내 마리야 소생의 의붓아들 빠벨 알렉산드로비치가 배웅을 나왔다가 계부인 도스또예프스끼에게 "간질발작이 일어나서 바닥으로 떨어지면 뼈도 못 추린다"면서 기차의 "침대 윗칸에 눕지 말라"고 오지랖 넓은 당부를 한다. 무심코 있다가 이 소리를 들은 옆좌석의 여인은 납득하기 어려운 핑계를 대며 차장에게 좌석을 옮겨 달라 요구한다.[29] 하물며 발작이 일어난 상황을 직접 목격한 사람이라면? 리자베따 쁘로꼬피예브

---

29 안나 그리고리예브나, 《도스또예프스끼와 함께한 나날들》, 137~138쪽.

나는 미쉬낀 공작이 간질발작을 일으키는 것을 직접 목격한 뒤 사위 삼기를 포기하기로 최종 결심을 한다.[30]

◆ ◆ ◆

도스또예프스끼의 간질발작이 언제부터 시작되었는가에 대해서는 앙드레 지드의 주장이 가장 정확한 것 같다. 도스또예프스끼는 시베리아 유형 이전부터 간질병(신경발작) 환자였으며, "그곳에서 단지 (대발작으로) 악화되었을 뿐"이란 것이다.[31] 태형을 당한 이후 도스또예스프끼의 간질발작이 더 심해진 것은 분명하다. 그 이후 발작의 횟수도 잦아지고, 의식이 채 돌아오기도 전에 다시 발작이 일어나는 '중첩성 간질'로까지 진행된다. 정말 간질병 환자가 된 것이다.

그러나 간질병이 어떤 병인가? 인류의 역사만큼이나 오래된 병이고, 그 병을 앓는 사람에 대한 편견 역시 인류의 역사만큼 긴 세월을

---

30 미쉬낀 공작은 소설 전편에서 대발작을 두 번 일으킨다. 여관 복도에서 로고진과 맞닥뜨렸을 때, 그리고 예판친 장군 댁 사교모임에서 사람들 앞에서 일장 연설을 할 때이다. 흥분하여 열변을 토하던 미쉬낀 공작은 일순간 발작이 일어나면서 중국 도자기를 깬다. 도스또예프스끼가 '신경발작'이라고 하던 '부분발작'이 일어난 것이다. 사람들은 전혀 눈치채지 못하지만 공작 자신은 순간의 공포감이 지나고 "한 줄기 빛과 기쁨, 그리고 환희"를 느낀다(《백치》, 841쪽). 이후 계속 열변을 토하던 미쉬낀 공작은 결국 "'뒤흔들며 내동댕이쳐 버린 영혼'에서 나오는 소름 끼치는 비명"을 지르며 대발작을 일으킨다(《백치》, 851쪽). 이 광경을 목격한 리자베따 쁘로꼬피예브나는 아글라야와 미쉬낀 공작의 혼사를 포기하기로 "최종적 결론"을 내린다(852쪽). 그런데 역자(김근식)는 미쉬낀 공작이 대발작을 일으키는 상황을 "정신착란과도 같은 매우 흥분한 상태에 관한 에피소드"를 도스또예프스끼가 복음서적인 문체로 표현한 것이라고 해석한다(《백치》, 851쪽 각주). 백치의 영문판(《Idiot》, Translated by David McDuff, Penguin Classic, 2004)에는 이때의 상황을 공작이 땅바닥에 거품을 내뿜으며 나뒹군 것으로 서술되어있다(…and he fell on the ground, and wallowed foaming).

31 앙드레 지드, 《앙드레 지드, 도스토예프스키를 말하다》, 강민정 옮김, 고려문화사, 2005. 16쪽.

거치면서 굳어져 왔다. 누구든 자신이 그 병을 앓는다는 사실을 부정하고 싶고 감추고 싶을 것이다. 그러나 현실은 어쩔 수 없는 것. 발작이 점점 잦아지면서 드디어 도스또예프스끼는 발작의 조짐이 느껴질 때마다 설명하기 어려운 막연한 두려움에 휩싸인다. 그 두려움의 실체를 그는 이반 뻬뜨로비치를 통해 구체적으로 설명한다.

> …어쨌든 나는 해 뜰 녘부터 조금씩 단계적으로, 내가 병들어 있는 요즘 밤마다 매우 자주 찾아오는, 내가 불가사의한 공포라 부르는 정신 상태에 빠져든다. 이것은 아주 괴롭고 견디기 힘든 공포이다. 그것은 나 자신이 정의할 수 없는 그 무엇, 불가해하고 사물의 질서 속에서는 존재하지 않지만 틀림없이 다음 순간, 모든 이성적 근거를 비웃으며 거역할 수 없고 무시무시하며 잔인하고 가차 없는 사실로서 내 앞에 모습을 드러내어 현실로 다가올 것이다. 이 두려움은 통상적으로 어떤 이성적인 논거에도 불구하고 더욱더 커져, 결국 이성이 지금 이 순간 아마 다른 때보다 더 명료하더라도 그 느낌을 무력화할 가능성은 전혀 없을 것이다. 이성은 아무 작용을 하지 못하고 무익해진다. 그리고 이 분열은 기다림의 불안한 고통을 증폭시킨다. 나는 사람들이 죽음을 두려워하는 느낌이 어느 정도는 이런 류의 것일 거라고 믿는다. 그러나 나에게 이 고통은 그 위험을 정의할 수 없기 때문에 더욱 커진다.
>
> 《상처받은 사람들》, 94쪽

넋 나간 사람들의 이상한 몸짓

도스또예프스끼가 말하는 '신경발작', 즉 현대 신경학계의 간질 분류학에서 '부분발작'이라고 분류되는 간질병의 유형은 증상이 금방 스쳐 지나가버리기도 하고, 워낙 특이하고 비전형적인 양상들이 많아서 주변 사람은 물론 환자 자신도 병으로 생각하지 못하는 경우가 많다. 대발작이 동반되는 간질병으로 악화되기 전 도스또예프스끼의 발작 증상도 이런 부분발작의 반복이었을 것으로 추정된다. 단 그런 부분발작 증상들도 계속 반복되면, "저 사람 좀 이상하다"라는 주변의 반응을 불러일으킨다. 간질병에 대한 식견이 조금 있는 사람이라면 "혹시?"라는 의혹의 시선을 던지게 된다. 겉모습에서 표정, 말투까지 독특하고 야릇한 분위기를 풍기기 때문이다. 이런 부분발작의 증례 모음집이라고 할 정도로 도스또예프스끼의 소설에는 특이한 부분발작(신경발작) 사례들이 다양하게 서술되어있다.

미쉬낀 공작의 경우를 보자. 공작이 자신과 연적 관계라고 할 수 있는 로고진의 집을 직접 찾아갔을 때의 일이다. 로고진과 마주 앉은 공작은 "5년 전 발작을 일으킬 때처럼, 무언가가 눈에 어른거린다"면서 자신을 쳐다보는 로고진의 눈빛과 로고진의 거처에 대해 "섬망 상태"에서 오는 기시감이 있다는 이야기를 한다.

이어서 공작의 방문 목적이라고 할 수 있는 나스따시야 문제를 놓고 로고진과 한참 진지한 이야기를 하는가 싶더니, 난데없이 공작은 로고진의 책상 위에 놓인 칼을 집어 들기를 반복하고, 로고진은 그 칼을 빼앗기 바쁘다. 그러다가 공작은 조금 전까지의 대화와는 전혀 무관한 칼의 사양과 용처에 대해 집요하게 묻는다. 대화가 겉돌고 몸과 말이 따로 놀고 있는 것이다. 로고진은 도저히 이해가 안 되는지 "신경질을 부리며 광적인 소리"로 대답한다. 로고진의 큰 소리에 다시 제정신으로 돌아온 미쉬낀 공작은 자신의 병 탓이라고 사과를 하지만, 정작 자기가 무슨 말을 했는지도 기억하지 못하고, 방을 나가는 길도 찾지 못하고 헤맨다.

발작! 미쉬낀 공작에게 짧은 시간의 부분발작, 즉 신경발작이 일어나면서 말과 생각의 흐름이 끊어져 버린 것이다. 하지만 바로 앞에 앉아있던 로고진은 이것이 발작임을 전혀 눈치채지 못한다. 5년 전 발작 상태와 비슷한 상황이라는 이야기까지 들었으면서도 엉뚱한 소리를 하는 미쉬낀 공작에게 신경질만 부린다.

또 미쉬낀 공작은 가끔 보통 사람들이 이해하기 어려운 행동을 한다. 깜깜한 공원에서 1백여 보 되는 가로수길을 한 시간 내내 3~40번씩이나 왔다 갔다 하기도 하지만, 그 밤중에 어떻게 공원을 찾아왔는지, 무슨 생각을 하고 있었는지, 왜 가로수길을 왔다 갔다 했는지 하나도 기억을 하지 못한다. 그러다가 전혀 웃을 상황이 아닌데도 불구하고 느닷없는 웃음을 터뜨리기도 한다.

전당포 노인과 그 여동생 살해범으로 라스꼴리니꼬프를 의심하는 예심판사 뽀르피리 뻬뜨로비치는 라스꼴리니꼬프를 심문하는 과정에서 근엄한 판사의 진지하고 신중한 말투에 전혀 어울리지 않는 경박스런 웃음을 수시로 터트린다. 그는 "잘 웃는 체질" 때문에 "뇌졸중"이

올까 걱정하는 사람인데, "30분씩이나 탄성고무처럼 온몸을 떨면서 웃기도" 한 적이 있을 정도로 발작과도 같은 웃음병이 심하다.[32] 그리고 라스꼴리니꼬프를 심문하던 도중에 상황과는 전혀 어울리지 않고, 피의자를 추궁하는 예심판사의 날카로움도 드러나지 않는 "공허한 말을 하다가 갑자기 무언가 수수께끼 같은 말"을 하기도 하고, "무의미한 말"로 비켜가기도 하고, 어떤 때는 "통통하게 살이 오른 다리를 더욱 재빠르게 놀리면서 방안을 거의 뛰다시피" 하기도 한다. 또 "계속 바닥만 쳐다보고 오른손을 등에 댄 채 왼손을 끊임없이 휘저으면서 번번이 하는 말과 어울리지 않는 손짓"을 하기도 한다. 하지만 판사는 자신의 말과 행동을 자각하지 못한다. 신경발작, 즉 부분발작이 일어난 것이다.

라스꼴리니꼬프는 치밀한 사전계획 끝에 "그 일"을 저지르고 난 뒤에 쉽게 설명되지 않는 이상한 증상에 시달린다. 다리 위 난간에서 저녁놀을 바라보다가 "붉은 동그라미" 같은 것들이 빙글빙글 도는 느낌이 들거나, "모든 것이 빙빙 도는 춤추는 듯한 현기증"을 느낀다.[33] 여동생과 어머니를 만난 뒤에 발작을 일으키고는 3일 동안 깊은 잠에 빠져 깨어나지 못한 적도 있다. 또 도심에서 멀리 떨어진 형편없는 선술

32 상황에 어울리지 않고, 통제하기 힘든 발작적인 웃음이 간질의 부분발작 증상의 하나임이 밝혀져서 보고된 것은 1957년이고, 국내에 최초 보고된 것은 1988년이다(변영주 외, 〈안와·전두엽에 초점을 둔 Gelastic Epilepsy 1례〉, 《대한신경과학회지》, Vol. 6, No. 2, Dec. 1988. 300~305쪽). 도스또예프스끼가 실지 예심판사와 같은 웃음발작증을 가진 사람을 만난 적이 있었다 하더라도 그 당시에 그것이 간질병의 하나라고 생각하기는 어려웠을 것이다. 그래서 웃다가 대발작이 일어나는 것을 걱정하는 것이 아니라 뇌졸중을 걱정한다고 서술한 것이 아닐까 싶다. 대발작 때문에 쓰러진 사람과 뇌졸중으로 쓰러진 사람을 영상진단 없이 감별하는 것도 쉬운 일은 아니다.

33 간질병 환자들이 발작이 일어나기 전의 느끼는 전구증상(aura) 중 가장 흔한 증상이기도 하다.

집에서 혼자 생각에 잠겨있는 자신을 발견하지만 어쩌다가 이곳에 오게 되었는지 전혀 기억을 못하고, 새벽이 되기 전 관목 숲 사이의 흙더미 위에 누운 채 정신이 들기도 한다.[34] 이 때문에 라스꼴리니꼬프는 법정에서 범행 당시 심신미약 상태에 있었음이 인정되어 두 명이나 한꺼번에 죽인 흉악범치고는 상당히 관대한 처벌을 받게 된다.

도스또예프스끼의 작중 인물 중에서 가장 특이한 인물은 《스쩨빤치꼬보 마을 사람들》의 포마 포비치다. "전제군주의 영혼을 간직"하고 있었다고 할 정도로 주변 사람들에게 오만하고 독선적인 태도를 보이고, "추잡할 정도의 자격지심과 광적인 과대망상"이 겹쳐있으며, "기형적인 자만심"이 넘쳐난다 싶을 정도로 자기과시가 심한 현학자다. 그런데 포마 포비치에게 발작이 일어나면서 발작과 함께 지속되는 이상행동이 정말 독특하다. 지금도 병원에서 이런 환자를 본다면 담당 의사는 희귀사례로 관련 학회에 보고하였을 것이다.

> … 그는 종종 일종의 최면상태로 빠져들기 시작했고 이는 모두를 극도로 놀라게 했다. 예를 들어 이 수난자는 어떤 이야기를 하다가, 혹은 미소를 지으며 웃다가, 돌연 한순간에 돌처럼 굳어버리곤 했다. 그것도 발작이 있기 바로 직전의 마지막 순간에 취했던 바로 그 상태에서 굳어버리는 것이다. 예를 들어 만일 그가 웃고 있었다면 그렇게 입가에 미소를 띤 채로 정지해버린다. 만일 뭔가를, 가령 포크 같

34 라스꼴리니꼬프의 이런 행동을 '해리성 둔주(dissociative fugue) 현상'이라고 하는데, 간질발작 이후 의식이 돌아오는 과정에서 많이 나타난다.

은 것을 쥐고 있었다면 그 포크 또한 공중에 치켜 올린 손 안에 그대로 남아있다. 물론 그러고 나서 팔은 천천히 내려오지만, 이미 포마 포비치는 아무것도 느끼지 못하며 어떻게 해서 손이 내려왔는지 기억도 하지 못한다. 그는 앉아서, 멍하니 바라보면서 눈을 깜박이기도 하지만, 아무 말도 하지 않고 또 듣지도, 이해하지도 못한다. 어떨 때는 한 시간 내내 그런 상태가 지속되기도 한다.

《스쩨빤치꼬보 마을 사람들》, 341쪽

이때의 포마 포비치는 긴장증(catotonia)일어나면서, 부분발작 지속상태(complex partialis continua)에 빠져든 것이다. 이런 신체증상과 더불어 포마 포비치는 간질형 인격장애(epileptiform personality disorder)라고 할 수 있는 성격까지 가진 전형적인 인물이라고도 할 수 있다. 간질형 인격의 인물들은 말도 없이 완고한 생각에 잠겨 있거나, 대화할 때는 상대가 짜증 날 정도로 말이 장황하면서 논점에서 우회하는 경향이 있고, 또 신비주의(mysticism)에 빠지거나 어떤 종교적, 철학적 편견에 잔뜩 심취하는 경향을 보인다. 그리고 강박증이라든지, 필요 이상으로 근엄하고 현학적인 태도를 취하는 것도 간질형 인격을 가진 사람들한테서 볼 수 있는 특징들이다.

포마 포비치는 결국 죽는다. 중첩성 간질과 마찬가지로 의식이 돌아오지 않고 부분발작이 지속될 때 환자의 생명이 위태로울 경우가 많다. 그러나 이런 부분발작 증상들은 뇌파 검사를 비롯하여, 컴퓨터단층촬영기나 자기공명영상과 같은 첨단 진단장비의 도움이 없으면 정확한 진단을 하기도 어렵거니와 질병인지 아닌지조차도 분간하기 어렵다. 하물며 그런 진단장비가 아예 없었던 19세기에 도스또예프스끼는 어떻게 포마 포비치 같은 희귀한 사례의 병적인 인간을 창조해낼 수 있었을까?[35]

룰렛 게임과 닌텐도 증후군

도스또예프스끼는 대문호라는 명성에 어울리지 않게 자기 절제가 거의 불가능한 수준의 지독한 노름꾼이었다. 그런데 도스또예프스끼의 도박벽은 보통 우리가 생각하는 노름꾼들의 정서나 기벽과는 좀 색다른 차이가 있다.

도스또예프스끼가 처음부터 노름꾼이었던 것은 아니다. 그가 수형생활을 바탕으로 쓴《죽음의 집의 기록》에는 죄수들이 돈을 걸고 밤새도록 노름을 하는 광경이 묘사되어있다. 그런데 노름꾼으로 정평이 난 도스또예프스끼가 이때는 노름에 덥석 끼어들기는커녕 냉담한 관찰자 입장에 머문다. 자신도 훗날 지독한 노름꾼으로 변해가지만, 그때만큼은 노름을 하고 있는 죄수들을 "영원히 거지로 남을 운명을 지

35 칼바움이라는 독일인 의사에 의해 긴장병이 간질병, 알콜중독, 매독과 같은 신경계 질환과 연관되어있다는 사실이 처음 관련 학회에 보고된 것은 1974년이다(J. Lim, et al, "Ictal catatonia as a manifestation of Nonconvulsive Status Epilepticus",《J. Neuro Neurosurg Psychiatry》, 1986. Vol. 49, 833~836).

닌 이상스런 존재"라거나, "영원히 누군가의 심부름꾼이 되고 마는 존재"들이라며 한심해한다.

돌고루끼(《미성년》)의 생부, 베르실로프도 무절제한 하층계급이 할 줄 아는 일이라고는 "카드 노름과 자식 만들기뿐"이라면서, 노름이란 그저 배운 것도 없고 아는 것도 없는 천박한 무리들이 즐기는 놀이 정도로 생각한다. 이런 걸로 보면 귀족이었던 도스또예프스끼는 원래 노름이란 노예 근성을 가진 하층계급이 하는 놀이 정도로 생각하고 있었던 것이 아닐까?

그런데 도박에 대한 생부의 부정적 인식에도 불구하고 돌고루끼는 어느 순간부터 서서히 도박에 탐닉하기 시작한다. 그런 오빠를 걱정하며 도박을 만류하는 여동생 리자에게 돌고루끼는 "끝없는 무기력감"과 "심심풀이"로 시작한 것이고, 그 바람에 빚을 져 그 빚을 갚기 위해 일시적으로 도박을 한 것뿐, 도박에 빠진 것도 아니고 절제할 수 없을 만큼 의지가 약하지도 않다며 동생을 안심시킨다.

하지만 돌고루끼의 도박, 특히 룰렛 게임에 대한 탐닉은 점점 더 심해지는데 그 이유는 절대 돈 때문이 아니다. "도박 그 자체가 목적이었고 희열감을 맛보기 위해서, 모험을 즐기기 위해서, 또 행운을 시험해보기 위해서"이지 돈을 딸 목적은 아니었고, 돈 따는 것을 오히려 "짜증스럽게" 생각하기도 한다. 하지만 룰렛 도박에서 이상할 정도의 쾌감을 느끼기도 하는데, 그 쾌감은 자기비하의 감정에서 오는 "고통"을 통해서 생긴 것이다.

돌고루끼가 제르쉬치꼬프 도박장에서 고통을 느낀 이유는 우선 사교성이 없어 사람이 많이 모이는 곳에서 어떻게 처신해야 할지 모르고, 온갖 시선에 완전히 위축되어버리고 마는 평소 성격 탓이다. 그런 성격의 돌고루끼는 온갖 소음과 고함이 난무하고, "더럽고 음침하며 천박하고 구슬프게" 보이는 도박장 탁자에 몇 시간씩 앉아있을 때 자신을 휘감아 도는 슬픈 비애 같은 것을 느낀다. 돌고루끼가 도박을 통해 얻는 쾌락은 돈 때문이 아니라 바로 이런 자기비하의 환경에서 슬픈 비애를 참고 견뎌야 하는 고통 끝에 순간적으로 와락 다가오는 그런 쾌락이다. 그런 상황에서 돌고루끼가 건전한 이성을 유지하고 있었다고는 말할 수 없다. 급기야 도박장에서 금화를 쓸어 담는 꿈까지 꾸면서, 도박과 관련된 소질 때문에 영혼이 불안정해지는 것은 아닌지 스스로 의심한다.

◆ ◆ ◆

노름꾼 도스또예프스끼가 도박을 통해 얻는 순간적인 쾌락은《노름꾼》의 알렉세이 이바노비치의 사례에서 좀 더 구체적으로 묘사되어있다. 알렉세이 이바노비치는 룰렛 게임을 하면서 전문 도박꾼들처럼 확률 계산을 하고 돈을 거는 것이 아니다. 이전 판에 어떤 숫자가 맞았는지 듣지도, 묻지도 않는다. 룰렛 게임으로 돈을 왕창 딴 뒤에는 카드게임으로 판을 옮기는데, 카드게임에 대해서는 "전혀 아는 것도 없었고, 어디다 (돈을) 걸어야 하는 지도" 몰랐지만, 카드게임에도 "빨간색과 검은색"이 있었기 때문에 그것만 "물고 늘어"지는 것이다. "계산도, 돈

거는 체계도 깡그리 잊어"버리고, "감각도 없이, 무의식 속에서, 아무 생각도 하지 못한 채 그저 기다리기만 했는데", 어떻게 돈을 땄는지 기억에도 없고 그저 "꿈인지 생시인지"조차 모르는 상태에서 돈을 딴다.

그때 그의 모습은 곧 터질 듯한 긴장 속에서 곁에서 누가 건들면 칼부림이라도 할 듯 차갑고도 싸늘한 표정으로 담배를 꼬나물고 도끼눈을 치켜뜬 채 도박판만 째려보고 있는 전형적인 노름꾼의 모습이 아니다. 얼이 빠져 있고, 관자놀이에는 식은땀이 질질 흐르고 손은 부들부들 떨리는 탓에 옆 사람이 놀라서 도와줄 게 없냐고 달려올 정도의 병자의 모습이다.

도스또예프스끼는 돈을 따기 위해서 도박에 탐닉한 것이 아니라 "타오르듯 번쩍이는" 금화 , 은화의 기둥에서 좌르르 돈 쏟아지는 '소리'와 빨간색, 검은색, 녹색의 '불빛'이 주는 자극으로 일어나는 순간의 전율을 즐긴 거다. 도박장 가까이만 가도 "경련을 일으킬 지경"이 되고 마는 것은 도박으로 돈을 따겠다는 욕망이 솟구쳐 올라서가 아니라 "돈이 쏟아져 내리는 소리" 때문이다. 돈을 잃었을 때도 전혀 개의치 않는다. 돈을 잃어도 쾌락을 느낀다. "피학적인 희열"을 맛보기 때문이다.

이런 도스또예프스끼를 곁에서 지켜본 안나 그리고리예브나는 그의 도박벽은 "단순한 의지박약의 문제가 아"니며, "아무리 강한 성격의 소유자라 할지라도 맞서 싸울 수 없고, 복종할 수밖에 없는 병"이라는 결론을 내린다.[36] 해결 방법은 자극을 피해 도망치게 하는 것인데

36 안나 그리고리예브나, 《도스또예프스끼와 함께한 나날들》, 230쪽.

낯선 유럽 땅에서 도망칠 곳도 없던 안나는 정공법을 택한다. 자신의 옷과 생필품에다 결혼 패물까지 저당을 잡혀 남편에게 도박할 돈을 마련해줌으로써 남편의 병적인 욕구를 충족시켜 준다.[37]

도스또예프스끼는 도박장에서 빨간색·검은색·녹색을 나타내는 강렬한 불빛이 회전하는 것을 지켜보면서 순간순간 부분발작을 일으켰고, 그때 아무나 느낄 수 없는 순간의 희열을 느끼며 즐긴 것 같다. 그 발작의 순간이 너무 짧게 지나가서 주변 사람은 물론 도스또예프스끼 자신조차 그 현상이 발작의 한 종류(반사간질, reflex epilepsy)인 것을 알아차리지 못했던 것이다. 반사간질은 온갖 첨단 진단장비가 개발된 지금도 쉽게 진단하기 어려운 병이다.[38]

반사간질을 일으키는 외부 자극으로는 색깔, 그중에서도 붉은색이 가장 민감하게 반응을 일으키고, 특정한 소리나 사이키 조명처럼 번쩍거리는 불빛[39]도 반사간질을 유발한다. 반사간질을 일으키는 자극에 계속 노출이 되면 결국 이차 전신화(secondary generalization) 에

---

37 매사를 성적 본능과 연관시켜 설명하는 프로이트는 "노름벽은 옛날에 자위 행위를 지배하던 강박과 등가관계를 맺고 있다"면서 도스또예프스끼의 경우 자위라는 악습이 노름으로 바뀐 것이라고 설명한다(프로이트, 《예술, 문학, 정신분석》, 543쪽). 그렇다면 자위행위를 과도하게 즐기던 청소년은 성인이 되면 모두 도박꾼이 되어야 한다. 과연 그런가?

38 국내에는 트로트 풍의 '흘러간 대중가요'만 들으면 간질성 발작을 일으킨 40세 여자 환자의 사례가 학회지(변영주 외, 〈Musicogenic Epilepsy 1례〉, 《대한신경과학회지》, Vol. 7, No. 1, June, 1989. 123~130쪽)에 보고되어있다. 나는 진료 현장에서 화투(고도리)만 치면 발작이 일어나고 바둑만 두면 발작이 일어나는 환자의 사례를 경험한 적이 있다. 이들은 대발작(전신발작)이 일어난 적이 없고 주변 사람들은 전혀 눈치 채지 못한 상태에서, 자기 스스로 이상 현상을 감지하여 병원을 찾은 것이다. 치료에 가장 중요한 것이 발작을 유발하는 특정 자극을 피하는 것인데 두 사람 다 화투놀이와 바둑을 끊지 못했다. 내기에서 이겨 돈을 따는 것과는 무관하게 설명하기 어려운 쾌감 같은 것이 있어서라는 것이 이유였다.

39 미쉬낀 공작이 정신을 잃고 계단으로 굴러 떨어질 정도의 대발작을 촉발시킨 것은 로고진이 치켜든 칼에서 번쩍이는 섬광 같은 빛이었다(《백치》, 363쪽).

따른 대발작이 일어난다.

20세기가 끝날 무렵 이런 반사간질이 국제문제로 비약된 적도 있다. 바로 '닌텐도 증후군'이다. 일본의 전자 게임업체인 닌텐도사에서 개발한 프로그램으로 전자오락을 하던 어린이들이 집단으로 발작을 일으킨 것이다. 전자오락을 할 때 반드시 노출될 수밖에 없는 깜박거리는 빛이라든지, 강렬한 색상, 격렬하면서도 자극적인 소리가 아직 뇌 성숙이 덜 된 어린이들을 과잉 자극한 탓이다.

레오니드 치프낀이 자신의 소설[40]에서 묘사한 도스또예프스끼의 도박 장면에서, 도박에 몰입해 있는 그의 몸과 마음이 어떤 상태에 놓여 있었는지 어느 정도 짐작할 수가 있다. 도스또예프스끼는 도박판에서 숫자에 대한 주술적인 감각으로 배팅을 한다. 집에서 도박장으로 가는 길도 보폭을 조절하여 딱 1,457보에 맞춘다. 도박장에서 일단 판이 돌아가기 시작하면 그는 "자기가 무엇을 하고 있는지도 전혀 의식하지 못"하고, 구름을 뚫고 "황금빛과 붉은 빛으로 빛나는 전인미답의 정상"으로 치솟는 희열만 느낀다. 이때 사건이 생긴다.

"선생, 왜 남의 코인을 가져가시나. 웬만하면 돌려주시지 그래."

불쾌한 목소리에 문득 정신을 차린 도스또예프스끼는 "정신이 좀 산만해서" 그랬다며 "미안하다고 중얼"거리면서도, 도대체 무슨 일이

---

40 치프낀, 《바덴바덴에서의 여름》, 132~135쪽.

일어났는지 전혀 자각하지 못한다. 그러자 코인 주인은 "산만해서 그런 것 같지는 않"다며 빈정거린다. 도스또예프스끼는 도박장에서 받는 강한 자극으로 부분발작을 일으키고 있었고, 도박판 앞에 앉은 그의 육신에서 혼이 들락날락하고 있었던 것이다. 도스또예프스끼가 비록 도박으로 날 새는 줄 모르는 지독한 노름꾼이었긴 하지만 옆좌석의 돈을 욕심낼 정도로 파렴치한 인물은 아니었다. 옆좌석의 코인을 가져간 것은 그의 의지와는 무관한, 병적 상태로 보아야 한다.

비참한 추락! 대발작

도스또예프스끼는 자신의 몸에서 대발작이 일어나기 바로 직전의 전조 증상(aura)은 물론이고, 심지어 0.5초 직전의 상황까지도 정확하게 기억하여 작중 인물들을 통해 재현해낸다.

미쉬낀 공작이 나스따시야의 결혼 문제로 로고진과 긴 이야기를 나누고 헤어져 이볼긴 장군의 아들, 니꼴라이를 찾아 나설 때의 일이다. 초여름 뻬쩨르부르그의 길거리를 헤매면서 미쉬낀 공작은 "단 한 명의 행인도 제대로 보지" 못하고, "자기가 어디로 가고 있는지조차 모를 때"가 많을 정도로 기억이 끊겼다 이어지기를 반복한다. "자기가 무슨 말을 하고 있는지도 자각하지 못한 채" 혼자서 중얼거리며 길거리를 쏘다니다가 문득 자신이 지금 "병적인 상태"에 있음을 자각한다.

"발작 직전에 유난히 산만해지고, 특별히 신경을 써서 유심히 보지 않으면 사람과 사물들을 혼동"하던 기억이 떠올랐기 때문이다.

그런데 대발작이 일어나기 직전, 바로 "1초 전의 상태"는 "암흑은 산산이 흩어지고, 악마는 쫓겨가고, 모든 의혹을 벗어버린" 상태로 그의 가슴에는 "환희만 남아있을 뿐" 아무런 고통도 불편함도 없다. 바로 그때 심상치 않은 변화가 생긴다. "천둥을 동반한 소나기가 느린 속도로 다가오고 있는 듯"한 기분과 함께 "간질병이 재발하고 있음"을 확신하게 된다. 곧바로 "창백해지고, 무릎은 후들거렸고, 파래진 입술에는 흐릿하고 불안한 미소"가 떠오른다. 그렇다고 해서 곧바로 대발작이 일어나는 것은 아니다. 육신과 영혼을 한꺼번에 땅바닥으로 내동댕이칠 수 있는 결정적인 자극이 있어야 한다.

그렇게 길거리를 정신없이 헤매던 미쉬낀 공작이 자신이 묵고 있던 여관으로 되돌아가는 길에, 언젠가 마주친 적이 있던, 불쾌하고 혐오스럽고 "수치스러운 회상"을 불러일으키는 "두 눈"이 시야에 나타났다가 금세 사라진다. 미쉬낀 공작은 사라져 버린 그 "두 눈"을 쫓아 좁은 계단을 뛰어 올라간다. 숨이 멎어버릴 정도로 헉헉거리며 두리번거리는 공작 앞에 돌연 어둠 속에서 "두 눈"이 뛰쳐나온다. 극도로 흥분하여 심장은 터져버릴 것처럼 두근거리고, 연신 거친 숨을 씩씩 들이쉬고 있는 공작의 눈앞에 섬광이 번쩍거린다. "두 눈"의 주인공인 로고진이 치켜든 칼에서 반사된 불빛이다. 이 강한 섬광은 미쉬낀 공작의 "비상한 내면의 빛"을 자극하여 약 "0.5초" 가량 공작의 영혼을 비춘 뒤 "그 어떤 힘으로도 통제할 수 없이 저절로 터져 나온 무서운 비명"을 내지르며 의식은 순간적으로 사위어 버리고, 몸은 "열다섯 계단쯤 아래의 층계참"으로 굴러떨어진다. 우리가 흔히 '지랄'이라고 이야기하는 대발작을 일으킨 것이다.

넬리(《상처받은 사람들》)가 전신 경련을 일으키게 되는 것도 양어머니, 안나 뜨리포노브나의 학대와 폭력 탓이다. 안나 뜨리포노브나는 "혐오스런 적자색" 얼굴에, 눈은 "작고 짓무르고 충혈되어있어 악의"로 번들거리는 술주정뱅이였다. 성격이 포악해서 넬리에게 온갖 트집을 잡아 갖은 욕설과 폭언, 그리고 폭력까지 서슴지 않았다. 어느 날, 심부름이 좀 늦었던 넬리에게 욕설을 퍼부어대다 분노를 참지 못하고 넬리의 머리채를 잡아 내동댕이치는데 이때 오이 그릇이 떨어져 깨져 버린다. 그릇이 깨진 것에 더욱 격분한 독부는 어린 소녀를 인정사정없이 두들겨 팬다. 그러나 여인의 무자비한 폭력에도 넬리는 "한마디의 소리도, 한마디의 외침도, 한마디의 애원도 입 밖에 내지 않"는다. 약자가 강자의 부당한 폭력에 저항하는 유일한 수단은 이를 깨물고 고통을 참아내는 것이다. 용서를 구걸하지 않는 것이다. 울어도 속울음을 우는 것이다. 무표정하게 아프다는 내색을 하지 않는 것이다. 그럴수록 가해자는 독이 올라 폭력의 강도가 점점 더 강해진다.

그러나 분노와 증오를 속으로 삼킨다는 것이, 그것도 어린 나이에 수치와 아픔을 이빨로 깨물며 견딘다는 것이 쉬운 일은 아니다. 호흡이 가빠지고 심장은 터질 듯이 두근거리고 온몸에는 식은땀이 흐르고……. 간질의 징후가 있던 넬리는 결국 "기괴한 비명"을 지르며 간질발작을 일으킨다. 도스또예프스끼가 옴스크 수용소에서 태형 처벌을 받다가 간질발작을 일으킨 것과 넬리가 발작을 일으킨 상황은 똑같다.

까라마조프 씨네 사생아 스메르쟈꼬프의 간질발작 역시 폭력이 유발한다. "어려서부터 은혜라고는 눈곱만큼도 모르는 소년"이었던 스메르쟈꼬프는 혼자 구석진 곳에서 고양이를 목 졸라 죽이고는 장례식을 치러주는 놀이를 하다가 양아버지인 그리고리에게 채찍으로 두들겨 맞는다. 또 그리고리에게 성서의 역사를 배우는 중에 성서의 내용을 부정하듯이 빈정댔다가 격분한 그리고리로부터 뺨을 얻어맞는다. 그런데 뺨을 맞는 그 순간에는 "아무 대꾸도 하지 않고 참기만 했다". 그 뒤 구석에 처박혀 지내다가 일주일 정도 지나서 대발작을 일으킨다.

뺨을 맞은 그 순간의 충격이나 통증이 간질발작을 일으킨 것이 아니다. 뺨을 맞았다는 수치스러운 기억과 속으로 삼킨 분노와 증오가 시간이 흐를수록 증폭되면서 과호흡·과흥분을 유발한다. 그로 인한 생체리듬 변화가 간질발작의 소양이 있던 스메르쟈꼬프의 대발작으로 이어진 것으로 볼 수 있다. 양아버지로부터 "수증기로 만든 인간"이라는 욕설을 들었을 때의 모욕감도 분노와 증오심을 더욱 키웠을 테고.

안나 그리고리예브나는 도스또예프스끼가 불쾌한 일을 당하면 간질발작을 잘 일으켰던 것으로 기억하고 있다.[41] 분노조절 장애가 있던 도스또예프스끼에게 불쾌한 일들은 곧잘 과호흡과 과흥분을 유발했을 가능성이 있고, 빼쩨르부르그의 혼탁한 기후도 천식과 같은 호흡

41 안나 그리고리예브나, 《도스또예프스끼와 함께한 나날들》, 314쪽.

기 질환에 시달리고 있었던 도스또예프스끼를 무척이나 괴롭히지 않았을까.

◆ ◆ ◆

멀쩡하던 인간을 한순간에, 지켜보는 사람이 몸서리칠 정도로 혐오스런 존재로 추락하게 만드는 것이 간질발작이다. 몸은 뭍에 내던져진 물고기처럼 파닥거리고, 이빨이 부러질 정도로 꽉 깨문 입에서는 인간의 신음인지 덫에 걸린 짐승이 내지르는 피울음인지 도무지 구분할 수 없는 괴기스런 소리가 이어지고, 피 섞인 거품이 벌어진 입술 사이로 게가 거품을 게워내듯이 쉼 없이 꾸역꾸역 밀려 나온다. 부릅뜬 두 눈에 검은 눈동자는 어디로 사라졌는지 흰자위만 희번덕거린다. 살을 찢어버릴 것 같은 고통에 저절로 몸부림이 쳐지고, 육신을 집어삼키려는 늪에서 빠져나오려는 듯이 허우적거리는 발버둥, 삶과 죽음의 경계에서 살려고 내지르는 괴성……. 그리고는 끝내 추락하고 만다. 죽음과도 같은 깊은 잠으로!

비참하면서도 잔인한 추락이다. "자신이 소멸되었다는 것, 체면은 깎이고 명예는 짓밟히고 제삼자가 있는 자리에서 웃음거리가 되고, 치욕을 당하고, 바로 어제 세상에서 가장 신뢰할만한 친구라고 여겼던 사람에게 배신당하고, 지독한 욕설을 듣고, 남들 앞에서 씻을 수 없는 모욕까지 당하는" 존재의 부정과도 같은 추락이다. 마침내 자기 자신이 싫어지고 혐오스러워진다. 내면에는 대상을 특정할 수 없는 증오와 적개심, "복수심 어린 열등감"이 차곡차곡 쌓인다. 하지만 이런 발작이 되풀이되고 습관이 되어버린 뒤에, 도스또예프스끼는 수난자가 겪어야 할 고행처럼, 피할 수 없는 운명처럼 자신의 병을 담담하게 받아들인다. 그리고 지하생활자의 입을 통해 자신이 간질병 환자임을 고백하고 그런 병에 시달리는 심경을 토로한다.

> 내가 입에 거품을 물 때, 나에게 위안이 될 인형을 가져온다거나 설탕을 탄 차라도 한 잔 준다면, 나는 아마도 진정될 것이다. 심지어는 평안한 영혼을 소유할 수도 있을 것이다. 비록 그 다음 스스로에게 이를 갈고 수치심 때문에 몇 달 동안 불면증으로 고통은 받겠지만, 이게 내 습관이니 어떡하랴.
>
> 《지하로부터의 수기》, 11쪽

3장

병든 시대, 근대의 이방인

거품과 무기력증

《지하로부터의 수기》에서 '지하실'이라는 부제가 붙어있는 1부는 지하생활자인 '나'의 신상이나 체험, 그리고 신념에 대한 이야기로 채워져 있다. 그런데 그 이야기는 간질병 환자가 간질발작 이후 의식이 돌아올 때 앞뒤 없이 횡설수설하는 말을 적어 놓은 것이 아닌가 싶을 정도로 온전한 의미를 파악하기가 어렵다. 예컨대 "벌레가 될 수 있는 영광조차 나에게는 없었다"거나, "절망 같은 것에도 가장 열렬한 쾌락들이 있다", "너무나 굴욕적인 당신 고통의 총체적인 무목적성"이라든지, "의식의 직접적이고 당연하고 솔직한 결말은 정말 이 무기력", "모든 아름답고 숭고한 것의 미묘함을 인식하기에 가장 적합한 상태"와 같은 표현에서 작가의 속뜻이 무엇인지를 정확히 이해하기란 쉽지 않다. 다만 간질발작 전후의 상태라고 생각하고 다시 곱씹어보면 어느 정도 이해가 간다. 이런 표현들이 간질발작과 연관이 있을 것으로 추정하는 이유는 앞뒤 문장과 제대로 연결이 되지 않은 채 불쑥 튀어 나온 두 단어 때문이다.[42]

비누거품과 무기력.

입가에는 비릿한 피냄새가 섞인 게거품(비누거품)이 끈적거리고 손가락 하나 까딱할 수 없는 무기력함……. 간질발작 뒤에 막 깨어난 사람의 상태를 이보다 더 간결하고 정확하게 표현할 수는 없다.

입에 거품을 물게 되는 상황과 그 이후의 무기력증이 반복되면 누구든 인격이나 품성이 거칠어지고 왜곡될 수밖에 없다. 불안과 우울, 편집증에서 비롯된 의심증, 세상에 대한 증오와 냉소, 열등감을 상쇄하려는 공격성, 허무주의, 죽음에 대한 공포, 기억력이 떨어지고 주의력이 산만해지면서 실수는 거듭되고, 이 때문에 대인관계는 갈수록 힘들어지면서 자기 세계에만 빠져드는 것이 간질병 환자들의 일반적 경향이다.

《영원한 남편》의 주인공 벨차니노프는 교양의 수준이 높고 자유분

42《지하로부터의 수기》, 31쪽. 빅토르 위고의《파리의 노트르담》(정기수 옮김, 민음사, 2005)에는 젊은 공수병 환자가 늙은 거품쟁이(간질병 환자)에게 간질병 교습을 받는 대목이 나온다(163쪽). 그 교습이란 "비누조각을 깨물면서 거품을 내는 기술을 가르치는 것"이다. 입에 거품을 물면서 쓰러지면 주변 사람들이 당연히 간질발작을 일으킨 것으로 생각하는 것에 착안한 것으로 보인다. 우리말에서도 "게거품을 문다"는 말은 "지랄한다"의 완곡한 표현이다.

방하며 "남을 업신여기는 듯한 상류사회 특유의 자존심"을 갖고 있으나 점점 심해지는 우울증 때문에 고생하는 40대의 독신남이다. 잔주름에 둘러싸인 두 눈에는 선한 자취를 느낄 수 없고, 얼굴에는 항상 "냉소·교활·조소의 기운"이 어른거리며 원인을 알 수 없는 "비애와 고통의 음영"까지 드러난다. 게다가 편집증이라 할 만큼 의심이 많고, 불면증에 시달리는 날도 점점 많아진다. 잠을 이루지 못하는 밤에는 자신의 내면이 분열되고 있음을 느끼면서 심각한 고통을 겪는다. 그는 얼마 전에 읽은 책을 깡그리 잊어버릴 정도로 기억력이 쇠퇴했고, 아는 사람의 얼굴조차 빈번히 잊어버려 상대를 화나게 만든다.

벨차니노프의 성격이나 겉모습은, 입에 거품을 무는 상황이 이미 습관이 되어 버린 탓에 증오심과 수치심으로 잠을 못 이루고 늘 불면증에 시달리는 지하생활자의 음울한 모습과 거의 일치한다. 이것은 간질병이 깊어지면서 굳어진 도스또예프스끼 자신의 성격이기도 하다. 간질병, 특히 측두엽 간질병을 앓는 사람들 특유의 성격이나 행동유형을 간질형 인격장애(epileptiform personality disoder)라고도 한다.

그런데 측두엽 간질병 환자들에게 흔히 나타나는 간질형 인격장애는 반복된 간질발작의 후유증이나 2차 효과로 나타나기도 하지만 측두엽 간질병 자체의 고유 증상이기도 하다. 측두엽 간질병은 인간의 정서와 감정, 사고체계를 관장하는 변연계(limbic system) 주변에 간질발작을 촉발하는 병소가 있는 경우가 많기 때문이다.

◆ ◆ ◆

현재 의료계에서 통용되고 있는 국제 간질 분류법을 도스또예프스끼의 간질 증상에 적용하면, 도스또예프스끼의 간질증은 '복합 부분발작과 이차 전신화된 간질(complex partial seizure with secondary generalization)'로 분류할 수 있다. 복합 부분발작은 다른 표현으로 정신운동성 경련(psychomotor Seizure) 또는 측두엽 간질(temporal lobe seizure)이라고도 한다.

정신운동성 경련, 즉 측두엽 간질병은 특이하고 비전형적인 여러 신경 증상들이 겹치거나 별안간 생겼다 사라지기 때문에 첨단 진단장비의 도움 없이는 함부로 간질병이라고 진단하기 어려운 사례들이 많다. 고흐는 도스또예프스끼와는 달리 19세기 수준에서는 최고의 의사들과 최첨단 의료시스템이 갖추어져 있는 파리에서 치료를 받았고 입원까지 한 적이 있지만, 그가 앓았던 병이 간질병인지, 아니면 정신질환인지에 대해서는 아직까지 논쟁이 일어나고 있다.[43] 그 이유는 측두엽 간질병 환자들의 인격이나 성격, 이상행동이 다른 정신질환자들이 보여주는 증상이나 이상행동과 쉽게 구분하기 어렵기 때문이다.

도스또예프스끼의 경우, 의술 수준이 지금과는 비교도 안 되는 19세기 환자이긴 하지만 부분발작과 함께 대발작이 일어났던 사실이 분명하고, 의학 교과서에 수록된 측두엽 간질병 환자의 전형적인 증상들까지 워낙 선명하게 확인되었기 때문에 그의 간질병 유형을 '측두엽 간질'로 추정하는 데 별다른 이견이 없는 것 같다.

---

43 Jean-Marc Boulon, 《Vincent van Gogh's life, works,and Illness》, Translated into English, by Maria Constant-Quinlan, Saint Remy-de Provence, France, 2005.

측두엽 간질에서 비롯한 여러 증상 중에서도 특이한 증상으로 '중독성 글쓰기(hypergraphia)', '성욕감퇴증(hyposexuality)', '과잉종교증(hyperreligiosity)' 세 가지를 꼽을 수 있는데, 이런 증상들 때문에 도스또예프스끼의 소설에는 다른 작가들의 작품에서는 쉽게 찾아볼 수 없는 독특한 서사들이 있다. 학계에서는 '중독성 글쓰기', '성욕감퇴증', '과잉종교증', 이 세 가지 복합증상이 나타나는 사례들을 '게슈빈트(Geschwind) 증후군'이라고 부르기도 한다. 이 증상들은 다른 시각에서 보면 병이라기보다는 열정이 넘쳐서 나타난 현상이라고 할 수 있다. 넘치는 열정은 광기와 무관하지 않다. "광기의 가능성은 열정이라는 바로 그 현상에 내포"[44]되어있기 때문이다. 그런데 열정이 지나쳐서 발광·발작하는 건지, 광기로 말미암아 열정이 솟구치게 된 건지 감별하기는 어렵다. 다만 한 가지, 확실한 것은 열정을 뜻하는 단어 'pathos'와 병리학을 뜻하는 'pathology'의 어원이 같다는 것이다.

열정과 병리학(pathos, pathology)

도스또예프스끼의 글쓰기가 '과잉'이란 것은 소설 이외에도 그가 남긴 엄청난 양의 기록물—잡지, 작가일기, 편지—만 보더라도 충분히

44 미셸 푸코, 《광기의 역사》, 김부용 옮김, 인간사랑, 1999. 123쪽.

수긍할 수 있다. 소설 하나하나의 분량만 하더라도 어마어마한 양이다. 한 작품 안에서 사건 하나를 설명하는 이야기조차 끝을 알 수 없을 정도로 장황하게 이어진다. 이런 글쓰기를 창작에 대한 열정의 결과로 보아야 할지 그의 지병인 간질병 때문에 생긴 병리적이면서도 특이한 증상의 하나로 보아야 할지 감별하기가 쉽지 않겠지만, 보통 작가들의 평균 수준을 넘어서는 '중독성 글쓰기(hypergraphia)'라는 것만은 확실하다. 때때로 일상을 며칠씩 송두리째 마비시켜버리는 그의 건강 상태라든지, 발작이 거듭될수록 기억력 감퇴 현상이 점점 더 심해지는 사정까지 고려했을 때, 그가 쏟아 낸 글의 양만큼은 병적인 현상이라고 해도 틀린 진단은 아니다.

지하생활자인 '나'는 독자들에게 자신을 "해가 되지 않는 화가 난 수다쟁이"라고 소개한다. 이 역시 측두엽 간질병 환자의 '중독성 글쓰기'와 함께 나타나는 '우원증(迂遠症, circumstantiality, 주제와 거리가 있거나 무관한 사건을 상세하게 회화에 끌어들이는 것을 특징으로 하는 정신 증상 - 편집자 주)'의 도스또예프스끼식 표현이다. 수다쟁이인 도스또예프스끼가 의도적으로 "허튼 소리"를 쉴 새 없이 늘어놓은 것을 속기사였던 두 번째 아내 안나 그리고리예브나가 받아 적은 것이 도스또예프스끼의 소설이다. 당연히 분량이 많을 수밖에 없다.

◆ ◆ ◆

도스또예프스끼는 안나 그리고리예브나 사이에 4명의 자녀를 낳았다. 따라서 생식능력만으로 보면 도스또예프스끼의 성기능에는 아무 문제가 없었다고 볼 수 있다. 그런데 인간이 짐승이 아닌 이상 성기능이 번식을 위해서만 있는 것은 아니지 않은가?

《바덴바덴에서의 여름》에는 도스또예프스끼 부부가 유럽 여행길 중에 어느 숙소에서 성관계를 가지는 장면이 묘사되어있다.

> 그는 그녀를 껴안고 가슴에 키스를 하고는 이제 '항해'를 시작한다. 그들은 물에서 동시에 손을 쭉 내어 뻗고, 또 동시에 숨을 폐에 모으면서 헤엄을 치기 시작했다. 해변으로부터 점점 멀어져 저 푸른 바다를 향해 나아가지만, 거의 매번 그는 자신을 옆으로 밀어내거나 심지어 뒤로 가게 만드는 맞파도에 부딪혔다. 그는 그녀를 따라갈 수 없었다. 그녀는 여전히 리드미컬하게 팔을 저으면서 어느 먼 곳으로 사라져가고 있었다. 그래서 그는 자신이 이미 수영을 할 수 없을 뿐만 아니라, 겨우 물속에서 발을 바닥에 대보려고 버둥거릴 수 있을 뿐이라는 것을 깨달았다.[45]

치프낀은 도스또예프스끼 부부의 성관계를 수영을 통한 '항해'라고 표현했다. 그러나 그 항해는 매번 순탄치 못했다. 도스또예프스끼의 항해를 방해하는 맞파도가 일기 때문이다. 맞파도란 수용소에서 자신을 몽둥이로 휘갈기던 간수 장교의 "누런 눈빛과 탐욕스럽게 팽창하

---

45 치프낀, 《바덴바덴에서의 여름》, 45쪽

는 동공", 매질을 견뎌내며 내지르던 자신의 신음과 과호흡, 그리고 이어진 대발작에 대한 치욕스런 기억들이다. 간질발작의 우려 때문에 도저히 성관계에 몰입이 안 되는 것이다. 숨이 점점 가빠지면 어김없이 떠오르는 치욕스럽고 불쾌한 기억들 때문에 항해의 에너지가 차갑게 식어버린 도스또예프스끼를 남겨놓고, 그의 아내는 매번 "팔을 저으면서 어느 먼 곳으로 사라져 버"린다. 그 모습을 보면서 도스또예프스끼는 "발만 버둥"거리는 것이다.

병약한 남편은 나이마저 마흔을 훌쩍 넘긴 처지였으니 젊은 새댁이 부부관계에서 육체적인 만족을 얻기는 어려웠으리라. 아무리 노력해도 육체적 욕구를 충족하기 어려웠던 아내는 병약한 남편의 몸을 토닥이는 한편, 남편의 예술혼과 교접하면서 만족을 얻는다, 도스또예프스끼 부부의 그런 사랑을 수전 손탁은 "괴롭고도 절대적인 부부애"라는 감동적인 말로 표현하며 치프낀 소설의 서문을 채워나간다.

간질병 환자인 도스또예프스끼는 자신의 분신이라고 할 수 있는 미쉬낀 공작을 선천적인 병으로 인해 여자를 전혀 모르고, 어떤 여자와도 결혼할 수 없는 인물로 만들어 놓았다. 따라서 아글라야나 나스따시야에 대한 미쉬낀 공작의 사랑은 통상적인 남녀 사이의 사랑과는 성격이 다르다. 신앙심에 바탕을 둔 수난과 구원의 관계다. 까라마조프 씨네 막내, 알료샤의 성에 대한 수치심과 결벽증도 유별나다. 사춘기 무렵 남자 친구들 사이에 호기심으로 얼마든지 주고받을 수 있는 성적인 언어들과 농담들을 못 견뎌한다. 아예 귀를 틀어막고 도리질을 칠 정도다. 돌고루끼(《미성년》)는 더욱 심각하다. 그는 "여자에 대해서는 잘 모르"고 또 "알고 싶지도 않은" 스무 살 청년이며, "죽을 때까지 여자를 경멸"해주리라 맹세까지 할 정도로 여성 혐오증이 심한 인물이다.

여성 혐오증이나 성도착증은 성기능 저하 또는 성욕저하증과 상당한 연관이 있다. 또 성욕저하증은 성에 대한 도착적인 열정으로 전환되는 경우가 많다. 도스또예프스끼는 온갖 종류의 성적 도착증이 있었고 자신의 그런 성적 취향이나 성향들을 소설 속 주인공들을 통해 발가벗듯이 드러내 놓는다. 이에 대한 상세한 이야기는 2부(7장)에서 살펴보기로 한다.

◆ ◆ ◆

도스또예프스끼의 종교관이나 신앙심에도 생뚱맞은 점이 한두 가지가 아니다. 러시아 민족은 "이 지구에서 새로운 신의 이름으로, 세계를 갱신하고 구원하기 위해 도래할, 삶과 새로운 말의 열쇠를 쥔, 그 유일한 자, '신의 잉태자'인 유일한 민족"이며, 그래서 무신론자는 말할 것도 없고, "정교도가 아니고서는 러시아인이 될 수 없다"라는 것이 도스또예프스끼의 종교관이다. 그래서 "러시아를 믿고, 러시아의 정교를 믿고, 그리스도의 육신을 믿고, 새로운 재림이 러시아에서 일어날 것을 믿는"다는, 광신도 같은 샤또프(《악령》)의 신앙은 도스또예프스끼 자신의 신앙을 대변한 것이라고 볼 수 있다.

도스또예프스끼가 활동하던 시대는 신의 계시를 무력하게 만든 과학과 이성의 힘이 유럽은 물론 온 세계에 무한 팽창하던 시기였고, 러시아도 예외는 아니었다. 게다가 도스또예프스끼는 문학, 역사, 철학, 자연과학은 물론 의학 분야에도 해박한 지식을 가지고 있었고, 한때는 무신론자였으며 사회주의자였다. 그랬던 그가 어떻게 중세 암흑시대로 회귀하는 듯한 퇴행적인 신앙심을 가지게 되었을까? 수감생활 동안 책이 다 떨어져나갈 정도로 곱씹었던 성서의 영향이라고 보기에도 좀 지나치다.

게다가 평소 행실이나 작품세계는 그의 신앙심과는 전혀 어울리지 않는다. 노름에 미친 것은 병 때문이라고 볼 수도 있다. 그런데 도스또예프스끼에게 간통은 범죄도 아니고, 도덕적인 타락도 아니며, 종교적 계율을 어긴 것도 아니다. "합법적인 결혼의 수정이요 반항일 뿐"이다. 도스또예프스끼 자신도 병든 아내를 내버려두고 젊은 여대생과 "합법적인 결혼에 대한 수정과 반항"을 기획하고 실행에 옮긴 적도 있다. 이렇게 신의 계율을 조롱하다시피하며 죄악과 광기의 서사를 늘어놓던 사람이 무신론자를 저주한다.

그런데 신앙이라면 왜 하필 꼭 러시아 정교여야만 하고, 신이라면 왜 꼭 그리스도여야만 하는가? 러시아 정교가 아닌, 이슬람교와 불교라든지 로마 카톨릭과 같은 다른 종교에 대한 폄하와 멸시의 표현들은 상스럽고 비열하기까지 하여 도저히 세계적 대문호의 태도라고는 할 수 없을 정도다.

한 사회의 법과 제도는 그 사회 구성원에게 골고루 구속력을 가지지만, 종교라는 것은 믿음이 없는 사람에게는 아무런 영향력을 가질 수가 없다. 그런데 어떻게 한 국가의 특정 종교가 한 국가도 아닌, 인류 전체를 구원할 수 있다는 말인가?

현재 지구촌 곳곳에서 벌어지고 있는 전쟁은 거의 각자의 신을 앞세운 전쟁이다. 종교전쟁은 협상도 타협도 없다. 한쪽이 절멸되지 않으면 절대 끝나지 않을 잔인하면서도 지독한 전쟁이다. 그런 전쟁의 신을 내세워 어떻게 세계를 갱신하고 구원한단 말인가? 그런 점에서 도스또예프스끼의 종교관은, 국가신도와 인신(人神=일왕)을 내세워 팔굉일우(八宏一宇)라는 헛소리를 지껄이며 동아시아 산과 들, 강물을 핏빛으로 벌겋게 물들이고 시체로 산을 쌓아올린 일본 군국주의자들의 신앙과 비슷한 점도 있다.

도스또예프스끼의 문학적 상상력은 잔인하고 파렴치하고 몰상식하며 또 음탕하기 짝이 없다. 늙고 병든 노파를 도끼로 두개골을 쪼개 죽이는 상상을 할 수 있는 사람이, 어떤 저항도 할 수 없는 어린 소녀를 강간하는 상상을 할 수 있는 작가가 그리스도상 앞에서 무릎을 꿇고 열정적으로 기도를 하며 용서와 화해, 사랑을 찾는, 이런 엽기적 부조화는 쉽게 설명이 되지 않는다. 단 그것이 그의 지병인 간질병의 탓(과잉종교증, 종교적 신경증)이라면 전혀 납득이 가지 않는 것도 아니다.

신성한 병과 바보 성자

간질을 뜻하는 영어 단어 epilepsy는 라틴어 epileptos에서 유래한 것으로, 이 단어는 사람이 '무엇인가에 사로잡혀 있음(to seize upon, taking hold of)'을 뜻하는 말이다. 간질발작이란 인간의 혼 또는 몸을 사로잡은 그 무엇이 몸과 영혼까지 쥐어짜고 흔들다가 풀어 놓아주는 것이라는 발상에서 나온 표현일 거라는 생각이 든다.

의학사가 아커크네히트는 선사시대 인류가 남긴 의료행위의 증거로 신석기시대 유럽의 퇴적물 중에서 발견된 구멍 뚫린 두개골을 제시한다. 지금처럼 첨단기술을 이용한 뇌수술과 비교할 수는 없지만 돌과 같은 도구를 이용한 시술의 흔적이 남아있는 유골을 발견한 것이다. 그는 구멍이 뚫린 두개골의 주인이 살아있었을 때 심한 간질병을 앓았을 것으로 추정한다.[46] 두개골 안의 뇌 속에 똬리를 튼 채 인간의 몸과 영혼을 저주하고 조롱하는 악령을 내보내려면 두개골에 구멍을 내고 악령이 스스로 두개골 밖으로 나가도록 주술을 거는 수밖에 없다. 질병이 악령의 저주나 사주와 같은 초자연적인 힘에 사람이 휘둘린 결과라고 생각했던 고대사회의 사고방식에서는 합리적인 처방이었을 수도 있다. 이것을 비과학적이며 미개한 것이라 폄하할 필요는 없다. 그 당시의 사고 수준에서는 최고의 선택이었을 것이고, 토마스 쿤이 말한 '정상과학'의 한 과정이다.

---

46 아커크네히트, 《세계의학의 역사》, 허주 옮김, 지식산업사, 1987. 24쪽.

불과 한 세기 전까지 우리 전통 의료문화는 실성한 사람을 다스리기 위해 동남쪽으로 뻗은 복숭아 나뭇가지를 꺾어다가, 두들겨 패거나(혼을 내주다, 혼꾸멍을 내다) 굿을 했다.[47] 소설《악령》에는 끼릴로프 이외에 또 한 사람의 간질병 환자가 등장한다. 반복된 간질발작으로 거의 바보처럼 변해 버린 레뱌드끼나다. 그런데 그녀의 오빠, 레뱌드낀 대위는 매일 괴성을 지르며 발작을 일으키는 여동생을 가죽채찍으로 후려갈긴다. 오빠가 병든 동생을 가혹하게 다루는 이유가 순전히 오빠의 술주정 아니면 군대식 성향과 거친 성격 탓일까? 한반도와 비슷한 시베리아 문화권의 질병관으로 본다면 레뱌드낀 대위는 병든 여동생을 학대한 것이 아니라 열과 성을 다하여 치료를 한 것으로 볼 수도 있다.

《영원한 남편》에는 어린 소녀(리자)가 목을 매고 죽은 시신을 보고, 놀람과 공포심에 온몸을 떨다가 결국 정신을 잃고 간질발작을 일으키는 장면이 나온다. 그런데 혼절한 리자를 지켜보던 그녀의 아버지 빠벨 빠블로비치는 치료나 간병은커녕 딸의 온몸을 꼬집어대기만 한다. 그리고 정신이 들면 목을 매다는 시늉을 하면서 리자를 위협한다. 딸에 대한 애착이 별로 없는 술주정뱅이 아버지의 아동학대라고 생각할 수도 있겠지만, 간질발작으로 넋이 나간 사람에게 가해지는 혈육들의 가혹행위는 학대가 아니라 나름의 논리를 갖추어 전해 내려오는 민간요법의 하나다. 리자를 꼬집어 아프게 하는 것은 리자를 괴롭히는 것

---

47 무라야마 지쥰,《조선의 귀신》, 김희경 옮김, 동문선, 1993. 제 2편 〈양귀(讓鬼)편〉

이 아니라 리자의 몸과 영혼을 사로잡고 있는 악령을 아프게 하여 몸 밖으로 내모는 것이고, 목을 매고 죽는 흉측한 모습을 연기하는 것은 그 모습을 보고 놀란 악령이 몸 밖으로 뛰쳐나가게 하려는 것이라고 볼 수도 있다.

한국에서도 마찬가지다. 대발작으로 의식을 잃고 널브러진 환자의 이마를 칼이나 송곳으로 수도 없이 찍어, 온 얼굴을 피범벅으로 만들고 나서야 응급실로 데려오는 풍경은 〈전설의 고향〉 같은 드라마의 한 장면이 아니다. 불과 10~20년 전만 해도 응급실에 근무하는 의사라면 누구라도 심심찮게 경험할 수 있었던 일이다. 인중이나 손톱 밑을 바늘로 찔러 피를 내는 것은 애교 수준이었다. 도시의 뒷골목에 숨어있는 당집에는 아직까지 환자의 몸에서 악령을 몰아낸다며 환자를 발로 지근지근 밟아대거나 몽둥이로 때리는 치료법이 남아있다. 그러다가 끝내 사람을 죽이는 일까지 일어나기도 한다.

◆ ◆ ◆

간질발작은 대부분 돌발적(paroxysmal)으로 일어났다가 의사의 처방이나 특별한 조치가 없더라도 저절로 멈추고 환자는 언제 그랬냐는 듯이 멀쩡해진다. 그래서 곁에 있던 사람이 발작 중인 환자에게 어떤 시술을 하더라도—칼이나 송곳으로 이마에 피를 내거나, 인중이나 손톱 밑을 찔러 피를 내든지, 채찍이나 작대기로 때리든지—그 시술 때문에 환자가 깨어났다고 믿게 된다. 발작을 일으킨 손자의 이마를 칼로 난도질해놓은 할머니가 자기가 아니었으면 손자는 아마 죽었을 것이라고 의기양양하게 큰소리칠 수 있는 이유도 이 때문이다.

학계에서 설명하는 간질병의 원인은 21세기에 접어든 지금도 특발성(idiopathic)이다. 풀어쓰면 특이하게 발병했다는 의미로 원인을 잘 모르겠다는 뜻이다. 그런데 원인은 모르지만 채찍으로 때리거나 송곳으로 이마에 피를 내고 나니까 곧이어 정신을 잃은 환자가 깨어났다면, 사실 이는 우연의 일치일 뿐이지만 시술을 한 사람은 당연히 자신의 시술이 효험이 있다고 믿는다. 이런 믿음을 칸트는 "실용적 신앙"이라고 했다.[48]

중증이 아닌 대부분의 간질발작은 어떤 인위적인 조치 없이도 금세 원래 상태로 회복되는 특성이 있기 때문에 몸의 이상에서 생긴 질병이라기보다는 초자연적인 현상이라는 믿음을 가지게 만드는 힘이 있다.

언뜻 보면 발작 중의 환자는 영과 육이 분리된 망아지경(ecstacy)에 놓여 있는 모습이다. 우리가 머물고 있는 곳과 다른 세계의 다른 현상을 보고, 듣고, 느끼기도 한다. 그렇게 보고 듣고 느낀 것을 이야기한다면 초자연적인 능력을 가진 것으로 보일 수도 있다. 그래서 간질발작 상태를 '빙의', '빙령'의 상태, 또는 주술사(샤먼)가 신들과 만나는 접신의 상태로 해석하는 문화가 생겨나기도 하는 것이다.[49] 우리의 전

48 임마누엘 칸트, 《순수이성비판》, 최재희 옮김, 박영사, 1979. 565쪽(이하 칸트, 《순수이성비판》으로 표기).

49 시베리아, 중앙아시아 지역과 만주 퉁구스족에서 샤먼은 "신경증 증세를 보이고 간질병적인 발작을 일으키기도 하고" 샤먼이 발작을 일으키는 순간을 접신의 순간이라고 믿는다. 이 지역에서 샤먼이 신으로부터 소명을 받았다는 징표는 "꿈과 발작적인 경련을 일으키는 것"이다(미르치아 엘리아데, 《샤마니즘: 고대적 접신술》, 이윤기 옮김, 까치, 1992. 34~49쪽(이하 엘리아데, 《샤마니즘: 고대적 접신술》로 표기).

통 무속문화에서도 몸에 떨림이 일어나거나 발작을 일으키는 것을 성무(成巫), 즉 무당이 되는 신내림의 증거로 삼기도 한다. 간질병이 혐오스런 질병인 한편, 신비주의 색채를 띤 "신성한 병"이라는 별칭을 얻은 것은 간질발작이 가진 이런 특이한 속성 탓이다. 도스또예프스끼가 마호메트도 간질병 환자였음을 거듭 강조했던 이유도 간질병이 가진 양면성을 강조하기 위함이 아니었을까?

의과학 수준이 낮은 곳일수록 질병을 초자연적인 힘의 영향으로 해석하는 전통사회의 질병관이 더 큰 영향력을 가진다. 그래서 저소득국가와 미개발국가에서는 간질병 환자의 7~80%가 전혀 치료를 받지 않는 것으로 알려져 있다. 의료시설이나 약물의 부족이 가장 큰 원인이겠지만, 간질병 환자를 혐오와 기피의 대상으로 삼는 것이 아니라 오히려 신비한 인물로 추앙하는 문화적인 특성 탓이다. 간질병 환자가 위대한 주술사 대접을 받는 지역도 있다.[50] 그런 지역에서는 간질병을 병이라 생각조차 하지 않을 것이다. 문명의 본고장 유럽이라고 예외일까? 집단 발작으로 종교적 영향력을 확대하려 했던 얀센주의자들의 이야기가 찰스 디킨스의《두 도시 이야기》에 언급이 되어있다.[51]

◆ ◆ ◆

50 엘리아데,《샤마니즘: 고대적 접신술》, 43쪽.

51 "요 몇 년간 전반적으로 사태가 안 좋게 흐르고 있음을 막연하나마 감지하고 우려하는 사람들이었다. 그 흐름을 조금이라도 바로잡고자 대여섯 중 절반은 몽상적인 경련주의자가 되었는데, 거품을 물고 고함을 지르고 발작을 하고, 그 자리에서 온몸이 마비되는 방법까지 강구했다."(찰스 디킨스,《두 도시 이야기》, 이은정 옮김, 펭귄클래식 코리아, 2015. 155쪽(이하 디킨스,《두 도시 이야기》로 표기).

간질병이 있는 레뱌드끼나는 "조용하고도 부드러운 회색 눈"이 "눈에 띌 만큼 아름답고", "몽상적이고 진실한 무언가가 거의 기쁨에 넘치는 듯한 그녀의 조용한 시선에서 빛"나는 서른 살 정도의 절름발이 여자다. 그녀는 "신에 의해 벌을 받은" 사람 중의 하나이지만, 미소에는 "조용하고도 평온한 기쁨"이 담겨있고 처음 만난 사람도 역겨운 혐오감보다는 유쾌하면서도 애처로운 감정을 느끼게 만드는 분위기를 풍긴다. 뻬쩨르부르그의 몽상가처럼 레뱌드끼나도 몽상가다. 발작이 일어나면 이전의 일들을 기억하지 못하고 늘 시간을 혼동하기도 하지만, 온종일 같은 자리에 앉아있을 정도의 "굉장한 몽상가"다. 주술사처럼 카드 점을 치기도 한다. 레뱌드끼나나 미쉬낀 공작은 종종 간질병으로 바보와 다를 바 없지만 한편으로는 거룩한 성자의 모습과 행동을 보여준다. 러시아 전통문화에서는 이런 이들을 유로지비(iurodivyi)라 부른다. 도스또예프스끼의 소설에는 빠짐없이 바보 성자인 유로지비가 등장한다.

한눈에 간질병 환자임을 알 수 있는 미쉬낀 공작이 유로지비였고, 계절에 상관없이 삼베 옷 한 벌만 걸치고 살면서 걸핏하면 주정뱅이 아버지에게 두들겨 맞는 리자베따 스메르쟈쉬차야도 유로지비다. 그녀는 "신의 인간"이라 하여 신앙심 깊은 마을 사람들의 보살핌으로 그럭저럭 살아가다가 아비가 누구인지도 모르는 스메르쟈꼬프를 낳은 뒤 초라한 삶을 마친다. 완전범죄를 노리던 라스꼴리니꼬프와 우연히 마주친 바람에 억울하게 죽어 간 전당포 노파의 여동생 리자베따도 유로지비형 인물이다.

이 유로지비들은 자신이나 자신의 안락을 위해서가 아니라 남을 위해서 자신을 내던지는 존재들이다. "사랑하고 숭배하는 사람을 위해서" 자신을 파는 사람들이다. 그런 의미에서 계모와 어린 이복동생들을 위하여 기꺼이 자신의 몸을 내놓는 소냐도, 가족의 희망인 오빠를 위해서 애정도 없는 루쥔에게 시집을 가려했던 두냐도 넓은 의미에서 유로지비형 인물들이다. 이 유로지비들이 파리의 노트르담으로 가면 '카지모도'가 되고, 한반도로 건너오면 '바리데기'가 된다. 소냐는 전형적인 한반도의 바리데기다. 자신을 희생함으로써 온 가족을 구원하는!

간질병 환자는 도스또예프스끼에 의해 병든 몸으로 병든 세상을 헤아릴 줄 아는 철학자로, 용서와 베풂을 실천하는 성자로 거듭난다. 그리고 간질병은 신에 의해 벌을 받은 사람들이 앓는 천형이 아니라, 신의 인간으로 거듭나기 위해서 겪어야 하는 수난과 고행으로 탈바꿈한다. 도스또예프스끼 자신이 19세기 근대의 길목에 들어선 러시아 사회에 홀연히 등장한 유로지비였기도 하다.

하지만 유로지비와 문명은 상극이다. 문명의 수준이 높아질수록 유로지비가 발을 디딜 수 있는 공간은 줄어든다. 20세기를 넘어오면서 세계 4대 강국의 반열에 드는 문명국가로 발전한 러시아에서 더 이상 유로지비를 찾기는 어려울 것이다. 가난했던 시절, 잊을 만하면 찾아와서 온 동네에 활기를 불어넣어 주던 각설이를 21세기 한국 사회에서 찾아보기 어렵듯이.

근대의 낙오자, 병든 시대의 이방인

19세기 러시아 사회에서 도스또예프스끼는 교양 있는 귀족 신분이었고, 늘 사색하고 고뇌하면서 세상의 흐름을 관조하고 비판하는 지식인이었으며, 당대를 대표하는 작가였지만, 사람들이 쉽게 곁을 내주지 않는 외톨이 신세였다.

그는 하루가 10년처럼 빠르게 흘러가는 근대의 흐름에서 자신의 뜻과는 무관하게 소외된 채 시베리아 수용소와 폐쇄사회인 군대에서 10년이란 세월을 흘려보내야만 했다. 지적 호기심[52]이 왕성할 뿐 아니라 매사에 의욕과 활력이 넘치는 2~30대의 황금 같은 시기를 족쇄에 묶인 몸으로 지내야 했다. 그동안 그의 간질병은 동료 죄수들조차 외면할 정도로 깊어졌다. 마지막 남은 물 한 방울까지 쥐어짜내는 듯한 대발작을 겪고 나면 지난 기억은 희미해지고 눈앞에 펼쳐지는 풍경은 낯설기 짝이 없다. 불쾌하고 불안하다. 수치스러우면서도 화가 난다.

그런 고난의 세월을 거쳐 근대 러시아의 상징과도 같은 뻬쩨르부르그에 정착했지만, 매일 문명의 축제와 향연이 펼쳐지는 근대 도시에서 그는 이방인이자 낙오자였다. 축제의 행렬에 끼어들 능력도 없었고, 끼워주는 사람도 없었다. 간질병 치료를 위해 4년간 스위스에 머

52 "다른 간사한 사람들에게 있어서 학문이 손안에 든 자본"이었다면 자신에게는 "학문에 대한 열망이 자기 자신에게 총구를 겨눈 무기가 되어버렸다"고 생각하는 오르디노프(《여주인》, 138쪽)는 하숙방을 찾아 뻬쩨르부르그 뒷골목을 서성대는 간질병 환자로 도스또예프스끼의 젊은 날의 모습이라고 보면 될 것 같다.

물다 돌아온 미쉬낀 공작의 몰골은 군복을 벗어던지고 이제 막 뻬쩨르부르그에 발을 디딘 도스또예프스끼 자신의 몰골을 묘사한 것과 마찬가지다. 시대 분위기에 어울리지 않는 옷차림, 반복된 간질발작으로 말도 어둔해진 상태로 느릿느릿 두리번거리는 도스또예프스끼의 눈에 비친 뻬쩨르부르그 풍경은 숨이 컥컥 막힐 정도로 자신을 압도해오는 괴물처럼 비쳤을 것이다. 그때의 당혹감과 외로움이 미쉬낀 공작의 한없이 쓸쓸하고 측은한 넋두리[53]에 고스란히 담겨 있다.

> …오래전부터, 유년 시절부터 항상 그에게 손짓해오던, 그러면서 도저히 접근할 수 없었던, 끝이 없는, 언제나 위대한 저 축제는 대체 무엇이란 말인가? 매일 아침 저와 똑같은 태양이 떠오르고, 매일 아침 폭포수 위로 무지개가 생기고, 매일 저녁이면 저 멀리 하늘 가장자리에 있는 만년설의 고봉은 자줏빛 불꽃으로 타오른다. 햇볕을 받으며 내 곁에서 윙윙거리는 작은 파리는 어느 것이나 이 모든 향연과 합창의 동반자로서 자신의 위치를 알고 그 위치를 사랑하며 행복해한다. 작은 풀잎은 한 포기마다 자라나며 행복을 느낀다! 모든 것에는 자기의 길이 있고, 모든 것은 자기의 길을 알고 있다. 모두 다 노래를 부르며 물러섰다가 노래를 부르며 온다. 오로지 그 혼자만이 사람이든 소

---

53 미쉬낀 공작의 이 푸념(《백치》, 650~651쪽)은 18살짜리 폐병 환자 이뽈리뜨의 절망—"끝없이 계속되는 이 향연이란 것이 나를 잉여인간으로 간주하는 데서 시작되는 마당에, 햇볕을 받으며 내 곁에서 윙윙거리는 파리마저 이 모든 향연과 합창의 동반자로서 자신의 위치를 알고, 그 위치를 사랑하며……."(《백치》, 634~635쪽)—을 그대로 베껴 놓은 것 같고, 이와 거의 비슷한 문장이 《까라마조프 씨네 형제들》의 조시마 장로의 설교(516쪽)에서 되풀이된다.

> 리이든 아무것도 모르고 아무것도 이해하지 못한다. 모든 것이 이질적인 그는 낙오자다. 아, 물론 그는 이 모든 것을 말할 수 없었고 자신의 문제를 표현할 수 없었다. 그는 벙어리 냉가슴 앓듯 괴로워했었다.

근대의 향연과 합창에서 소외된 미쉬낀 공작은 갈 길도 머물 자리도 없는 낙오자 신세였다. 바쁜 걸음으로 지나가던 사람들이 흘낏 보고 지나치고 마는 이방인이었다. 앵앵거리며 어지러이 날아다니는 파리만도 못한 신세였다.[54] 그는 끝내 근대로 향하는 러시아의 "철도와 기선"에 동승하지 못하고 병이 깊어진 채 스위스로 되돌아간다.

가난하여 옹색하고, 병약하여 불안하고, 고독하여 우울한 도스또예프스끼 앞에 펼쳐진 세상이 결코 건강하게 보였을 리는 없다. 그가 병든 만큼 세상도 병든 것처럼 보였으리라. 그는 당시 러시아를 휘젓는 문명이란 것이, 유럽에서 흘러들어온 그 문명의 바탕이 되는 사상이란 것이 한갓 환상이나 유령에 불과한 것은 아닌지, 편집증이 있는 사람만이 가질 수 있는 독특한 의심의 눈길로 쳐다본다. 근대의 뒷골목에 드리워진 그림자들을 하나하나 살핀다. 전염병이 창궐하는 뒷골목에서 우울하고 불안한 기색으로 서성대는 사람들을, 열차와 기선에 올라타서 근대로 전진하는 사람들을 향해 이를 갈면서…….

---

54 지하생활자인 '나'는 "모든 사람에게 모욕당하고, 모든 사람에게 치욕을 당하는 한 마리 파리"가 바로 자기자신이라고 자학한다(《지하로부터의 수기》, 84쪽).

2부

근대의 그늘

우리 모두는 사실 미친 사람과 거의 비슷할 때가 많이 있습니다. 다만 아주 작은 차이로 환자들이 우리보다는 약간 더 미친 거지요. 어쨌든 선을 그어야만 하니까요. 어떻게 보면 조화로운 인간이란 전혀 없다고도 볼 수 있지요. 이건 사실입니다. 수만 명 아니 어쩌면 수백만 명 중 한 사람 꼴로 만나볼 수 있을까요?

_《죄와 벌》 중에서

4장

근대의 질병체계

박테리아의 시대

> 시대마다 그 시대에 고유한 질병이 있다. 그래서 이를테면 박테리아 적이라고 할 수 있는 시대도 있는 것이다.

재독 철학자 한병철이 쓴《피로사회》의 첫 문장[1]이다. 19세기는 진보와 보수, 신체제와 구체제가 충돌하는 혁명의 시대라 불리기도 하지만, 온갖 전염병을 일으키는 세균의 실체가 밝혀진 세균의 시대였기도 하다. 인구 증가로 말미암은 도시의 팽창과 신분구조의 변화, 국가 간의 교역 증대, 전쟁이 촉발시킨 사회구조의 변화는 생태계의 질

1 한병철,《피로사회》, 김태환 옮김, 문학과지성사, 2011. 11쪽.

서마저 교란시킨다. 인간 사회의 혼돈과 무질서는 조용히 숨어살던 미생물들까지 덩달아 꿈틀거리게 만들고, 또 국경까지 거침없이 넘나들 수 있게 만들었다. 그리하여 문명사회의 인간들이 퍼트린 전염병이 외부 세계와 단절되어 있던 지역공동체를 괴멸시키는 근대적 질병체계[2]가 구축된 것이다.

콜레라는 21세기에 들어와서는 사람의 생명에 아무런 위협이 되지 못하는 질병이지만, 도스또예프스끼와 동시대를 살았던 러시아 작곡가 차이꼬프스끼, 철학으로 근대의 문을 열어젖힌 헤겔을 영원히 잠재워버렸다. 파우스트와 씨름하던 괴테의 말년을 괴롭힌 것은 폐결핵이었다. 브론테 세 자매를 차례로 집어삼킨 것도 결핵이다. 피아노로 시를 쓰던 쇼팽도, 악마가 숨어있는 바이올린으로 마술과도 같은 연주를 했다는 파가니니도 결핵으로 허망하게 삶을 마감했다. 19세기를 대표하는 쟁쟁한 예술가들과 치열한 사상가들까지도 세균과의 싸움에서는 허망하리만큼 무기력했다.

도스또예프스끼의 불행한 가정사에도 전염병이 끼친 영향이 크다. 어린 나이의 도스또예프스끼로부터 정신적 의지처였던 어머니를 빼앗아 간 것은 폐결핵이었고, 그다지 원만하지 못했던 관계였긴 하지만 첫 번째 아내였던 마리야 이바노브나와 영원히 이별하게 된 것도 마리야의 폐결핵 때문이다. 가난한 과부의 5남매가 백일해 때문에 차례로 목숨을 잃고, 남은 아들 하나에게 기가 막힌 반전이 일어나는 이

2 윌리엄 H. 맥닐, 《전염병과 인류의 역사》, 허정 옮김, 한울, 1992. 256쪽.

야기(《미성년》, 680쪽)도 당시의 보건위생 상태와 의료 수준에서는 작가의 상상력에만 의존한 허구의 이야기라고 보기 어렵다.

◆ ◆ ◆

도스또예프스끼가 전업작가로서 정착했던 뻬쩨르부르그의 뒷골목은 세균이 번식하기에 더할 나위 없이 좋은 배양지 같은 곳이었다. 뻬쩨르부르그 특유의 "질척이는 진흙탕과 공기 중의 진한 습기"에 러시아 전역에서 몰려든 사람들이 쏟아내는 배설물과 쓰레기, 또 근대의 건설현장이 토해내는 먼지 · 폐수가 뒤섞여 온 천지를 뒤덮는다. 그렇게 혼탁하다 못해 오염될 대로 오염된 환경에 무방비로 내던져진 채, 햇볕도 들지 않고 환기도 제대로 되지 않는 관[3] 속 같은 쪽방에 기거하면서 중노동에 시달리는 사람들의 몸과 마음은 근대의 진행 속도만큼이나 빠르게 피폐해져 간다.

도스또예프스끼는 뻬쩨르부르그 사람들이라고 하면 제일 먼저 떠오르는 인상이 "잠옷에다가 침실용 모자를 쓰고 꼭 닫힌 방안에서 두 시간마다 무슨 약인가를 한 스푼씩 떠서 먹는 모습"이라고 했다. 또 "진눈깨비 내리는 11월의 뻬쩨르부르그"가 줄 수 있는 선물이 "염증 · 코감기 · 열병 · 편도선염 · 고열" 같은 것이라고도 했다. 이는 전염병이

3 아르놀트 하우저는 도스또예프스끼가 "관"이라고 불렀던 방은 "대도시 생활의 가장 슬픈 희생자들이 그 안에서 나날을 보내는 방"이라고 해석했다(아르놀트 하우저, 《문학과 예술의 사회사 4》, 백낙청·염무웅 옮김, 창비, 2006. 182쪽).

만연하는, 즉 "박테리아적 시대"의 스산한 분위기를 실감나게 묘사한 것이라고 볼 수 있다. 그 도시의 한 귀퉁이에는 "먹을거리를 사러 시장에 가려다가" 침대에 드러누워 숨 한 번 몰아쉬고 그대로 죽어버리는 "젊은 부인"이 있을 정도다(《백치》, 598쪽).

전염병 앞에 인간이 가진 힘은 무력했다. 중세의 페스트는 신권을 중심으로 이어져 오던 유럽 사회의 질서를 흔들어 놓았고, 19세기가 시작되면서 온 세계를 뒤덮다시피 했던 콜레라는 인류의 역사를 근대의 모습으로 개혁하도록 다그치는 채찍질과도 같은 것이었다. 인간의 몸을 침탈하는 질병과 그 질병으로 말미암은 죽음이 근대 의과학 체계로 설명되지 않았던 시대에, 그래서 초자연적인 힘이 인간의 길흉화복을 주재한다고 믿던 시절에 질병은 인간의 방탕과 타락, 그리고 게으르고 허약한 믿음에 대한 신의 응징이요 저주로 여겨졌다. 한꺼번에 많은 사람이 죽어나가는 전염병이 돌 때는 신에 대한 공포와 두려움이 더 커졌다. 그에 대처할 방법이라고는 회개와 기도, 신의 진노를 누그러뜨릴 의례가 다였다.

그러나 온갖 정성과 재물까지 바친 기도가 효험이 없다면 신의 존재에 대한 합리적인 의심이 생겨나는 것은 자연스러운 심리 아닐까? 신의 능력에 의심의 눈길을 던지면서 인간의 본질에 대한 관심을 점점 높여가던 르네상스 문화가 14세기 이탈리아에서부터 시작된 것과, 14세기 유럽을 황폐하게 만들었던 페스트가 이탈리아에서부터 처음 발병한 것을 우연의 일치라고 보기는 어렵다.

근대의 인간들은 전염병을 신의 저주라고 생각하는 주술적 사고에 더 이상 현혹되지 않았다. 전염병이 오염된 물과 음식, 공기를 통해 전파되는 병이고, 그 병을 매개하는 것이 박테리아라는 미생물이란 사실이 하나 둘 밝혀지기 시작한 것도 19세기의 일이다. 하지만 그 무렵 동아시아는 여전히 인간의 질병을 음양오행의 부조화 탓 아니면 역귀나 악령의 소행으로 이해하고, 그에 맞춘 해법[4]을 구하고 있었다. 동아시아가 한발 앞선 서구문명의 먹잇감이 될 수밖에 없었던 것은 보건위생과 질병 개념의 전근대성 때문이기도 하다.

근대의 흑사병, 결핵

중세의 병이 페스트라면 근대를 대표하는 병으로는 결핵을 꼽을 수 있다. 지난 시대의 인습과 질곡에서 벗어나 한층 더 자유로워진 인간의 욕망이 희망을 만들어내던 시대가 근대였고, 그런 근대의 꿈을 실현하는 곳은 도시였다. 그러나 막연한 희망을 품은 사람들이 무작정 모여든 공간이 여유롭고 쾌적한 터전이 될 리는 만무하다. 신분 상승이나 빈곤 탈출의 기회를 잡으려는 시골의 가난한 청년들에게 풍치 좋고 고즈넉한 곳의 풍류와 여유가 가당키나 한가? 배설물과 쓰레기

---

4 근대 중국의 대문호 루쉰(魯迅)의 단편소설《약》에는 당시 중국에서 결핵에는 생사람의 피가 묻은 만두가 특효약이라는 속설 때문에 교도소 간수들이 참수당한 죄수의 피를 돈 받고 파는 이야기가 나온다. 그리고 또 다른 소설《내일》에는 의원이 폐렴으로 고열이 치솟는 원인을 "쇠(金)가 불(火)에 눌렸기 때문"이라거나 "중초(中焦)가 막힌 탓"이라고 설명하는 대목이 있다.

가 질척거리는 뒷골목의 단칸방이라도 있어 비를 가리고 해진 뒤에 한 몸 눕힐 수만 있으면, 그리고 거기서 하루 세끼 주린 배만 채울 수 있다면 좁디좁은 방안의 악취와 냉기가 희망에 들떠 있는 젊은 몸에 당장 문제가 되는 것은 아니다.

신분 상승의 꿈을 품고 근대의 그늘진 뒷골목을 찾아들었다가 점점 시들어가는 가난한 청년의 전형적인 모습이 라스꼴리니꼬프다. 그의 방[5]은 "궤짝이나 다를 바 없는 누런 방"이었고, 시골에서 올라온 엄마가 보기에는 바람 한 점 통하지 않는 "관 속 같은 방"이었다. 게다가 방은 좁은데 천장까지 낮아 "영혼과 정신을 숨 막히게" 할 정도다. 그러나 방 주인은 밤낮을 가리지 않고 그 방에 콕 처박혀서 아무것도 하지 않는다. 먹을 게 있으면 먹고, 없으면 굶으면서 하루 종일 누워 천장만 쳐다보며 온갖 잡생각으로 시간만 보낸다. 손가락 하나 까닥하지 않고 그저 "생각하는 것"만 좋을 뿐인 대학 휴학생이다.

그가 방에 처박혀 은둔형 외톨이로 지내는 이유는, 거리로 나와 봤자 마땅히 갈 곳도 없지만, 방에서 보는 것보다 더 혐오스러운 광경이 눈앞에 펼쳐졌기 때문인지도 모른다. 찌는 듯이 무더운 거리에 근대의 외형을 갖추기 위해 거의 매일 부수고 파고 뒤집는 공사현장과 거기서 쏟아져 나오는 먼지와 소음, 공사판 주변의 선술집에서 풍기는 역겨운 냄새와 취객들의 악다구니, 그리고 창녀들이 자신을 팔며 도

---

5 라스꼴리니꼬프의 방은 셋방이 아니라 셋방의 셋방이다. 《죄와 벌》의 영문판 (Penguin classic)에는 "… little room he rented from some tenants in S-Lane……."으로 되어있다. 셋방을 얻은 사람으로부터 다시 세를 얻은 방이니 방의 수준이야 더 말할 필요도 없겠다.

열해 있는 근대 도시의 뒷골목……. "서민들은 술에 취해 있고 젊은 지식인들은 이룰 수 없는 꿈과 환영 속에서 할 일이 없어 말라비틀어진 채 이론의 기형아가 되어가는" 시대의 그늘진 곳을 서성거리는 사람의 몸과 마음이 건강하다면 오히려 이상한 일이다.

> 너의 방을 보이라, 나는 그것으로 너의 성격을 알리라.
>
> 《미성년》, 251쪽

돌고루끼가 살던 다락방도 좁고 긴데다 "어깨보다 높지 않은 곳에서 벽과 지붕이 맞닿아있어 손을 짚을 수 있을 정도"로, 꼭 관 같은 방이다. 그런 관 속 같은 방에서 처박혀 사는 돌고루끼는 세상의 모든 여자들에 대해 혐오와 경멸의 감정을 키운다.

결핵균은 세균들의 텃밭이라 할 수 있는 뻬쩨르부르그 뒷골목의 관 속 같은 방에 갇혀 사는 라스꼴리니꼬프의 젊은 몸을 용케도 비켜 가지만, 그의 마음속에는 결핵균보다 더 독한 혐오와 경멸, 증오라는 세균이 자란다. 이 세상 모든 것들에 대해 침을 뱉고 이를 갈게 만드는.

관 속 같은 방의 흡수저들

폐결핵 진단의 필수 수단인 방사선이 발견된 것이 1895년이었고,

병원에서 상용화된 것은 20세기 들어와서임을 감안한다면 20세기 이전의 폐결핵 진단은 거의 자가진단이었거나 삶과 죽음의 경륜이 축적된 어른들의 직관에 의존했을 것이다. 결핵균에 감염된 환자는 그리 높지도 않은 미열이 떨어지질 않아 늘 짜증에 차 있고, 전신에 무력감을 느끼면서 체중이 시나브로 줄어들고, 얼굴은 창백해지면서 점점 야위어간다. 그리고 내장까지 다 토해낼 것 같은 깡마른 기침이 그치질 않고, 그런 기침과 함께 나오는 가래에 선연한 피가 섞여 있으면 결핵이라 지레짐작 해도 크게 어긋나는 일은 없다.

결핵균에 감염된 사람은 20세기 중반까지도 요즘의 말기암 환자들처럼 아무 대책 없이 곧 죽을 운명이란 선고를 받아든 꼴이 된다. 최초의 결핵 치료약 스트렙토마이신이 개발된 것은 2차 세계대전이 끝나가던 1943년이었으니, 그 이전에는 결핵에 걸렸다고 하면 주변 사람들로부터 격리된 채 속수무책으로 죽음을 기다리거나 운 좋게 자연치유를 기대하는 것 외에 달리 선택이 없었다.[6]

스무 살도 채 되지 않은 꽃 같은 나이에 폐병(결핵) 때문에 죽음이 바로 코앞에 와 있는 처지가 되고 나면, 모든 것이 가소롭고 혐오스럽고, 모든 사람들을 향한 시기와 질투, 증오심이 일어나지 않을까? 이런 사람들은 훅 입김만 불어도 쓰러져 숨이 끊어질 듯 약해 보이지만

6 당시에 폐병은 사람의 "생명을 벌레처럼 갉아먹으며 점점 죽음으로 끌고" 가지만, 가족들은 그것을 "눈으로 보면서 온몸으로 느끼면서 괴로움에 치를 떨" 뿐 할 수 있는 것이 아무것도 없었다(《가난한 사람들》, 47쪽). 19세기 러시아의 가정에서는 "식초 적신 물"로 환자의 얼굴을 닦아 주거나 "설탕차"를 마시는 것이 결핵의 유일한 치료법이었던 것 같다.《네또치까 네즈바노바》에는 폐병쟁이 엄마가 "종일 침대에 누워" 있다가 네또츠카를 불러 "차와 설탕을 사오라고 심부름"을 보내는 대목이 나온다(81쪽). 당시 러시아에서 설탕차는 일종의 호사로, 몸이 안 좋거나 병이 들었을 때 쓰는 약이었다.

"병적 자존심"만은 강해서 툭하면 주변 사람들과 갈등을 일으키고 곁에서 밤을 새우며 간병하는 가족들을 힘들게 한다. 도스또예프스끼가 그려낸 그런 유형의 인물이《백치》의 이뽈리뜨다.

이제 막 꿈을 펼치기 시작할 나이인 홍안의 소년이, 자신의 숨길을 따라 숨어들어온 결핵균 때문에 살 수 있는 날이 2주밖에 남지 않았다는 것을 알게 된 뒤에도 세상을 긍정하며 살아가기를 기대하기란 어렵다. 이제 겨우 열여덟의 나이에, 살고 싶은 의지가 불길처럼 솟는데, 그래서 살 수만 있다면 못할 일이 없을 것 같은데, 앞으로 살아갈 날이 무려 60년이나 남은 사람이 허무하게 삶을 소진하는 꼴을 보면 혐오와 경멸·멸시의 감정을 넘어 적개심까지 일어나는 것은 당연한 심리일 터. 이뽈리뜨는 점점 "몸뚱이가 두 동강 난 질투심 많은 구더기" 같은 인물로 변해간다.

그런데 이뽈리뜨가 폐병쟁이가 된 것이 이뽈리뜨 자신의 책임인가? 결핵균이 활동, 번식하기 좋도록 부패하고 불결한 환경이 된 것은 이뽈리뜨가 책임져야 할 일은 아니지 않은가? 그런데도 죽음이 무엇인지도 모를 나이에 죽음이 예정되어있고, 자신이 책임질 수 없는 문제로 죽어가야 하는 현실을 인정할 수밖에 없는 청년에게 신을 믿으라 하고 내세의 삶을 약속하는 것은 성직자의 입에 발린 소리밖에 더 될까?

이뽈리뜨는 종교라는 것 자체는 인정한다. 하지만 그리스도와 신, 내세의 삶은 부정한다. 로고진의 집에 걸려있던 예수 그리스도의 그림을 보고서는 그의 마음속에서 반신반의하던 '신의 부재'는 확신으로 바뀐다. 그 그림은 십자가에 매달려 죽은 예수를 땅바닥에 내려놓은 장면으로, 거기 그려진 것은 어떤 권위도, 신성함도, 신앙심도 느낄 수 없는, 비참하게 죽은 사람의 몰골 그 이상도 이하도 아니었다. 그저 "가차 없는 진실로서 인간의 시신을 그린 그림"일 뿐이었다. 내세의 삶을 기약하는 그 어떤 단서도 찾을 수가 없었다. 그래서 이뽈리뜨는 죽음 이후의 세계를 인정하지 않는다. "나 죽고 난 다음에야 무슨 일이 있건 말건" 무슨 상관이 있겠으며, 사는 날이 2주일밖에 남지 않은 사람이 어떻게 죽을지 죽음의 격식을 따진다는 것도 어쩌면 사치스러운 일이다.

18살 나이에 죽어야 한다는 사실을 쉽게 받아들이지 못한 이뽈리뜨는 그렇게 무신론자로 변신하여, 많은 사람들 앞에서 자신의 세계관과 죽음을 알리는 성명서(?)를 발표한 뒤 권총 자살을 시도하지만 어이없는 실수로 주변 사람들의 조롱거리로 전락하고 만다. 비록 소설이긴 하지만 신앙심으로 충만한 도스또예프스끼가 나이 어린 무신론자를 만들어 놓고서는 잔인할 정도로 조롱한 셈이다.

◆ ◆ ◆

> 나는 공부를 했지만, 대학 학비를 낼 수가 없어서 잠시 동안 쉬어야 했어. (중략) 사정이 나아지면 나는 어쨌거나 돈 1천 루블 정도의 연봉을 받는 선생이나 관리가 될 수 있을 거야. 그런데 그때쯤이면 어머니는 걱정과 슬픔 때문에 말라비틀어지실 테니, 난 아무리 해도 어머니를 안심시켜드릴 수가 없어. (중략) 자, 뭐가 좋다고 한평생 모든

> 걸 모른 체하면서, 모든 걸 외면하고는, 어머니도 잊고, 누이의 모욕도 점잖게 참아야 한다는 거지? 무슨 목적으로? 그들을 망치고 나서, 새로운 식구, 아내와 자식을 만든 다음에 또다시 그들을 한 푼도 없는 신세로 남겨두기 위해서?
>
> 《죄와 벌》, 610쪽

이런 생각이 어찌 19세기 뻬쩨르부르그의 냄새나는 뒷골목 골방에서 하릴없이 빈둥거리던 가난한 러시아 청년 특유의 독창적인 생각이겠는가? 지금 21세기 대한민국의 대학가 원룸촌과 고시원 주변을 서성이다 보면 부모의 등골을 빼먹는다는 죄책감에 시달리는 '흙수저'들을 얼마든지 만날 수 있다. 이들은 자신은 무엇이든 할 수 있는 비범인이라는 망상에 젖은 라스꼴리니꼬프처럼, 남들보다 먼저 "머리를 숙여 권력을 줍는 것"이 아니라 머리를 들어 하늘을 원망하며 모든 것을 포기한다. 취업과 결혼은 말할 것도 없고 연애까지. 능력도 없이 새로운 식구만 만들어 그들을 "한 푼도 없는 신세"로 남겨두지 않기 위해서!

그들 중에는 기꺼이 삶을 포기하는 이들도 있다. 앞으로 살날이 60년도 더 남은 청년들이, 아니 청소년과 노인들까지 목을 매달고 강물에 뛰어들고 아파트나 학교 옥상에서 몸을 날리고, 혼자 가기는 무서운 길이라 친구들을 모아 함께 밀폐된 방에서 연탄을 피운다. "마루바닥이 모든 사람들의 발밑에서 미끄러져 나간 것"처럼 자살자가 속출하던 19세기의 러시아보다 더하면 더했지 덜하진 않을 것 같다.

삶을 포기하지 않고 실낱같은 희망을 붙들고 있는 청년들도 자신의 삶을 온전히 지켜낼 수 있을지 의문이다. 한국은 현재 OECD 국가 중에서 결핵 발생률, 유병률, 사망률, 항생제 내성발생률 모두 최고 수준을 달리고 있다. 한 세기도 더 지난 시절에 러시아 수도의 뒷골목을 서성거리던 라스꼴리니꼬프 같은 은둔형 외톨이들도 점점 더 늘어가고 있다. 그런데 한쪽에서는 '백옥주사', '태반주사', '마늘주사', '신데렐라주사'를 맞으며 백옥같이 흰 얼굴에 귀족 같은 차림으로 하하 호호 행복하게 사는 사람들도 넘쳐난다. 사교계의 사치는 불경기도 한계도 없이 성장하고 있다. 우리는 지금 근대의 문턱에 들어서 있는 것인가, 아니면 근대의 끝자락에 와 있는 것인가?

전염병과 정치

도스또예프스끼가 "철도와 기선의 시대"라고 했던 19세기는 온 지구촌에 콜레라가 창궐하던 콜레라 대유행의 시대였다. 영국에서 시작된 산업혁명으로 대량생산된 상품들이 철도와 기선을 타고 온 세계를 드나들 때 미생물도 함께 무임승차한다. 사람의 눈에 보이지 않는 바이러스와 박테리아는 여권도 비자도 없이 국경을 넘나들 수 있는 특권을 가지고 있다. 특히 오랜 삶의 터전을 버리고 새로운 시대의 희망을 좇는 사람들이 몰려든 도시의 환경은 미생물이 활동하고 번식하기에 최고의 조건이다. 거기에 인간의 꿈과 욕망을 실현하기 위한 개발의 결과 오랜 세월 유지해왔던 생태계의 균형이 처참하게 파괴되면서, 안정된 서식처를 잃은 미생물까지 들고일어나서 인간을 공격하기에 이른 것이다.

1816년경에 인도에서 발병하기 시작한 콜레라는, 19세기를 통틀어 4차례나 전 세계에 대유행한다. 한반도도 예외는 아니었다. 1821년(순조 21년), 중국 동북부 지방에서부터 퍼지기 시작한 콜레라가 평안도 지방을 휩쓸어 수십만 명이 사망했다는 장계가 조정으로 날아든다.[7] 콜레라는 파죽지세로 조선 전역을 휩쓸었으며, 심지어 조정이 있는 한양 땅에서도 백성들이 맥없이 죽어나갔다. 그 결과 군왕과 조정의 권위는 바람 앞에 촛불 신세로 전락하고 만다.

그런데 수십 년에 걸쳐 온 세계에 창궐하던 콜레라를 잠재운 것은 특단의 의학기술이 아니라 지금은 어린아이들도 아는 상식 수준의 위생 개념이다. 상하수도를 구분하여 식수의 오염을 방지하고, 물을 끓여 마시고, 사람에 의해 균이 전파되지 않도록 손을 깨끗이 씻는 것, 그 밖에 별다른 약이 필요한 것도 아니었다. 콜레라 예방을 위한 보건위생 대책 중에서 가장 중요한 것은 빈민 지역의 보건위생 수준을 높일 수 있는 정책이었다.

인류의 역사가 근대로 진입하면서 선진국과 후진국을 구분하게 된 것은 19세기에 전 세계를 휩쓸었던 콜레라 대유행의 결과라고 볼 수도 있다. 지금도 과학적인 위생 개념에 따라 공중보건사업이 시행된

---

7 신동원, 《호열자, 조선을 습격하다》, 역사비평사, 2004, 22쪽.

국가와 그렇지 못한 국가 사이의 차이가 선진국과 후진국을 가르는 중요한 기준이 되고 있다. 콜레라 환자가 발생하면 "후진국형 전염병이 웬말이냐"고 호들갑을 떠는 것도 이 때문이다. 또한 전염병 외에도 홍수·폭설·지진·태풍과 같은 자연재해나 대형사고가 일어났을 때, 그 국가가 대응하는 방식이 곧 국가의 수준을 반영한다. 1인당 국민소득과 같은 지표는 그 나라 국민의 삶의 질과는 전혀 무관하고, 그 사회의 평균적 생활수준을 반영하는 것도 아니다. 양극화와 소득 불평등이 심할수록 1인당 국민소득은 더 올라가기도 한다.[8]

2016년 여름, 남해안에 콜레라 환자가 발생했을 때, 그 숫자라 해야 고작 서너 명에 불과했고, 지금 한국 사회의 의료수준에서는 병이랄 것도 없는 병이었지만, 언론은 곧 난리가 난 것처럼 호들갑을 떨었다. 과잉반응이라기보다는 한 사회에 전염병이 미치는 파괴력 때문이다. 지금 우리 사회에 불안증, 우울증, 치매환자와 자살자 수는 폭발적으로 늘어나고 있는데도 정부와 정치권은 오히려 느긋하다. 이 병들은 전염병이 아니므로, 그래서 얼마든지 정부의 책임과는 무관한 당사자의 책임으로 돌릴 수 있기 때문이다.

◆ ◆ ◆

우리보다 한발 앞서 서양의학의 위생 개념을 받아들인 일본이 한반

8 이정우, 《불평등의 경제학》, 후마니타스, 2010. 24~27쪽.

도를 침략했을 때, 당시 조선에는 상하수도의 구분이 없었고, 공중 화장실의 개념도 없었으며, 군왕이 거처하는 궁궐 바로 밖에까지 인분과 가축의 배설물이 질척거리면서 코를 찌르는 악취를 풍기고 있었다. 먼지가 등천을 하는 길거리에서 오랫동안 빨지 않은 옷을 입은 아이들이 씻지도 않은 손으로 먹을 것을 나눠먹는 모습도 쉽게 마주칠 수 있었다.[9] 세련된 외관으로 말안장 위에 올라탄 채, 거만한 표정으로 거들먹거리는 일본군 장교가 내려다본 조선의 길거리 풍경은 참으로 한심하고 혐오스러웠을 것이다. 거만한 그들의 시선에 조선 민족은 한순간에 미개한 족속으로 전락했고, 일제는 침략자가 아니라 그런 미개한 민족을 개화시키기 위해 한반도로 '진출'한 은혜로운 지배자로 스스로를 자리매김한다.

유럽은 물론 동아시아 국가들이 봉건사회의 구습을 버리고 자의든 타의든 서둘러 근대사회의 외형만이라도 갖출 수밖에 없었던 데는 눈에 보이지 않는 세균의 힘이 컸다. 콜레라로 속절없이 사람들이 죽어나가면서 흉흉해지다 못해 분노한 민심이 왕실을 겨냥하고 있는데, 조정 대신들이란 사람들이 아무 대책도 없이 무당을 불러 모아 굿만 하고 있을 수는 없는 것 아닌가. 근대식 병원 하나 제대로 없었던 나라에, 침략국 일본에 강점된 뒤 20여 년이 지난 1935년경이 되면, 서울의 경성 순화원, 대구의 회생원을 비롯한 전염병 전용 병원이 전국 8군데에 세워지고 병상 수만도 500개 가까이 된다.[10] 2015년 메르스 사

9 이사벨라 버드 비숍, 《조선과 그 이웃나라들》, 신복룡 옮김, 집문당, 2012.

10 대구의료원, 《대구의료원 설립 100주년 사료정리사업》 발표 자료집, 2014. 37쪽.

태 때 우리 정부가 확보한 전염병 병상 수보다 많은 수준이다. 일제가 전염병 전용 병상을 건설·확보한 것은 조선 민중의 건강보다는 식민지 조선에 파견된 군인, 군속과 관리들 그리고 일본 민간인들을 전염병으로부터 보호하기 위한 목적이 더 컸을 터이다. 하지만 식민주의에 대한 부정적인 인식에도 불구하고 피식민지에 "근대적 의료를 전파하고 근대적 위생행정을 수행"하여, 원했든 원치 않았든 간에 피식민지인도 보건의료 측면에서 문명의 혜택을 입었던 것도 사실이다.[11] 이와 같이 일본의 필요에 의해 일제가 식민지 조선에서 추진한 근대성을 띤 정책 사례들은 친일사학자들이 식민지근대화론을 들고 나오는 배경이기도 하다.

콜레라가 오염된 물 때문에 생긴다는 단순한 이치를 확인한 사람은 존 스노(Jhon Snow, 1813~1858)라는 영국 의사이지만, 빈민 지역의 환경 개선이나 소득증대와 같은 특단의 대책이 콜레라 확산을 방지하고 예방할 수 있을 것이라는 정책대안을 제시한 사람은 채드윅(Edwin Chadwick, 1800~1890)이라는 변호사였다. 그런데 19세기 영국 사회에서 존 스노의 위생 개념과 채드윅의 구빈법을 바탕으로 공중위생법(1848)이 시행되기까지에는 이론적 논쟁뿐만 아니라 지난한 정치투쟁도 필요했다. 세균 감염설이 당시로는 생소한 이론[12]이기도 했겠지만 한 국가의 중요한 공중보건 정책은 의학의 영역이 아니라 정치의

11 이와 관련된 논쟁에 대해서는 최규진, 《종두정책을 통해 본 일제의 식민통치》, 2014. 서울대학교 대학원 의학과 인문의학 박사논문 참조.

12 존 스노가 오염된 물 때문에 콜레라가 발생한다는 역학조사 결과를 발표한 것은 1854년이고, 로버트 코흐가 탄저균(1876년), 결핵균(1882년)에 이어 콜레라균을 발견한 것은 1883년이다.

영역에서 결정되기 때문이다. 그래서 의학은 "자연과학이 아닌, 사회과학이다"라는 말이 나오기도 하는 것이다.

◆ ◆ ◆

소설《악령》에는 전염병과 정치 사이의 관계를 짚어볼 수 있는 사건이 나온다. 백만장자인 쉬삐굴린 가(家)에서 운영하는 공장의 노동자가 아시아에서 넘어온 것으로 추정되는 콜레라에 전염되어 사망한다. 그런데 콜레라가 떠돌기 시작할 때 행정당국에서는 이미 지역사회에 충분한 위생조치를 취했지만, 딱 한 곳 쉬삐굴린 공장만 당국의 조치를 피해갔다. 그 공장은 무려 5백 명의 노동자들이 일하고 있는데, 15년 동안 한 번도 청소를 하지 않아 노동자 숙소는 불결하기 짝이 없었다. 당연히 쉬삐굴린 공장이 콜레라 전파의 주범임이 분명한데도, 그 공장만은 당국의 방역대책에서 벗어나 있었다.

콜레라가 확산되면서 쉬삐굴린 공장에 대한 불만의 여론이 부글부글 끓자 현(縣)지사 안드레이 안또노비치는 당장 위생 방역조치를 실행에 옮기라는 행정명령을 내리지만, 쉬삐굴린 공장의 공장주는 방역대책 대신 공장문을 닫고는 뻬쩨르부르그를 떠나버린다. 쉬삐굴린 가 사람들이 당국의 행정조치를 비웃듯 오만방자한 태도를 취할 수 있었던 것은 그 집안이 백만장자, 요즘 한국 사회로 치자면 재벌급의 거부인데다, 돈의 힘으로 형성된 연줄이 많았기 때문이다.

이 이야기가 소설에서나 읽어볼 수 있는, 부패하며 유럽 국가들보다 근대사회로의 진입이 한발 늦은 19세기 러시아 사회만의 이야기인가? 그렇지 않다.

2015년 중동호흡기증후군, '메르스'가 중동 여행경력이 있던 환자에게 처음 확진된 뒤, 서울과 수도권을 중심으로 점점 확산되고 사망자까지 속출한다. 사태가 점점 확산되자 처음에는 "메르스는 조금 심한 감기에 불과하다"던 정부도 뒤늦게 감염자가 발생한 병원들을 폐쇄하고 환자에게는 이동중지 명령을 내리면서까지 강력한 방역대책을 시행했다. 그런데 정작 메르스 확산의 근원지로 의심되는 병원의 상호 공개는 거부했고 행정명령도 내리지 않았다. 환자가 점점 늘어나고 사망자도 증가하면서 여론이 악화되자 일부 언론과 서울시가 먼저 병원 상호를 공개했다. 삼성서울병원이었다.

병원 상호가 공개된 이후에도 정부는 다른 병원에 내린 병동 폐쇄 조치와 같은 적극적인 조치를 하지 않았고, 국회 청문회에 나온 삼성병원의 감염 전문의는 생방송으로 온 국민이 지켜보는 국회 청문회장에 나와 "병원이 뚫린 것이 아니라 국가가 뚫린 것"이라고 눈을 부라리며 큰소리를 쳤다. 사망자가 속출하고 국민의 분노가 더 커지고 나서야 삼성의 최고 경영자가 대국민 사과를 했다. 그 병원이 그렇게 뻔뻔스러울 수 있었던 것은 쉬삐굴린 가의 공장주처럼 최고 경영자가 억만장자였기도 하고, 입법, 사법, 행정, 언론계 이외에도 한국 사회 모든 분야에 걸쳐 연줄이 많았기 때문이다.

전염병에 걸린 사람을 치료하는 것은 의사의 역할이겠지만, 전염병이 창궐하는 사회를 치료하는 일은 정치가 한다. 잘못된 정치는 전염병이 돌 때 무고한 사람들을 수도 없이 죽게 만든다. 정부의 방역대책을 무시한 민간병원의 책임도 무겁지만, 그래도 국가의 방역대책에 대한 최종 책임은 정부에 있다. 하지만 당시 담당 부처의 장관은 사태의 책임을 지기는커녕 오히려 영전을 했고, 보건정책의 최종 책임자인 대통령은 민간병원인 삼성병원 병원장을 불러 집무실에서 사과를 받았다. 병원장이 대통령에게 90도로 허리를 꺾으며 사죄의 뜻을 밝히는 사진이 온갖 매체에 공개되었다. 정작 국민에게 사과를 해야 할 대통령이, 자신이 인사나 예산에 아무런 관여도 할 수 없는 민간병원의 병원장을 집무실로 불러 사과를 받는 어처구니없는 일이 21세기 대한민국에서 벌어진 것이다. 도대체 메르스 사태로 사과 받아야 할 사람이 누구며, 사과할 주체는 누구일까? 메르스 사태는 정부의 방역대책의 실패가 아니라 악령의 저주였을까? 전염병은 신앙의 문제가 아니고, 보건위생상의 문제도 아니며, 정치의 문제다.

무례한, 무분별한 인간의 운명

20세기로 접어들면서 인류는 전염병의 공포로부터 완전히 해방된 줄로 알았다. 천연두가 박멸되었음을 선포한 뒤 곧이어 대부분의 전염병이 인간의 통제 아래 들어오리라 생각했다. 《피로사회》의 저자, 한병철도 박테리아적 시대는 "항생제의 발견으로 종언을 고했다"라고 했다. 그것이 심각한 착각이었음이 밝혀지기까지는 그리 긴 시간이 걸리지 않았다.

인간의 이성이 고안해 낸 항생제의 공격을 받은 박테리아는 잠시 주춤, 숨고르기를 한 뒤 항생제의 공격을 견뎌내는 새로운 종으로 진화해나갔다. 인간의 이성과 경쟁하듯 항생제의 효능도 진화하고 세균도 진화를 거듭했다. 그런데 진화의 최종 승자는 아무래도 세균이 될 것 같다. 인간이 개발한 마지막 항생제에 견뎌낼 수 있는 세균이 등장한 것이다. 슈퍼 박테리아다. 그러나 슈퍼 박테리아의 위협은 어디까지나 국지적이요 국소적이다. 슈퍼 박테리아와 접촉할 수 있는 조건만 마련되지 않으면 당장 내 삶에 위협이 되는 건 아니다. 과학의 진보에 대한 낙관론에 기대면 슈퍼 박테리아를 무력하게 만드는 차세대 항생제의 개발도 얼마든지 가능할지도 모른다.

항생제의 개발로 세균의 위협은 주춤한 반면 세균보다 더 작은 생명체들이 인류를 위협하고 있다. 21세기는 신종 바이러스의 시대다. 신종 바이러스의 공격은 세균의 위협과는 차원이 다르다. 빠른 속도로 방역의 경계를 무력화시키면서 무차별로 확산되는 반면, 진화의 속도도 빨라 인간의 이성이 도저히 뒤따라갈 수 없을 정도이다. 보건상의 위기가 닥치면 그 원인으로 늘 '신종'이라는 수식어가 붙는다. 그러나 신종 바이러스에 대적할 수 있는 약물은 제한되어있고, 백신의 개발도 더딜 수밖에 없다. 개발되었다 싶으면 또 신종이다. 아예 백신 개발 자체가 불가능한 신종 바이러스 질환도 있다.

WHO는 2020년 이후 인류를 괴롭힐 질병으로 9가지[13]를 꼽았다. 그중에 눈에 띄는 것 세 가지가 결핵과 슈퍼 박테리아에 의한 감염, 그리고 바이러스성 질환이다. 근대의 역사와 함께 시작된 미생물과의 전쟁에서 이제 인류는 점점 패색이 짙어지고 있다. 이 글을 쓰는 동안에도 한반도 구석구석에서 수천만 마리의 가축들이 산 채로 땅에 파묻히고 있다. 바이러스의 공격 앞에 인간은 '살처분'이라는 원시적 대응 외에 다른 대응책을 세우지 못하고 있다. 저렇게 살처분된 가축의 주검에서 흘러나올 죽음의 진액이 강과 바다로 스며들고 순환하여 사람 몸으로 들어올 가능성은 없을까? 없다고 믿는 방법밖에 없다.

◆ ◆ ◆

지구가 점점 더워지고 있다. 한반도의 여름도 계속 더워지고 길어지고 있다. 봄과 가을이 점차 사라져 가는 것 같다. 7, 8월에는 습기 한 줌 없는 깡마른 하늘에서 불벼락이 내리치는 것 같은 더위가 줄곧 이어진다. 8월이면 어김없이 찾아오던 태풍도 요즘은 뜸한 것 같다. 복더위에는 휴가를 가는 것보다 냉방시설이 잘 된 사무실로 출근하는 사람이 더 부러울 정도로 무덥다.

비 한 방울 없이 찌는 듯한 여름 더위는 더 이상 기상이변이라 할 수 없을 정도로, 한반도 고유의 기후풍토가 되어가는 것 같다. 무슨 대책

---

13 암, 고혈압, 당뇨, 우울증, 치매, 비만, 결핵, 신종 바이러스, 슈퍼 박테리아에 의한 감염.

이 있을까? 더운 만큼 에어컨 사용량은 늘어나고, 에어컨 사용량이 늘어나는 만큼 바깥 온도는 살인적인 수준으로 치솟고, 또 그만큼 에어컨 사용량을 더 늘려야 하고……. 그럴수록 미생물의 서식환경은 좋아지고, 번식하고 진화하는 속도도 빨라진다. 국경의 경계가 허물어지고 지구촌이 하나로 묶인 세상은 세균과 바이러스도 덩달아 '마실을 나댕길' 수 있는 기가 막힌 환경이 된다.

주권이 무너진 구한말도 아닌 21세기 대명천지에 감염경로를 알 수 없는 콜레라균이 떠돌아다니고, 인근 동남아시아에서는 지카 바이러스가 기승을 부리고 있다. 중동에서는 메르스가, 아프리카에서는 에볼라 바이러스, 인도에서는 황열 때문에 사람들이 맥없이 죽어나간다. 2016년 가을부터 한반도에는 조류독감 때문에 수천만 마리의 가축들이 땅속에 파묻혀 죽은 채 썩어가고 있다.

전염병 청정지역에 군인들이 바리케이트를 치고, 외지에서 들어오는 사람들에게 총을 겨누는 사태까지 미리 예상할 필요는 없다. 그건 어디까지나 영화(《부산행》)의 한 장면일 뿐이다. 하지만 그런 일이 절대 일어나지 않으리라는 보장은 없다. 다만 누구나 내가 살고 있는 동안에는 그럴 일이 없을 것이라는 확신과 함께, 내 죽고 난 다음에 무슨 일이 일어나든 상관할 것 없다는 늙은 까라마조프 식의 뻔뻔스러운 도덕률로 살아가고 있는 것일 뿐이다.

철도와 기선의 시대에는 콜레라가 창궐했다. 19세기의 콜레라는 수많은 희생자를 내면서 결국에는 인간 사회의 낡은 체제를 무너뜨리고 부패한 권력을 갈아치우고, 사람들의 생활양식과 생각까지 바꾸었다.

철도와 기선의 시대가 지나갔고, 지금 21세기는 국경이 없는 비행기의 시대다.

중세의 종교권력을 무너뜨린 것은 페스트균이었고, 나폴레옹의 몰락을 재촉한 것은 프랑스군을 무력화시킨 발진티푸스 때문이었고, 아메리카 대륙의 원주민이 전멸하다시피 한 것도 백인들의 무력이 아니라 그들이 타고 온 기선에 동승해 온 세균과 바이러스 때문이었다. 외세의 개항 요구에 쇄국정책으로 악착같이 저항하던 조선 왕조가 한순간 무기력하게 문을 열어젖히게 된 것도 침략자들의 몸을 따라 들어온 콜레라균이 조선 전역에 창궐한 영향이 컸다. 기상이변과 자연재해가 점점 더 빈번해지고 규모가 커지는 탓에 '아이티의 역설[14]'이 되풀이될 가능성도 그만큼 커지고 있다.

21세기는 어떤 힘이 세상을 바꿀 것인가? 인간의 이성이 이루어낸 인공지능이 주도할 4차 산업혁명이 세상을 바꾸게 될 것인가, 아니면 기상이변과 또 거기에 편승한 미생물들의 공격이 세상을 바꾸게 될 것인가? 혹 대지진이나 그에 버금가는 재난으로 후쿠시마 핵발전소에서 일어났던 일들이 더 큰 규모로 일어난다면? 시대를 앞서 예측하는 예언자에 견줄만한 능력을 가졌던 도스또예프스끼가 되살아난다 해도 이 문제에 대한 답을 쉽게 내놓진 못할 것 같다.

---

14 2010년 1월, 한꺼번에 20여만 명의 생명을 삼켜버린 대지진으로 초토화된 섬나라 아이티에 그해 10월 엎친 데 덮친 격으로 금세기 최악의 콜레라가 창궐하여 7,500명이 숨지고 57만 명이 감염된다. 그런데 콜레라 창궐의 원인은 아이티의 열악한 보건의료 환경 탓이 아니라 지진 구호를 위해 파견된 유엔군 때문이었다(〈콜레라 창궐의 주범은 지진 구호한 유엔군, 아이티의 역설〉, 《한겨레》, 2013. 08. 08.). 당시 반기문 유엔 사무총장은 아이티 콜레라 사태에 대해 6년이 지나서야 유엔의 책임을 인정하고 공식 사과했다(〈아이티 콜레라 6년 만에, 등 떼밀려 사과한 반기문 유엔 사무총장〉, 《경향신문》, 2016. 12. 02.).

한 가지 확실한 것은 인공지능이 발달할수록 인간의 이성이 가진 능력은 기계가 대부분 대체하게 될 것이라는 사실이다. 따라서 소수 1%를 제외한 대다수 인간은 앞으로 기계 이성에 절대복종하는 노예의 도덕률만 갖추면 될지도 모른다. 그것도 아니면 처치곤란한 단백질 덩어리에 불과한 잉여인간이 되거나…….

문명에 대한 기존 시각을 뒤바꾸어 놓은 구조주의 인류학자 레비 스트로스(1909~2009)는 "세계는 인간 없이 시작되었고, 인간 없이 끝날 것"이라고 전망했다.[15] 과연 그럴까? 틀린 말이다. 세계가 인간 없이 시작되었으므로 인간이 없어지더라도 세계는 남아있을 것이기 때문이다. 게다가 세계를 구성하는 존재가 인간만은 아니지 않은가? 도스또예프스끼가 "경박하고 꼴사나운 피조물"이요, "두 다리를 가진 감사할 줄 모르는 존재"라고 정의했던 인간이라는 "종족"이 가진 가장 큰 결함은 "끝이 없는 무례함"이다. 도스또예프스끼는 무례함이란 무분별함과 같은 것이라고 했다 인간의 무례함은 자연에 대한 무분별한 박해로 이어졌고 그 결과로 나타난 것이 지금 온 인류가 맞닥뜨리고 있는 기상이변이요 미생물의 공격이다. 무례하고 무분별하기 짝이 없는데다, 죄도 많은 인간이란 종족의 운명은 앞으로 어떻게 될까?

> 인간들이여, 동물들에게 거만하게 굴지 마십시오. 그들은 아무 죄도 짓지 않았으나 당신들은 당당하게 이 세상에 등장하여 세상을 썩게

15 C. 레비 스트로스, 《슬픈 열대》, 박옥줄 옮김, 한길사, 1998. 742쪽.

만들었으며, 당신들이 세상을 떠난 후에도 더러운 족적을 남기게 될 것입니다.

《까라마조프 씨네 형제들》, 561쪽

5장

근대의 정동 -불안과 우울

병적인 시대

러시아가 근대사회로 진입하는 과정은 유럽의 근대화 과정과는 분명한 차이가 있다. 유럽의 근대는 15세기 경 이탈리아의 르네상스 시대로부터 시작하여 수백 년간 밑으로부터 응축된 힘이 종교권력의 권위와 질서를 무너뜨리면서 시작된 반면, 러시아의 근대는 걸출한 한 권력자의 의지와 욕망이 이끌어낸 것이다.

유럽에서 인간의 이성이 사유의 폭을 조금씩 넓혀 가면서 신의 존재와 계시를 합리적으로 의심하기 시작하고, 르네상스와 종교개혁, 과학의 발전을 통해 점진적으로 근대의 기틀을 다져갈 무렵에 러시아는 따따르족, 즉 몽고족의 지배 아래 놓여 있었다. 그 기간이 무려 250여 년이나 된다. 그 기간 동안 러시아의 생산체제는 농노제에 의존하는 농경사회로 고착되는 한편, 유럽과 서방세계로부터 고립됨으로써 모든 면에서 유럽에 뒤쳐질 수밖에 없었다. 아시아인지 유럽인지 구분하기 어려운, 덩치만 큰 국가였던 셈이다. 그나마 따따르족이 신앙에 대해서만은 관대하였기에 러시아 정교의 전통만은 유지될 수 있었다.[16]

러시아의 이런 정체 상태를 타개하겠다고 나선 이가 바로 로마노프 왕조의 표뜨르 대제(1689~1725)이다. 표뜨르 대제는 러시아를 유럽식으로 근대화하는 정책을 추진하면서 네바강 하구 늪지대에 야심차게 신도시 뻬쩨르부르그를 건설했다. 그렇게 러시아의 수도가 된 뻬쩨르부르그는 유럽을 따라잡자는 권력자의 의지와 열정에 의해, "이 지구상에서 가장 추상적이고 계획된 도시"로 건설되었다. 그만큼 당시에는 유럽의 어느 도시도 부러울 것이 없는 러시아 문명의 상징과도 같은 도시였고, 없는 것이 없다고 할 정도로 거의 완벽에 가까운 인공도시였다.

그런데 권력자의 강박에 가까운 욕구에 의해 추진되는, 위로부터의 근대화는 속도가 빠르다는 것과 외형에 치중하는 특징들을 가지고 있다. 일정한 목표를 정한 뒤, 온 국민을 강제동원 체제로 묶어두고 무자비한 폭력을 휘두르며 목표 달성을 강제하는 방식이기 때문이다. 그래서 뻬쩨르부르그는 노동자, 농민, 전쟁 포로, 죄수들의 "눈물과 시체 위에 건설된 도시"라는 평가를 받는다.[17]

동아시아로 눈을 돌려보면 일본과 한국 사회의 근대화 과정이 그렇

---

16 R. D. 차크스, 《러시아사》, 박태성 편역, 역민사, 1991. 58~60쪽.

17 니꼴라스 V. 랴자놉스끼 · 마크 D. 스타인버그, 《러시아의 역사》, 조호연 옮김, 까치, 2013. 352쪽(이하 랴자놉스끼, 《러시아의 역사》로 표기).

다. 하극상으로 메이지 유신을 주도한 세력들은 권력의 정당성을 확보하기 위해 그때까지 아무 실권 없이 변방에 머물러 있던 왕을 불러낸다. 그렇게 호명되어 나온 일왕 내외에게 유신 세력들은 일본 왕실의 전통복장을 버리고 유럽 귀족들의 복장인 턱시도와 드레스를 입힌다. 태양의 여신 아마테라스 오미카미의 자손인 신무천황(神武天皇)의 적통을 포기하고, 일본은 당당한 유럽의 한 국가이며, 일본인은 미개한 동아시아인들과는 차원이 다른 문명화된 유럽의 시민임(脫亞入區)을 선언한 것이다. 메이지 유신 때부터 일본 사회의 질서와 가치관은 모든 것이 유럽을 기준으로 새롭게 구축된다. 21세기에 접어든 지금도 일왕 내외의 공식 의전 복장은 일본의 전통복장이 아니라 유럽 왕족들이 입는 턱시도와 드레스다.

구한말 고종은 유교문화의 폐습을 청산할 만한 아무런 이념과 물질적 기반도, 개혁의 의지도 없이 덜컥 단발령부터 내렸다가 유림들과 사대부들의 거센 저항으로 권좌가 위태로울 지경에까지 내몰리기도 했다. 상투를 자르고 길게 드리운 수염을 깎고 거추장스런 한복 대신 양복만 입는다고 해서 수백 년 동안 쌓여 왔던 인습과 봉건질서가 하루아침에 바뀔 리는 없다. 그로부터 한 세기가 더 지난 지금, 우리 사회의 겉모습은 물론 사람들의 생각까지도 서구형으로 바뀌었지만 학연·혈연·지연에 의해 구축된 질서가 지배하는 봉건적 사회구조는 전혀 변한 것이 없다. 오히려 1%와 99% 사이에 가로놓인 벽은 훨씬 더 견고해졌고, 1%가 가진 부와 권력, 지위는 세습까지 되고 있다. 현대 봉건사회라 할 만한 수준이다. 형식과 내용이 다른 사회에서 제정신을 갖고 살기는 어렵다. 지금 우리 사회에서 "세상이 미쳐 돌아간다"는 말이 여기저기서 터져 나오고, "미친 년", "미친 놈" 소리가 난무하는 이유를 헤르만 헤세의 소설 속 한 문장에서 짐작해볼 수 있다.[18]

> "모든 시대, 모든 문화, 모든 도덕과 전통은 나름의 양식을 가지고 있고, 자기에게 맞는 부드러움, 강고함을, 아름답고 끔찍함을 가지고 있어서 어떤 고통은 당연한 것으로 여기고, 어떤 악은 참고 견디는 법입니다. 인간의 삶이 정말로 고통으로 지옥으로 변하는 건 두 시대, 두 문화, 두 종교가 서로 교차할 때입니다. (중략) 지금은 한 세대 전체가 두 시대 사이에, 두 개의 생활양식 사이에 끼여, 어떠한 자명한 이치도 도덕도, 어떠한 안정감이나 순수함도 상실해버린 시대입니다."

표뜨르 대제는 낙후된 조국 러시아를 개혁한다는 명분으로 뻬쩨르부르그라는 유럽형 도시를 건설하는 한편, 온 국민에게 유럽식 복장을 착용하게 하고 러시아 정교의 상징이라고 할 수 있는 수염을 기르지 못하도록 강제하는 포고령을 발동했다. 전통이라는 타성을 억누르고 권력자의 의지에 따라 한 국가의 외형을 송두리째 뒤바꾸는 일이 폭력 없이 어떻게 가능했겠는가? 표뜨르 대제의 개혁개방 정책이 빠르게 정착되어 성공할 수 있었던 것은 황제 스스로 "전사 군주"[19]라 자처할 정도로 무자비한 폭력을 앞세운 철권정치를 휘둘렀기 때문이었

---

18 헤르만 헤세, 《황야의 이리》, 김누리 옮김, 민음사, 2007. 336쪽(이하 헤세, 《황야의 이리》로 표기).

19 라쟈놉스끼, 《러시아의 역사》, 321쪽

다. 메이지 시대의 일본 정부의 개혁 정책도 황군의 무력이 있었기에 가능했고, 고종의 정책이 겉모습이나마 근대의 시늉을 할 수 있었던 것은 총칼을 앞세운 외세의 힘에 의존한 탓이었다. 그나마 곧바로 주권을 빼앗기면서, 한반도 근대화의 기획과 추진은 일제가 완벽하게 주도하게 된다.

민중의 힘이든, 권력의 힘이든 폭력으로 바꾼 세상은 언제나 양지와 음지, 영광과 굴욕, 찬사와 환멸, 희망과 절망, 승자와 패자가 서로 뒤엉켜 싸울 때 나오는 고함, 탄식, 아우성, 절규, 공포에 찌든 비명, 피를 토해낼 것 같은 울음소리로 혼탁하고 혼란스럽다. 온통 불안하고 우울한 세상인 게다. 노르웨이 출신의 표현주의 화가, 에드바르 뭉크(1863~1944)는 그런 세상을 살아가는 유럽 사람들의 불안하고 우울한 표정과 핏빛으로 물든 '절규'를 화폭에 담았고, 오스트리아 출신의 지휘자요 작곡가인 구스타브 말러(1860~1911)는 도스또예프스끼 시대의 음산한 분위기를 오선지 위에 그려 놓았다. 외세의 강제에 의해 시작된 근대와 그로 말미암아 철조망으로 허리가 잘려버린 우리 민족의 우울한 표정과 불안한 시선, 상처투성이의 몸과 갈가리 찢긴 넋. 그래도 삶을 포기하지 않는 불굴의 의지는 재불 화가 권순철(1944~)의《시선》연작에서 확인할 수 있다.

◆ ◆ ◆

19세기의 러시아는 파리와 런던이 선도하는 유럽 문명과 온갖 급진 사상의 영향으로 기존의 가치관과 질서가 힘을 잃어가는 한편, 이성과 과학의 힘 앞에서 신의 존재마저 위협받고 부정되던 시대였다. 지식인 사이에서도 서구파와 러시아파가 첨예하게 대립했다. 그리하여 혼돈과 무질서가 기승을 부리고 전통의 가치관이나 규범이 무너진 '아노미' 상태였지만 새로운 질서를 구축할 어떤 구심력도 없는 상태였다. 이처럼 내정이 불안정한 상황이었음에도 러시아 정부는 19세기에 들어서면서부터 인접 유럽 국가들과 무모한 전쟁을 끝없이 되풀이한다. 그 때문에 국력은 점점 피폐해지고 왕실의 권위는 추락하여 모든 것이 뒤죽박죽이 된 상태였다. 하지만 이미 정당성과 권위를 잃어버린 통치체제를 대체할 대안도 없었고, 새 시대를 열어젖힐 이념이나 사상은 자리를 잡지 못한 채 백가쟁명식의 요란한 소음만 울릴 뿐이었다. 그럴수록 유럽에서 넘어오는 혁명의 열기는 점점 더 뜨거워졌다.

그 시기에 수감생활과 군 복무 때문에 10여 년 가까이 외부 세계와 단절되어있던 도스또예프스끼가 간질병이 깊어진 몸으로 정착한 곳이 뻬쩨르부르그다. 급격히 변하는 세상으로부터 고립된 채 혈기왕성한 청년 시절을 소진해버린 도스또예프스끼의 눈에는 조국 러시아를 대표하는 개혁 도시에 대한 벅찬 감동이나 자부심 같은 것은 전혀 없었다. 호기심조차 드러내지 않는다. 병이 깊어 우울하고, 세상이 낯설어 불안한 그의 눈에 비친 문명의 도시, 뻬쩨르부르그는 인간의 욕망과 꿈이 실현되는 기회와 성공의 땅이라기보다는 병자들과 범죄자들이 우글거리는, 어둡고 칙칙한 병든 도시에 불과했다. "아이들이 아이들로 남아있을 수가 없고, 일곱 살짜리 아이가 음탕해지고 도둑이 될 수 있는" 지옥 같은 도시, 19세기 러시아의 혼탁한 사회상을 증명하는 도시가 바로 뻬쩨르부르그였다.

러시아가 유럽임을 과시하기 위해 급조된 도시, 그래서 역사가 없는 도시에 삶의 뿌리가 뽑힌 채 부평초처럼 대도시로 흘러들어온 사람들. 이들은 분주하고 활기찬 도시의 구색을 갖추는 소품에 불과할 뿐, 대개는 표정이 없고, 원인을 알 수 없는 가슴앓이를 한다. 때로는 대상을 특정할 수 없는 원한과 증오와 적개심으로 눈빛에 살기가 이글거리기도 한다. 사교계를 드나드는 상류사회 인간들의 뻔뻔스러움과 허영심, 빈민가의 파렴치와 비굴함이 서로 뒤엉켜 거친 소음을 일으키면서도 아슬아슬한 공생관계를 유지한다. 하지만 안개에 휩싸인 듯한 이 혼탁함이 언제 걷힐지, 안개가 걷히고 난 뒤의 세상은 어떤 모습일지 짐작조차 할 수 없다. 이 어둠에 갇힌 도시의 한 귀퉁이에 정착한 도스또예프스끼는 독서와 사색, 그리고 몽상으로 허기진 삶을 이어간다. "구석진 삶의 도덕적 타락과 적당한 환경의 결핍, 살아있는 것들로부터의 소외, 그리고 지하에서의 과장된 악의 때문에" 스스로 "자기 인생을 소진"하는, 뻬쩨르부르그의 '지하생활자'가 된 것이다(《지하로부터의 수기》, 195쪽).

◆ ◆ ◆

"젊음은 쉽게 사라져 버리고, 희망은 쉽게 시들어버리고, 건강은 쉽게 잃고, 사람은 쉽게 바뀌어 버리는, 병약하고 불가사의하고 침울한 뻬쩨르부르그"에는 몽상가들이 사는 "이상한 모퉁이"가 있다. 그들은

"사람이 근접할 수 없는 구석에 정착"하여 "한낮의 햇빛까지도 피하려는 듯 그 속"에 숨어들어 "달팽이처럼 아예 자기 구멍에 찰싹 들러"붙어 사는, 인간이 아닌 중성적인 존재다. 이 중성적인 존재가 모퉁이에서 영위하는 삶은 "순수한 환상과 불타는 이상에 둔감하고 산문적인 어떤 것……. 믿을 수 없이 범속하다곤 할 수 없지만 좌우간 평범한 어떤 것이 혼합된 그런 삶"이다. 이런 중성적인 존재이자 뻬쩨르부르그의 몽상가 중의 한 사람이 바로 도스또예프스끼다.

한평생 도스또예프스끼를 괴롭힌 간질병은 그의 마음속에 늘 불안과 우수, 비애의 정동을 깊숙이 새겨놓는다. 실지로 대부분의 간질병 환자들은 자신이 언제 어디서 발작을 일으킬지 알 수 없다는 생각과 발작을 일으킨 뒤 영영 깨어나지 않을 수도 있다는 불안감, 즉 죽음의 공포에 짓눌려 산다. 그리고 대발작을 일으키고 난 뒤에는 "무시무시한 각성의 시간"이 덮쳐온다. 머리가 깨질 듯 아프고, 온몸이 찢어질 것 같은 통증과 함께 시야에 들어오는 모든 것이 낯설다. 이와 함께 자신이 수치스럽고, 역겨워지고, 서글퍼진다. 정상적인 삶을 살기 어려울 것 같은 불안감에 치를 떤다. 끝내 자기 자신을 저주하게 된다.

도스또예프스끼는 늘 "침울하고 멍청한 시선, 창백한 얼굴, 순종적이고 수줍어하는 몸짓"에다 대상을 특정할 수 없는 분노의 흔적까지 지니고 있다. 스스로를 저주하고 자신에게 이를 갈게 만들던 분노와 혐오의 감정이 시간이 지나면 세상을 향해 투사되기 시작한다. 점점 온 세상이 혐오스러워진다.

분노와 혐오의 감정으로 부글부글 끓는 도스또예프스끼의 눈에 비친 당대는 "격동으로 점철된 혼돈의 시대"이며, "어디서 시작돼서 어디로 향하고 있는지" 아무도 알 수 없는 과도기였다. "힘 있고 자부심 강한 것"처럼 보이기 하지만, "너무나 확실한 이상과 극히 해결하기 어려운 희망으로 가득 찬 병적인 한 세기"였다.[20] 이런 병적인 시대에는 냉소주의가 판을 치고, 온갖 유형의 인간들, 특히 "그 시대의 불안과 초조의 부산물에 지나지 않는 부랑자들"이 활개를 친다. "인쩨르나치오날까"[21]의 조정과 구령에 따라 "걸레같이 지저분한 인간들"과 "이전에는 감히 입도 뻥긋하지 못하던 인간들"들까지 러시아의 "모든 성스러운 것들을 비판"하며 혼란을 부채질 한다.

한 가지 확실한 것은 혼돈과 격동에 휩싸인, 병적인 과도기에 제일 먼저 무너지는 것이 바로 가정이란 사실이다. 찬란한 근대의 빛에 이맛살을 잔뜩 찌푸린 대문호는 '가정의 붕괴', '가족의 해체'라는 근대의 그늘진 곳을 헤집고 다닌다.

가족의 해체

전통에 뿌리를 둔 한 사회의 질서와 가치가 강압에 의해, 외부의 힘

---

20 이종진 옮김, 《작가의 일기》, 205쪽.

21 '인터내셔널'(International)의 러시아식 발음으로 역자(김연경)는 도스또예프스끼가 인터내셔널에 대한 조롱, 비아냥거리는 듯한 뉘앙스가 담긴 반어적 표현을 쓴 것이라고 해석한다(《악령》, 708쪽).

에 의해 근대의 질서로 바뀌면서 나타나는 제일 큰 변화는 가족에게 찾아온다. 가족의 질서가 붕괴되고, 가정이 해체되고, 경우에 따라서는 혈육이 적대관계로 변하기도 한다. 근대의 역사를 쓰게 만든 이성과 계몽의 힘이 "달걀이 닭을 훈계"하는 세상으로 바꾸어 놓았기 때문이다.

전통이 유지되는 사회의 가정에서 아버지의 역할은 무엇이며, 아버지[22]란 어떤 존재일까? 사실 평범한 남자에게 가족이 생기고 아버지가 되는 그 순간부터 그에게 권리보다는 의무가 더 많아지고, 자유보다는 책임에 어깨가 짓눌리게 되는 것은 동서고금의 공통된 현상이다. 그런데 전통사회에서는 어린 자식이 완숙한 개인으로 성장하면 아버지의 책임과 의무는 한결 가벼워진다. 아버지의 삶을 자식이 대를 이을 수 있으니, 아버지는 자식 세대로부터 권위를 인정받기도 하고 배움과 숭모의 대상이 되기도 한다. 그런데 전통이 무너지는 혼돈의 시대에는 자식이 성장하면 할수록 자식과 아버지의 관계는 점점 더 멀어진다. 부모 자식 간에 삶의 방식은 물론 삶의 목표까지도 서로 다르기 때문이다.

러시아의 지나간 모든 것들이 부정되던 19세기 러시아 사회의 가족과 가정도 더 이상 이전의 가족과 가정이 아니었다. "유서 깊은 전통을 지닌 많은 러시아의 가정들이 어쩔 수 없는 시대의 흐름에 밀려서 집단적으로 하나의 우연한 가족으로 해체"되거나, 개개인의 가정조차도 "사회 전반의 무질서와 혼란 속에 휘말려 들어가" 해체되어 버린 것이

---

22 도스또예프스끼에게 아버지란 "부양할 가족이 있고, 다른 사람들처럼 생활하며, 모든 사람처럼 돈을 지불할 곳이 많고, 또한 다른 모든 사람들과 같은 의무"가 있는 사람이다. 그러므로 누구도 로스차일드 같은 부자가 될 수 없고, "평범한 인간이 되고 마는 것"이 아버지들의 운명이다(《미성년》, 142쪽). 이런 관점에서 볼 때 가족 부양을 포기한 표도르 까라마조프는 도저히 아버지라고 부를 수 없는 인물이다.

다. “부모들이 제일 먼저 뒤로 물러서서 자기들이 세우던 옛날의 도덕을 부끄러워하고” 있을 정도로 여태껏 이어져 오던 삶의 뿌리가 통째로 잘려나가던 시절이었다고 할 수 있다.

◆ ◆ ◆

그런 시대의 가족관계를 반영한 듯 도스또예프스끼의 소설 속 가족관계, 특히 부자관계에서의 갈등은 우리가 상식선에서 이해하고 수용할 수 있는 수준이 아니다. 노년의 복고와 청년의 진보가 충돌할 때 생기기 마련인 섭섭함과 답답함이 빚어내는 서먹한 관계도 아니다. 서로 살인의 충동을 느낄 정도의 살벌한 적대관계요, 역겹고 혐오스러울 정도의 낯선 야만인을 쳐다보는 듯한 눈길로 서로를 쳐다본다. 정말 우연히 재수 없이, 나의 의지와 무관하게 가족이 되어버린 것에 대한 원망과 원한이 넘쳐나는 관계들이다.

《까라마조프 씨네 형제들》이라는, 1,500쪽이 넘는 길고도 긴, 그러고도 미완성으로 끝나고 마는 장황하고 지루한 소설의 모티프는 부자갈등이다. 탐욕스럽고 방탕한 아버지와 그에 못지않게 방탕한 맏아들이 돈과 한 여자를 놓고 목숨을 건 싸움을 벌이고, 그리고 그 주변에 얽히고설킨 가족들의 이야기가 배경화면처럼 펼쳐지는 것으로 서사의 구조는 퍽 단순하다. 그런 패륜 범죄와 직간접적으로 연관된 인물들의 성격, 심리, 각자의 주장을 “병적이다 싶을 만큼” 한도 끝도 없이 늘어놓음으로써 소설의 분량이 늘어났지만, 아들이 아비를 내 “인생의 박해자"라며 죽이겠다는 생각을 가지고 피투성이가 되도록 두들겨 패며 싸우고, 또 그 동생이 배다른 동생을 사주하여 끝내 아버지를 죽이고 마는, 막장과도 다를 바 없는 패륜 범죄가 중심이다.

베르호벤스끼 부자(《악령》)는 아들이 태어나는 순간부터 서로가 서로에게 짐이 되는 듯한 그런 관계다. 아들 표뜨르는 태어나면서부터 부모의 곁을 떠나 친척집에서 길러지는데, 그나마 양육비조차도 아버지가 아닌, 아버지의 친구인 바르바라라는 여성이 부담했다. 아버지 쓰쩨빤은 아들이 태어날 때, 그리고 대학에 들어갈 때 딱 두 번만 만났을 뿐이다. 아버지와 아들은 똑같이 무신론자로 유럽에서 밀려들어온 새로운 사상에 심취하지만 서로 선택이 다르다. 아버지는 자유주의와 허무주의에, 아들은 사회주의 사상에 휘말린다. 혈육의 정을 느껴보지 못하고 자란 아들은 이념과 지향이 다른 늙은 아버지에게 대놓고 "영감"이라 부르거나, "사람 같은 구석"이라고는 조금도 없는 "신경질적인 노인네"라고 막말을 해댄다. 아버지는 아들에게 천륜에서 비롯된 사랑을 표현하긴 하지만 왠지 부자연스럽고 어색하다. 삶의 막바지에 신의 존재를 인정하고 죽어가는 아버지 스쩨빤의 곁을 지키는 것은 아들이 아니라 친구 바르바라다. 친구의 장례를 치른 뒤 바르바라도 자신의 아들 니꼴라이 스따브로긴과 연을 끊고, 과부 소피야 마뜨베예브나와 복음서를 팔러 다닐 계획을 세운다. 바르바라가 뻬쩨르부르그 상류사회의 성공한 인물로 성장하기를 바랐던 아들 스따브로긴은 미친 듯이 방탕한 삶을 살다가 어린 소녀를 강간한 뒤 자살로 삶을 마감함으로써 어머니와 이승의 연이 영영 끊어지게 된다.

베르실로프 공작(《미성년》)은 첫 번째 아내가 일찍 죽자 가산을 탕진한 뒤, 영지로 되돌아와 하인의 어린 아내를 빼앗아 아들딸을 낳는다. 그렇게 태어난 아들을 베르실로프는 나 몰라라 내팽개쳐두다가 아들이 성인이 되고 나서야 만난다. 사생아라는 이유 때문에 정체성에 혼란을 겪는 돌고루끼는 그런 아버지를 "성숙한 판단을 할 겨를도 없이 늙어가는" 늙은이 취급을 하고, "시대의 흐름에 뒤처져 있음"에도 불구하고 젊은이들과 호흡할 수 있는 능력이 있다고 착각하는 사람 정도로 치부한다.

《상처받은 사람들》은 한 독거노인의 객사로부터 이야기가 시작된다. 좁고 천장은 낮은데다 온기도 불빛도 없는 좁고 더러운 방에서, 돈은 한 푼도 없는 채로 유일한 혈육인 딸과 연을 끊고, 혐오스럽게 생긴 늙은 개를 식구 삼아 혼자 가난하게 살던 스미트 노인. 개를 데리고 매일 같은 길을 산책하던 노인은 어느 날 길거리에서 폭삭 주저앉다시피 하며 숨을 거둔다. 스미트 노인의 죽음은 지금 우리 사회에서 흔하디흔한 독거노인의 고독사를 연상시킨다. 생각도 다르고, 방식과 삶의 목표도 다른 혈육은 서로 버팀목이 되기보다는 부담스러운 짐이 되기 십상이고 끝내는 관계가 끊어지게 마련이다.

가정의 해체, 가족 질서의 붕괴, 세대의 단절, 전통의 소멸이라는 현상은 한시 바삐 유럽을 닮아가려고 권력의 힘으로 근대화를 밀어붙이던 나라들의 개개인들이 겪어야 했던 공통된 운명이었던 것 같다. 상투를 틀고 유복을 입은 채 사서삼경을 끼고 사는 할아버지와 아주까리 동백기름을 발라 곱게 가르마를 탄 머리에 양복을 입은 아버지, 둘

사이에 팽팽한 긴장이 감도는 집안의 마당에는 천자문 대신 '히라가나'와 'ABCDEFG…….'를 외우며 뛰노는 손자의 모습! 달라도 너무 달라 도저히 가족이라고 할 수 없을 것 같은 사람들이 불안하고 불편하게 모여 살던 시절이 우리 역사에도 분명히 있었다. 지금도 그렇다. 스마트폰을 들고 시간 가는 줄 모르고 노는 손자와 자치기, 딱지치기로 어린 시절을 보냈던 할아버지가 같은 시대를 살고 있다. 지금은 아예 한지붕 아래서 같이 못 산다. 손자의 장래를 위해 아들 내외가 늙은 부모를 격리한다. 모든 분야가 저성장의 늪에 빠져 허덕이지만 노인을 수용하기 위한 시설은 폭발적으로 성장하고 있다. 조만간 세계에서 가장 빠른 속도로 늙어가는 한국에서《멋진 신세계》에서나 볼 수 있는 광경, "앵초꽃 빛깔 타일로 장식한 60층짜리 고층빌딩" 옥상에 "영구(靈柩) 비행기들"이 내려앉아 "부모의 시신을 싣고 화장터로 날아가는", 기가 막히게 멋진 광경[23]을 보게 될 듯하다.

---

23 올더스 헉슬리,《멋진 신세계》, 안정효 옮김, 소담출판사, 2016. 303쪽(이하 헉슬리,《멋진 신세계》로 표기).

해체된 개체들의 불안한 삶

전통과는 무관한 새로운 이념이나 사상, 문명에서 무언가 성취를 얻기 위해서는 전통적인 가족관계의 절연이 불가피한 것일지도 모른다. 가족에서 출발하는 모든 관계와 과거의 흔적들은 끊어버리거나 철거해야 될 거추장스러운 족쇄이기 때문이다. 특히 개혁·개방을 명분으로 내세운 혼돈과 혼란의 시대에는 더 말할 것도 없다. 문명에는 보존하고 간직해야 할 유산이란 게 없다. 문명은 앞선 것들을 철거하고 매립하고 파괴해버린 폐허 위에 세우는 것이기 때문이다.

철거와 매립, 파괴가 일상이 되어버린 근대의 도시에는 "정신의 무질서가 무슨 유행처럼" 번지고, "범죄가 더 이상 광기가 아니라 그야말로 건강한 상식, 거의 의무, 고상한 저항"으로 포장된다. 그리고 "인간이 흉측하고 비겁하고 잔혹하고 이기적인 퇴물로 변해가는 듯한, 전대미문의 비열한 방탕"이 판을 치는 세상에 구시대 질서의 근간을 이루던 구시대의 가족관계를 기대하는 것이 오히려 한가로운 망상일 수도 있다. 지금 한국 사회에서 누가 삼강오륜에 귀를 기울이겠는가?

순전히 돈을 벌기 위해, 입신출세의 기회를 잡기 위해, 봉건시대의 흔적인 신분을 세탁하기 위해, 또 굶주린 가족들의 부양 책임 때문에 고향을 떠나 근대화된 도시로 몰려든 군중 사이에 어떤 연대감이나 일체감, 공동체의식을 기대하기는 어렵다. 서로가 공유하고 공감할 수 있는 문화나 정서도 없다. 그래서 늘 불안하다. 무언가에 쫓기듯 초조하고, 무언가에 짓눌린 듯 우울하고, 무언가를 잃어버린 듯 쓸쓸하고 허전하다. 어깨를 부닥치지 않고서는 한 발짝도 앞을 나아갈 수 없는 인파에 휩싸여 있으면서도 지독한 외로움에 진저리친다. "물질적 궁핍"과 "도덕적 문제"가 집요하게 몸과 마음을 괴롭히고, 이로 말미암아 우울증이 발광하듯이 일어난다.

> 작업장과 근무처에서 나와 자기 집을 향해 바쁜 걸음으로 돌아가는 수많은 서민들의 우울한 얼굴! 어느 얼굴에나 각기 다른 수심에 가득 찬 빛이 보인다. 아마 이 군중에게는 모두를 하나로 엮어줄 만한 공통의 사상 같은 것은 하나도 없을 것이다. (중략) 모두가 해체된 개체로 존재할 뿐이다.
>
> 《미성년》, 137쪽

언뜻 읽어보면 지금 한국의 서울, 또는 광역 대도시의 밤늦은 퇴근길 풍경 같지만 도스또예프스끼의 눈에 비친 19세기 러시아의 수도, "싸구려 소란"과 "뻔뻔스러운 단조로움"이 되풀이되는 뻬쩨르부르그의 퇴근길 풍경이다.

근대도시의 근대인들은 강물 같은 거대한 흐름에 떠밀려 다니는 낯선 사람들 사이에서 인습과 관례에 구속되지 않은 채 홀가분하게 살아가는 자유를 누릴 수는 있다. 그런 점에서 근대도시에서 인간이 누리는 자유란 익명의 인파 속에서 마음껏 저지를 수 있는 무례함이라고도 할 수 있다. 하지만 누리는 자유만큼 그 대가로 삶이 불안하다. 뿌리가 없는 삶이어서 허전하고 또 위태롭다. 그래서 우울하다. 가슴

한구석에는 항상 불안이 가득하고, 얼굴에는 지울 수 없는 우수가 가득하다. 실체를 확인할 수 없는 공포에 떤다. 서구 문명이 주도하는 근대사회의 고립된 개개인들의 불안의 근원을 도스또예프스끼는 조시마 장로의 설교를 통해 설파한다.

> …온갖 노력에도 불구하고 충만한 삶의 완성 대신에 단지 완전한 자살행위를 끌어낼 뿐입니다. 왜냐하면 자아실현의 성취 대신 완전한 고립에 빠지기 때문입니다. 우리 시대의 모든 사람들은 저마다 개체로 분리되어있기 때문에 자신의 토굴 속에 고립되어 버리고 다른 사람들로부터 분리되어 스스로를 감추며 자신이 가진 것을 숨기고 결국은 사람들로부터 자신을 멀리하고 자신으로부터 사람들을 멀리하는 결과를 낳게 됩니다. 사람들은 재산을 몰래 모으면서 이제 자신은 너무나 강하며 너무나 안전하다고 생각하지만 그런 자신이 재산을 모을수록 점점 더 자살행위 같은 무기력에 빠져드는 바보라는 사실을 모르고 있습니다. 왜냐하면 자기 하나에 대한 기대감만을 지닌 채 전체로부터 자신을 하나의 개체로 떼어 놓고서는 인간의 도움, 인간 자체, 인간성 등을 믿지 않도록 자신의 영혼을 훈련시켜서 자기 돈이 그리고 돈으로 얻은 자신의 권리가 사라지지나 않을까 두려워할 뿐이기 때문입니다. 오늘날 세상 어느 곳에서나 인간의 이성은 개성의 진정한 보장이 고립된 개개인의 노력에 있는 것이 아니라 인류의 보편적 전체에 있다는 사실을 냉소하며 이해하지 않으려 하고 있습니다.
>
> 《까라마조프 씨네 형제들》, 533쪽

21세기에 이른 지금, 온 지구촌이 하나로 '세계화'되고 난 뒤로 가족과 가정은 더 이상 개개인의 삶을 구속하거나 그에 개입할 힘이 없어졌다. 외세의 압력으로 근대의 길로 들어선 지 한 세기가 지난 한국 사회에서도 이제 가족은 단지 호적이나 주민등록과 같은 문서로만 증명되는 관계로 변했다. 그리고 '글로벌 스탠다드'에 부합되지 않는 모든 전통은 박물관에 소장될 만한 것들만 남기고 죄다 사라졌다. 21세기의 한국 사회에서 혈육의 유품정리를 대행해주는 전문직업이 생겨났다는 것은 앞선 세대의 삶과 문화는 더 이상 전승, 보존될 가치가 없는 쓰레기에 불과한 것임을 선언한 것이나 마찬가지다.

전통과 관습, 혈연의 구속에서 풀려난 몸은 자유롭다. 하지만 삶은 불안하고 공허하다. "불안감 자체가 이상한 것이 아니라 그 불안감이 어디서 비롯된 것"인지 몰라서 더 불안하다. 사방에 불안감이 짙게 깔린 세상에 내던져진 영혼들은 악령이 되어 도시의 뒷골목을 서성이고 있다. 그런 악령에 홀린 사람들이 저지르는 "이상한 사건"이, 영화에서나 볼 수 있을 법한 사건이 거의 매일 일어나고 있다. "광기와 착란에서 비롯된 충동"에 의해서, 아니면 "영원의 법칙에 복수하려는 억누르기 힘든 자연의 무의식적 충동"에 의해서 일어나는 이상하면서도 엽기적인 사건들 때문에 여기저기서 탄식이 쏟아지고 있다.

병적인 시대의 이상한, 심리적 사건들

라스꼴리니꼬프와 같은 은둔형 외톨이가 19세기 러시아 청년들 사이에서만 볼 수 있던 인간형인가? 은둔형 외톨이, 라스꼴리니꼬프가 저지른 "그 일"과 비슷한 일이 2016년 5월, 서울 중심가의 한 지하철역 화장실에서 일어났다. 화장실을 이용하려던 젊은 여성이 아무 이유도 없이 낯선 남성에게 살해당한 것이다. 이 사건의 범인과 소설 속 라스꼴리니꼬프와의 차이를 꼽아 보자면 시공간의 차이, 즉 19세기 러시아의 수도와 21세기 대한민국의 수도에서 일어난 사건이라는 것과, 범행 대상이 젊은 여성과 노파라는 차이 정도일 뿐이다. 아무 원한도 없는 사회적 약자(여성, 노파)에게 저지른 혐오 범죄라는 것과, 그리고 범행 이후에도 죄의식을 전혀 느끼지 않는 확신범이라는 것까지 똑같다.

가정폭력을 일삼는다고, 그것도 어버이날에 합심하여 아버지를 처참하게 살해한 장성한 남매, 아직 자기표현도 제대로 할 줄 모르는 나이 어린 자식을 굶기고 두들겨 패 죽인 뒤 시신까지 훼손하는 부모, 용돈을 주지 않는다는 이유로 장애가 있는 아버지를 때려죽인 14살짜리 아들, 악령이 들었다면서 오빠가 여동생을 죽여 시신까지 훼손하는데 그 곁에서 아들이 딸을 살해하는 것을 도와주는 어머니, 바로 이웃에 사는 8살짜리 초등학생을 꾀어 죽이고는 시신까지 훼손하는 17살짜리 여고생, 연구원들에게 돌아가야 될 연구비를 갈취하는 것을 스승의 당연한 권리로 생각하는 뻔뻔스러운 교수, 제자에게 폭력을 휘두르는 것도 모자라 인분까지 먹이는 교수, 질책을 한 교수에게 반감을 품고 교수의 연구실에 사제폭탄을 설치하는 대학원생, 어린 여학생들 꽁무니를 쫓아다니며 길거리에서 용두질을 하다 현장에서 검거되는 검사장, 젊은 여인들을 불러다놓고 한꺼번에 수천만 원을 동전 내던지듯 하며 회사 사무실을 매음굴로 만드는 재벌 회장, 현직 판검사와 서로 내통하고 밀어주고 당겨주면서 한 해에 수십억에서 수백억까지 벌어들이는 전관 출신의 변호사, 또 한쪽에서는 지상에 남은 마지막 부채를 청산하는 유서—"죄송합니다, 마지막 집세와 공과금입니다"—를 남기고 세 모녀가 같이 세상을 등지는 참극이 벌어지고, 시끄럽다고 아파트 외벽 공사를 하던 사람의 생명줄을 잘라 죽여버리고, 이곳저곳 아파트 단지에서 길고양이들이 처참하게 살해되어 길거리에 나뒹구는 사건들……. 이런 엽기적이고 기괴한 일들은 19세기 뻬쩨르부르그에서 일어난 일도 아니고, 도스또예프스끼의 소설 속 이야기도 아니다. 지금 우리 주변에서 거의 매일 일어나고 있는, 쉽게 함부로 설명하기 어려운 "이상한, 심리적" 사건들이다.

그 틈새에서 "방탕에 빠져 부패 속에서 영혼을 질식시키는" 까라마조프의 "저열한 힘"을 가진 '아재'들을 마주치는 것도 그리 어려운 일이 아니다. 위계가 강한 회사에는 말할 것도 없고, 중고등학교, 대학, 공직사회, 의료계, 법조계, 문화예술계, 심지어 종교계에도 젊은 여성이 있는 곳이라면 까라마조프형 아재들은 어김없이 나타난다. 그런데 한국 사회의 까라마조프형 아재들의 저열한 힘은 무지막지하다. 정력은 말할 것도 없고 권력과 재력까지 넘쳐날 뿐 아니라 학연·지연·혈연으로 얽힌 인맥이 넓고도 촘촘해서 어떤 짓을 저질러도 누가 나서서 고발하기 힘들고, 고발되더라도 사법부는 법이 허용할 수 있는 최대의 관용을 베푼다. 세상이 좀 소란스럽다 싶으면 주름살 깊은 얼굴에 느끼한 웃음을 머금은 아재가 "그럴 의도는 아니었는데 기분 나빴으면 미안해요~~"라는, 사과 같지도 않은 사과 한 마디만 하면 상황은 없던 일이 되고 만다.

가진 자들이나 권력을 가진 자들의 삐딱하면서도 잔인한 심리는 소설 속의 이야기보다 더 잔인했으면 잔인했지 못하지는 않다. "자신이 부자가 되면 어린 아이들이 굶어 죽어나갈 때 많은 개들에게 빵과 고기를 배불리 먹일 것"이며, "가난한 사람들이 겨울 추위에 땔감이 없을 때 장작더미를 통째로 사서 들판에 산 같이 쌓아 올려 불태워 버릴 것"이라는 "진짜 건달", 람베르뜨(《미성년》)의 이념과, 세월호 진상 규명을 요구하며 광화문 광장에서 단식 투쟁 중인 사람들 앞에서 피자와 치맥 파티를 열던 사람들의 이념은 어떻게 다를까?

"어릴 때부터, 가족들의 품안에 있을 때부터, 그 어미에게서 사람을 모욕하는 법을 배운" 것 외에는 아무 노력도 한 것 없이 재벌이 된 재벌가 후손들의 패악질을 보라! 땅콩 한 봉지 때문에 부하직원을 때리다 그마저 성이 차질 않아 출발한 비행기를 되돌리는 괴력을 과시한 재벌가의 딸, 상류층 특유의 감각인 '권태'를 견디지 못해 "하녀의 젖가슴을 침으로 찔러대던" 클레오파트라처럼 자신의 운전기사에게 불법운전과 폭주를 강요하며 폭언과 폭행을 일삼다가 여론의 성화에 마음에도 없는 사과문을 발표하는 재벌가 2·3세들……. 그런 범죄자들에게 이 나라의 판사들은 그들의 하루 술값도 안 되는 3백만 원의 벌금형으로 엄하게! 정말 엄하게 처벌하고, 파업 노동자들에게는 수십억의 손해 배상금을 물리는 앙증맞은 판결을 내린다.

19세기 러시아 사회에서 "이상한 사건", "환상적이고 암울한 사건", "현대적인 사건"이 꼬리를 물고 일어나는 이유를 도스또예프스끼는 서구사회에서도 오래전에 "유죄 판결"을 받은 유럽 문명에 대한 "노예적 숭배" 탓에 러시아 고유의 "삶의 원천이 약화"되고, "도덕적 근본"이 없어지면서 "빵을 실어다 주는 수레"를 미친 듯이 쫓아다닌 탓이라고 주장한다. 그렇다면 빵이 넘쳐 버릴 지경에 이른 21세기의 한국 사회에서 이런 이상한, 심리적 사건들이 온 국민이 무감각해질 정도로 쏟아지는 이유는 무엇일까?

문명사회와 도덕

프로이트는 도덕성의 본질은 단념에 있다고 했다.[24] 일주일 동안 죄를 짓고는 회개하고, 돌아서서 또 똑같은 죄와 회개를 되풀이하는 식의 "죄와 도덕의 손쉬운 화해"를 일삼는 뻔뻔한 무리들을 향해 윤리적이라거나 도덕적이라는 평가를 내릴 수는 없다. 도덕성을 지키기 위해서는 당연히 유혹에 저항할 수 있는 강인함이 있어야 하고, 단념할

24 프로이트, 《예술, 문학, 정신분석》, 520쪽.

줄 아는 결단력이 있어야 한다. 도덕성의 본질은 한마디로 '그칠(止) 바'를 알고, '족(足)' 함을 아는 데 있다.

그런데 문명사회는 단념이나 만족이란 게 있을 수 없는 사회다. 온갖 경로를 통해 더 나은 내일로, 더 편한 세상으로, 더 많은 소유로 사람들을 유혹하고, 내가 원하는 아이를 만들어 내고, 나의 죽음조차 무한정 유예할 수 있고 죽은 목숨까지 복제하여 되살릴 수 있을 것으로 기대하게 만들기 때문이다. 그런 유혹과 기대에 편승하여 진보하는 것이 문명의 속성이다. 따라서 유혹에 저항하는 강인한 의지라든지 단념이나 체념을 통한 자기만족의 삶은 문명사회의 발전에 가장 큰 장애물이 된다. 당연히 도덕적일 수 없는 사회다.

문명생활에는 누구나 거부하기 힘들고 단념하기 불가능한 편리함과 안락함, 화려함 같은 것이 있다. 그 대신 불안과 우울을 늘 안고 살아가야 한다. 삶의 원천이 약화되고 도덕적 근본이 사라진 세상에 내던져진 인간은 불안한 삶을 살 수밖에 없고, 아무리 채워 봐도 가득 채워지지 않는 욕망의 빈자리에는 우중충한 빛깔의 담즙이 스며들기 마련이다. 날마다 자기가 자기 자신을 고문하고 학대하는 "고문과 부조리의 밤"[25]이 찾아들고, 불안과 우울의 시간이 길어지면서 사람은 미쳐가고, 끝내 자신의 목숨은 물론 이웃과 낯선 이들의 목숨까지 노린다. 지독하면서도 잔인한 불치병[26]이 온 세상에 창궐하고 있는 게다.

---

25 프리드리히 니체, 《선악의 저편, 도덕의 계보》, 김정현 옮김, 책세상, 2008. 443쪽(이하 니체, 《선악의 저편, 도덕의 계보》로 표기).

26 세계보건기구는 2015년 기준 전 세계적으로 우울증을 앓는 사람이 3억 명이 넘는 것으로 추산하고 있다.

도스또예프스끼가 살았던 19세기 러시아 최고의 문명 도시 뻬쩨르부르그의 모습과, 손바닥 안의 작은 기계를 들여다보며 혼자 웃고, 중얼거리고, 심각한 표정으로 길을 걷는 사람들이 온 길거리에 넘치는 21세기 한국 사회의 모습은 얼마나 다를까?

> 뻬쩨르부르그에는 걸어 다니면서 혼잣말을 하는 사람이 너무 많더군요, 여긴 반미치광이들의 도시입니다. (중략) 뻬쩨르부르그 만큼 인간의 정신에 음울하고 파격적이며 기괴한 영향을 주는 도시를 찾기란 어려운 일이지요. 기후적인 영향 하나만 해도 대단하니까요. 더구나 이곳은 전(全) 러시아 행정의 중심이니, 그 성격이 러시아 전체에 반영되지 않을 수 없겠지요.
>
> 《죄와 벌》, 688쪽

6장

진보와 민주주의

자유 · 평등 · 박애 그리고 박해

방법과 시기의 차이가 있긴 하지만, 인류의 역사에서 동서양 거의 모든 나라에서 봉건사회의 권력구조가 흔들리고, 신분과 계급에 따라 인간을 차별하는 구시대 제도가 없어지거나 느슨해지던 것이 19세기 무렵이다. 프랑스가 어디에 있는 나라인지도 잘 모르던 시절의 한반도에 반상(班常)의 차별을 없애자는 '인내천(人乃天)' 사상이 들불처럼 온 나라에 타오른 것도 19세기 끝자락에 일어난 일이다. 비록 외세의 개입으로 참담한 실패로 끝나버리긴 하였지만, 19세기 한반도의 동학농민전쟁은 프랑스의 시민혁명에 견줄 수 있을 만큼의 큰 사건이었다. 구한말의 사회체제가 겉으로나마 빠르게 근대사회의 외양으로 바뀌고, 한반도의 역사가 더디지만 한 걸음 한 걸음 진보의 길로 나아간

데는 외세의 강제도 있었으나 동학농민전쟁이 기폭제 역할을 했다.

19세기는 종교권력이 지배하던 중세의 어두컴컴한 정체사회에서 인간의 합리적 이성이 신의 계시와 소명을 압도하는 근대로 진보해가던 시대였다. 동학농민군들의 이상과 희망이 외세와 결탁한 왕실과 부패한 권력자들에 의해 좌절된 것과는 달리, 유럽의 시민들은 '자유·평등·박애'를 기치로 구체제를 척결하고 근대 시민사회를 건설했다. 물론 그 과정에 피가 강물이 되어 흘러내릴 정도의 참극이 계속되긴 하였지만.

유럽의 시민들이 열어젖힌 새로운 세상이란 지금의 관점에서 보면 특별한 것도 아니다. '능력이 있으면 누구나 부자가 될 수 있다'거나, 아니면 '골고루 등 따시고 배부른 세상' 둘 중의 하나다. 그런데 도스또예프스끼의 눈에는 누구나 부자가 될 수 있는 세상도, 골고루 등 따시고 배부른 세상도 지상에서는 실현 불가능한 것으로, 외래 사상에 쉽게 현혹되는 러시아 지식인들의 "사상의 하인근성"에서 내지르는 헛소리에 불과한 것으로 보였다.

프랑스 혁명 이전에 인간의 능력이란 혈통이나 신분에 의해 자동으로 부여되고, 세습까지 되는 것을 당연한 상식인 것처럼 여겨졌다. 조선시대 반상의 구분도 그런 개념에서 유지되어 왔다. 그런데 신분제도가 철폐되고 그에 따라 능력마저 세습되던 구시대의 관행이 더 이상 통용되지 않을 때, 인간의 능력은 어디서 생겨나는 것일까?

개개인이 가진 잠재력을 신분과 혈통에 구애받지 않고 무한정 개발할 수 있으며, 그렇게 개발된 능력을 아무런 제한 없이 발휘할 수 있는 사회를 건설하는 것이 프랑스 혁명세력의 목표였고, 그런 목표를 가능케 할 가치와 철학이 바로 자유·평등·박애였다. 그런데 도스또예프스끼는 근대 시민사회가 지향했던 가치라 할 수 있는 자유·평등·박애라는 구호 속에 숨어있는 기만적인 속성을 예리하게 포착한다.

◆ ◆ ◆

근대 시민사회의 자유란 누구든지 자기가 하고 싶은 것을 자기 마음대로 할 수 있는 권리이긴 하지만, 도스또예프스끼가 보기에 누구나 그런 것은 아니다. 그것은 단지 "1백만 프랑을 가지고 있는 사람만" 누릴 수 있는 자유일 뿐, 1백만 프랑이 없는 사람은 모든 일에 "부림을 당하는 사람"으로 1백만 프랑을 가진 부자의 노예일 뿐이다. 아무리 자유를 노래 부르며 돌아다녀 봐도 자유가 "모든 사람에게 1백만 프랑을 주는 것은 결코 아니"기 때문에 자유는 가난하고 헐벗은 사람에게는 기만적인 가치가 될 수밖에 없다.

돌고루끼의 이념과 이상은 "모든 사람들로부터 벗어나 홀로 고독을 향유할 수 있"게 하고, 내면에 "모든 것을 거부할 수 있는 힘"을 가짐으로써, "돈을 두려워하지 않고, 돈에 압도되지 않고 돈을 무기로 타인을 압박하거나 억누르지도 않"는 것이다. 하지만 이것은 자신에게 어마어마한 돈이 수중에 있다는 전제 아래에서만 실천 가능한 이념이요 이상이다.

그렇다면 평등은? 근대 시민사회에서는 신분의 귀천이 없고 만인은 평등하다고들 한다. 만인의 평등을 강제할 수 있는 것은 법이 있기 때문이라고 믿는다. 과연 그런가? 법 앞에 만인이 평등한가? 아니다! '유전무죄', '유권무죄'가 헌법 위의 상위법인 법조계의 '관습법'으로 굳어져 있는 한국 사회만 그런 것도 아니다.[27] 모든 불평등을 해소하고 모든 인간을 평등하게 만드는 것은 법이 아니라, 이 또한 자유와 마찬가지로 "돈이 가진 절대적이고도 강력한 힘"이란 것이 도스또예프스끼의 생각이다. 만약 이 지상에 평등이 있다면 "노예제도 안에서 노예들이나 평등"하고, 소망과 욕망이 없는 "양떼들 속에나" 있는 것이다.

사실 한 사회의 비범한 1%는 "법 앞에서 만인이 평등하다."는 말을 발작을 일으키듯 싫어한다. 살아가는 이유 자체가 남들과 다른 삶을 살기 위함이고, 이때 제일 손쉽게 남과 다름을 과시할 수 있는 것이 바로 법과 규정을 무시하고서도 처벌받지 않는 힘을 가지는 것이다. 그런 사람들에게 자유니 평등이니 하는 말은 하향평준화를 의미하는 것이기도 하여, 견디기 힘든 모욕으로 받아들여진다.

휴머니즘을 입에 달고 사는 광적인 자유주의자이며 젊은 나이에 고관대작의 반열에 있는 이반 일리치 쁘랄린스끼(《악몽 같은 이야기》)는 돈과 권력의 힘으로 한껏 자유를 누리지만 정작 자신에게 부림을 당하는 자의 자유는 인정하지 않을 뿐 아니라 부하직원의 집안 행사에 참석하여 몰염치한 '갑질'도 서슴지 않는다. 말과 행동이 다른 것이 인

---

27 "사회와 법률은 약자에게는 새로운 구속을 부여하고 부자에게는 새로운 힘을 부여해 자연적 자유를 영원히 파괴해버리는가 하면, 소유와 불평등의 법률을 영구히 고정시키고 교활한 횡령을 당연한 권리로 확립시켜 그 후 온 인류를 몇몇 야심가의 이익을 위해 노동과 예속과 비참에 복종시킨 것이다."(장 자크 루소, 《인간 불평등 기원론》, 주경복·고봉만 옮김, 책세상, 2003. 116쪽)

간이란 존재의 본질임을 증명이라도 하려는 듯이.

도스또예프스끼에게 평등은 세속의 법률과 제도, 돈이나 힘으로 이룰 수 있는 가치가 아니다. 평등은 "인간의 정신적 존엄 속에서만 존재"하는 것이며, 지위가 서로 다른 인간들 "서로가 정신적 겸허함 속에서 입 맞출 때" 생기는 "위대한 인간적 일체감"이 진정한 평등이다. 그런데 이런 평등은 러시아 정교를 통해 형제애를 가지고 있는 "러시아인들만이 이해 가능한" 평등이므로 정교의 전통이 없는 유럽에서는 결코 이룰 수 없는 가치다.

그렇다면 근대 시민사회에서 '다른 모든 사람을 사랑한다'는 박애주의는 가능할까? "개인주의의 원칙, 즉 독립, 강화된 자기 보존, 자기 산업, 자신만의 '나' 안에서의 자결, 자신 이외의 존재하는 모든 것과 완전히 동등하고, 동등한 가치를 지니는 자기 권리를 갖는 개별주의 원칙"이 지켜진다고 했을 때 과연 박애란 것이 가능한가? 진정한 박애란 "스스로 나 자신을, 자기 모두를 사회를 위해 희생"할 때, 또 "자신의 권리를 요구"하기보다는 반대로 "아무런 조건 없이 자신의 권리를 사회에 넘겨줄 때"라야 가능한 것 아닌가? 그러므로 개인의 자유, 개인의 권리, 개인의 재산이 최대한 보장되어야 한다는 개인주의, 개별주의 원칙이 지배하는 사회에서 박애란 성립 불가능한 개념이며, 아예 생길 수 있는 가치가 아니다. 인류에 대한 사랑이란 말도 자신의 마음속에 있는 사람들만 염두에 둔 개념이므로, 결국에는 "자기 자신에 대한 사랑"이 되고 만다.

그래서 서구의 개인은 투쟁을 통해 끊임없이 자신의 권리를 요구하고, 사회로부터 분리되어 간섭받지 않는 '나'를 고집하기 때문에 박애란 원천적으로 불가능한 가치다. 나의 자유를 제약하거나 나의 욕망을 충족시키는 데 걸림돌이 되거나, 나와는 다른 이질적인 것들에 대한 잔인한 박해만 있을 뿐이다.

자유·평등·박애를 내세운 프랑스 백인들의 가증스러울 정도의 위선은 정신과 의사이자 알제리 독립운동가인 프란츠 파농에 의해 낱낱이 까발려진다. 자유·평등·박애를 지향하는 혁명의 열기가 한창 달아오르던 1830년, 프랑스는 알제리를 점령하고 유색인종 박해에 나선다. 식민지 지배자 프랑스는 유럽인을 기준으로 인간을 정의(定義)했고, 인간성(personalhood)이란 백인의 전유물이거나 특권인 것처럼 만들어버렸다. 대신 다른 인종은 같은 인간이 아닌, "사물성으로 봉인"해버린다.[28] 그다음은 상호인정의 윤리에 바탕을 둔 박애 대신 무차별 박해와 박멸이다. 1954년부터 시작된 알제리 독립 전쟁에서 70만 명에 가까운 알제리 국민이 희생되었다. 1961년에는 비무장 상태로 평화시위를 벌이던 알제리계 시민 200명을 살해하고 시신을 센 강에 던져 버린다. 프랑스 혁명세력이 내세운 박애의 정신은 나와 다른 것들에 대한 잔인한 박해의 역사로 기록되어있다.

---

28 프라모드 K. 네이어, 《프란츠 파농, 새로운 인간》, 하상복 옮김, 앨피, 2015. 233~237쪽 참조.

지상의 빵과 자유

골고루 등 따시고 배부른 세상을 지향하는 사회주의에 대한 도스또예프스끼의 거부감은 더 격렬하다. 도스또예프스끼는 로마 카톨릭에 대해서는 지독한 반감을 가지고 있었고, 비판의 수준을 넘는 적개심을 드러내기도 한다. 로마 교황은 "경건함 · 진실함 · 소박함을 가장"한 채 "손에 칼자루"를 들고 천하를 지배하는 천박한 세속의 권력일 뿐이라고 공격한다. 그런 로마 교황이 "그리스도의 이상을 왜곡 모략"하여 훼손된 사상을 전파함으로써 "적그리스도의 앞잡이" 노릇을 하고 있다는 것이다. 따라서 로마 카톨릭은 종교라기보다 "서로마 제국의 명맥을 유지하기 위한" 수단이었을 뿐이란 점에서 "무에 대한 설파에 그치고 마는" 무신론보다 해악이 더 크다는 것이 도스또예프스끼의 종교관이다. 카톨릭교에 대한 도스또예프스끼의 이런 감정이 사회주의로 넘어온다.

"카톨릭의 허위성과 종교적 무력감의 산물"로 생겨난 것이 무신론인데, 사회주의는 이런 무신론에 바탕을 둔 것이다. 그래서 사회주의는 "종교가 상실한 정신적인 권위" 대신에 기적과 신비로 포장한 지상의 '권력'이 되어 "무력하고 결함투성이의 하잘것없는 존재이자 반역자들"에 불과한 수천수백만의 사람들에게 지상의 빵과 자유를 맞바꾸도록 강요한다. 이는 인류의 구원을 "기도가 아닌 폭력"으로, "믿음이 아니라 칼과 피"로 얻으려 함이요, "지상으로부터 천국으로 도달하기 위해서가 아니라 지상에서 천국의 성취소식을 알리기 위해" 바벨탑을 건설하려는 것이다. "무신론의 현대적 구현의 문제"인 것이다. 이렇게 신을 부정하는 "무섭고도 지혜로운 악마, 자멸과 허무의 악마, 위대한 악마"와 다를 바 없는 지상의 무신론자들은 신에 대한 무한 투쟁을 선동한다.

> 신을 믿지 마라, 사유재산도 가지지 마라, 개성도 살리지 마라, 2백만 민중이여 뭉치면 살고 흩어지면 죽는다.
>
> 《백치》, 836쪽

이로써 무력한 인간이, 결함투성이의 죄 많은 인간이 얻을 수 있는 것은 무엇인가? 한 조각의 빵 대신 자유를 헌납한 대가로 얻는 지상의 삶은 과연 행복할까? 인간의 믿음을 대체한 이성과 과학이 지배하는 세상은 "비정상적인 사회질서"가 바로잡히면서 저항과 항의가 사라지고, 따라서 범죄도 죄악도 없으며, 지상의 돌들이 빵으로 변하고, 그리하여 골고루 등 따시고 배부른 그런 세상일까?

◆ ◆ ◆

도스또예프스끼는 사회주의의 운명을 불길하게 보았다. 그 이유는 사상 자체의 문제라기보다는 인간의 문제이다. 사상이 훌륭하다고 해서 그 사상을 포교하는 인간도 훌륭하리라 생각하는 것은 정말 어처구니없는 착각이다. 도스또예프스끼의 눈에 비친 사회주의자들은 그들의 "예민한 감수성" 탓에 사회주의의 실제가 아니라 사회주의의 "감상적이고 이상적인 측면, 그것의 종교적인 색채, 그것의 시"에 사로잡힌 것에 불과하다. 그들은 거의 모두 "농노 시대의 지주 계층에서 나온 자유주의자"들로 "민족의 관습과 러시아의 역사를 증오"하며 러시아에 대한 증오를 가장 진실된 조국애나 되는 듯이 착각한다. 그래서 사실은 "가장 졸렬하고 우둔하고 위험할 수 있는 보수주의자"들이다. "절망적인 사회주의자들과 공산주의자들이 동시에, 그토록 대단한 구두쇠이며 치부에 눈이 먼 자본가인 것"과, "더 철저한 사회주의자일수록 시간이 지나면 더 철저한 자본가가 되는 이유"도 이 때문이다.

당돌하면서 입만 살아있는 14살짜리 자칭 사회주의자 꼴랴(《까라마조프 씨네 형제들》)는 사회주의가 "만인이 평등하고, 모두가 재산을 공동으로 소유하고, 혼인 제도도 없고, 누구에게나 적합한 종교와 법이 존재"하는 세상을 만들 것이라 믿고 있다. 그리고 사회주의자임을 자처하는 까닭에 "민중을 업신여기는 일"이 없고, "민중을 믿으며 민중에게 평등권을 부여하는 걸 항상 기쁘게 생각"하지만 결코 민중이 자신에게 "기어오르게" 만들지는 않을 거라 다짐한다.

기도가 아닌 폭력으로 지상의 천국을 건설하려는 이 무신론자들은 "감수성이 예민하고 사랑스럽고 선량하"기까지 하지만 "머릿속에 황제의 분별력은 없고", "부하의 분별력만은 간교할 정도로 많이 들어있는" 에르껠(《악령》)같은 "머저리"들이나, "타인의 의지에 복종하길 갈망하는 천성"을 가진 "조무래기 열광자"들을 부추겨 "인류애라는 추상적인 사랑"을 명분으로 "1억이 아니라 5억의 머리라도 집어 삼킬 수 있는" 혼돈과 무질서를 획책한다. 인류의 복지를 위해서라면 동족을 "유해한 기생충"으로 취급하며 박멸할 수도 있다. 조직을 구성하고 조직의 결속을 위하여 사상적으로 방황하고, 도덕적으로 방탕한 인간을 포장하여 우상으로, 태양으로, 선구자로, 신화와 전설의 인물로 만들어내기도 한다.[29]

관념을 먹어치운 것이 아니라 관념에게 먹힌 무신론자들은 "러시아에 대한 끊임없는 짐승 같은 증오"와 "유기체를 좀먹는 증오"만 남은 "종이로 만든 인간"들이다. 그래서 "러시아가 어떻게든 갑자기 한량없이 부유해지고 행복해진다면" 제일 먼저 비참해지고 끔찍할 정도로 불행해질 처지가 된다. "증오할 인간도 침을 뱉어 줄 인간도, 조롱할 것"도 죄다 없어지기 때문이다.

결국 인간의 문제다. 골고루 등 따시고 골고루 배부른 세상을 건설하려는 꿈이 실현 불가능한 이유는 "가장 유행하는 평범한 사상에 푹 빠져들어서, 곧바로 그 사상을 저속하게 만들어, 때로는 가장 진실한 모습으로 그 사상에 헌신하는 모든 것들을 순식간에 희화화시켜 놓고 마는 수많은 속물들, 나약한 조산아들, 모든 것을 어설프게만 배우는 고집쟁이들"과 같은 인간의 문제다. 설령 사상의 힘으로 돌을 빵으로 바꾼다 하더라도 그 사상은 "그 순간에만 위대한 것"이지 근본적인 문제는 영원히 미제로 남는다. "배가 부르면 지난날의 일은 회상하지 않"는 인간의 문제 때문이다.

---

29 《악령》의 뾰뜨르 스쩨빠노비치와 니꼴라이 스따브로긴의 관계가 그렇다.

도스또예프스끼가 보기에 지상에 무신(無神)적인 바벨탑을 세우려는 사회주의는 천상의 행복을 지향하는 인간을 경멸한다. 대신 수천 수백만의 사람들이 기적과 신비로 포장된 권위의 발밑에 공손히 자유를 바친 대가로 "지상의 추악한 행복"을 선물하려는 것이다. 자유를 헌납한 수천수백만의 사람들은 노예적 행복과 환희에 들뜬 채 명랑한 삶[30]을 산다. 양떼처럼 골고루 평등하게…….

진보와 경제적인 진리

라스꼴리니꼬프의 여동생 두냐를 돈의 힘으로 유혹하던 루쥔은 자칭 진보주의자이다. 그는 주머니에 돈이 넘치는 중년 신사인데도 러시아 청년들의 진보 사상을 습득하기 위해 경박스런 사회주의자 레베쟈뜨니꼬프와 뻬쩨르부르그 뒷골목의 좁고 지저분한 하숙방을 함께 쓴다. 그는 라스꼴리니꼬프와 그의 젊은 친구들이 모인 자리에서 자신이 신봉하는 진보 사상을 설명한다. 그의 진보주의는 "과학과 경제적인 진리"를 바탕에 깔고 있다.

먼저 과학은 종교와 달리, "다른 모든 사람을 사랑하기 이전에 먼저

---

30 '노예적 명랑성'이란 니체가 고대 그리스 비극을 비평하면서 사용한 표현으로 "어려운 것을 책임지지 않고, 원대한 꿈을 추구하지 않으며, 지나간 것이나 미래에 올 것을 현재 있는 것보다 높이 평가하지 않는" 태도를 말한다(프리드리히 니체, 《비극의 탄생, 반시대적 고찰》, 이진우 옮김, 책세상, 2007. 92쪽(이하 《비극의 탄생》 또는 《반시대적 고찰》로 표기함).

너 자신을 사랑"하라고 요구한다. "이웃을 사랑하라"는 가르침을 실천하기 위해 내가 입은 웃옷을 반으로 잘라 헐벗은 이웃과 나눠 입으면 이웃과 나는 둘 다 반은 헐벗은 상태가 되고 만다. 이것은 결코 과학적인, 또는 이성적이거나 합리적인 판단이라 할 수가 없다.

"이 세상의 모든 것은 개인적인 이익을 기초"로 하고 있으니, 개인주의가 자리를 잡으면 내 웃옷이 반으로 잘릴 일도 없다. 사회에서 자리를 잘 잡은 "개인사업자가 많으면 많을수록 공공의 사업도 자리를 잘 잡게" 되고, "모든 사람에게 도움"을 줄 수 있다. 그러므로 "이웃을 사랑하라"는 말은 자신의 웃옷을 반으로 잘라 나눠줌으로써 둘 다 반은 벗은 처지가 되고 마는, "사적이고 개별적인 자선"의 형태가 아니라 개인의 이익을 극대화함으로써 "사회 전체의 성공"을 지향하는 것이어야 한다. 그 사회 전체의 성공이란 바로 "유일하게 자기 자신만의 이익을 챙길 줄" 아는 사람이 많아질수록 가능해진다. 한 곳에 부가 집중되면 그 부가 흘러넘쳐 사회에 골고루 이득이 될 수 있다는 낙수효과(trikle down effect)를 최대화하는 것이 '진보'를 가능케 하는 경제적 진리라는 것이다.

그렇다면 유럽에 비해 200여 년이나 낙후되어 "중간계급도 없고, 막강한 자금도 없으며, 시중을 드는 프롤레타리아도 없어서" 경제가 성장할 수 없는 러시아에서 개인의 이익을 극대화하고 경제 성장을 통해 진보하는 세상이 되기 위해서는 어떤 선택을 해야 할 것인가? 지금 이대로는 러시아 공동체 안의 농민은 "굶어 죽지는 않으리라는 것을 알고 있기 때문에 게으름을 피우고", 죄다 술이나 마셔대고 있지 않은

가? 그러므로 공유재산보다는 사유재산을 보호하고 육성하는 경제원칙을 최우선 과제로 삼고, 공업을 일으키고 자본을 육성하고, 부르주아를 키워야 한다. 그리하여 개인과 기업의 경쟁력을 강화하고 자본가의 투자의욕을 고취하여 '기업하기 좋은 환경'을 만들어 주는 것이 최우선 과제다.

그러기 위해서는 이제껏 러시아 사회를 지탱해왔던 모든 규제를 철폐하고, 전통을 포기하고 러시아의 땅과 영혼까지 외국 자본에게 열어줌으로써 무사안일에 빠져 있는 농민의 경쟁심을 고취해야 한다. 그렇게 되면 "언제든지 쫓겨날 수 있"는 처지가 된 농민들은 더 "고분고분하고 부지런해질 것"이며, "같은 돈을 벌기 위해 세 배로 일"을 하게 된다. 루퀸의 "경제적인 진리"와 19세기 러시아 사회의 자본가로 등장하는 이그나찌 쁘로꼬삐치(《악어》)의 경제 사상은 시공간을 훌쩍 건너뛰어 21세기에 와서는 한국 사회의 경제원칙이 되어 활짝 만개하고 있다.

도스또예프스끼는 러시아가 유럽의 강대국이 되어야 한다는 강박이 있었고, 그런 한편으로 유럽에 견주어 낙후된 러시아의 현실에 분개했으며, 술에 찌들어 사는 러시아 민중을 경멸했다. 누구보다도 개혁된 러시아의 미래를 갈망하며 러시아 민중의 의식 개조가 필요하다는 공상과 망상에 빠져 있었다.[31] 도스또예프스끼의 공상과 망상 속에 들어있던 개혁의 방향은 루퀸의 "과학과 경제적 진리", 그리고 이그나

---

31 이종진 옮김, 《작가의 일기》, 75~88쪽.

찌 쁘로꼬삐치의 개방 사상에 그대로 투영된 것으로 생각해도 무방하리라.

사실 근대 이후 인류 역사를 진보의 역사라고 평가할 수 있다면 그 진보는 루쉰 식의 과학적·경제적 진리를 신봉하는 데서 비롯된 것이라고 볼 수 있다. 루쉰 식의 진보주의는 20세기 끝 무렵에 와서 '작은 정부'와 함께 시장의 '보이지 않는 손'이 모든 것을 결정한다는 신자유주의로 완성되었다. 그리고 도스또예프스끼의 예언대로 소련을 비롯한 사회주의 국가들이 몰락하면서 신자유주의는 온 세계를 지배하는 하나의 이념이 된다. 이름하여 세계화다.

지상의 가난과 천상의 행복

도스또예스프끼는 가난했을 뿐만 아니라 모든 사람이 혐오하는 간질병 환자였고, 더하여 사형수로서 또 죄수로서 겪었던 모욕과 상처를 기억해서인지, 가난한 자와 함께 이 세상에서 상처받고 학대받고 모욕당한 자들의 슬픔과 아픔을 가슴 절절하게 파헤친다. 화려한 문명사회 뒷골목의 햇볕 한 줌 들지 않는 골방에 처박혀 폐병으로 죽어가는 사람들의 참담한 처지에서부터, 죄를 지었다는 이유로 창살에 갇힌 채 짐승 같은 대우를 받는 죄수들에게도 뜨거운 애정과 관심을 쏟아낸다. 그런 한편으로 상류사회의 사치와 허영에 대해서는 이를 간다고 할 정도의 적개심을 드러내기도 한다.

하지만 도스또예프스끼는 그의 글에서 가난을 어떻게 극복할 것인지, 가난하여 상처받고, 가난하여 병들고, 가난하여 모욕당한 자들의 아픔과 슬픔을 국가와 사회가 어떻게 해결할 것인지에 대해서는 아무런 대답을 내놓지 않는다. 아예 관심이 없었던 것인지도 모른다.

도스또예프스끼는 충분히 가난하지 않게 살 수 있었음에도 가난과 궁핍을 자처했다고도 할 수 있는 사람이다. 지독한 간질병에 시달리고 있었지만 간질발작의 순간을 병이라 생각하지 않고 "순간의 희열"을 즐길 기회로 받아들였듯이, 가난 역시 불행이나 고통이라기보다는 절박함 속의 쾌락을 즐길 기회로 생각한 건 아닐까.

그는 당시 러시아 문단에서 누구나 인정하는 유명 작가였다. 원고 한 뭉치만 들고 가면 언제든지 돈이 생겼고, 아직 한 줄도 쓰지 않은 원고를 담보로 돈을 미리 당겨 쓸 수 있었다. 도스또예프스끼의 가난은 허기와 지병에 시달리다 "남은 밥이 있으면 좀 주세요"라는 쪽지를 남기고 죽음에 이른 21세기 한국의 시나리오 작가와는 본질이 다른 가난이었다.

그래서인지 도스또예프스끼의 작품에 등장하는 가난한 이들의 모습은 한결같이 거룩하고, 대범하고, 품위가 있다. 폐병 때문에 곧 쓰러질 것 같은 계모와 배 다른 어린 동생들의 굶주림을 해결하기 위해 기꺼이 거리의 여자로 나서는 소냐의 모습에는 그 어떤 상스러움이나 천박함도, 굶주림에 대한 절박함도 없다. 남루한 복장에 거리의 여자임을 암시하는 표찰까지 달고 있지만 위축되는 일이 없다. 창녀이지만 거룩하면서도 위대한 창녀다.

《까라마조프 씨네 형제들》에서 드미뜨리가 퇴역 대위 스네기료프의 수염을 휘어잡고 모욕을 주자 알료사는 형의 행동을 대신 사과하며 사죄의 뜻으로 돈을 건넨다. 하지만 스네기료프는 돈을 진흙탕에 짓이겨 버린다. "치욕의 댓가"로 명예를 팔지는 않겠다면서. 지하생활자인 '나'는 "가난을 부끄러워하지 않으며 가난에 대해 긍지를 가지고 있고, 가난하지만 고상할 수 있음"을 자랑한다. 마까르 제부스낀(《가난한 사람들》)은 거리에서 손풍금 연주를 하며 구걸하는 사람은 거지이긴 하지만 누구에게 굽실거리지도 않고 노동으로 정당하게 살아가는, 고상하고 존경할 만한 귀족 같은 거지라고 생각하는 반면, 동냥을 얻어오라고 어린 자식을 추운 길거리로 내모는 병든 어미는 뻔뻔스러울 뿐 아니라 "멍청하고 물러터진 여자"이며 "진짜 사기꾼"으로 취급한다.

◆ ◆ ◆

도스또예프스끼는 가난의 문제를 분배의 정의 차원으로 접근하지 않는다. 그렇다고 해서 부자들의 자선과 자비를 바라는 것도 아니다. 오히려 자선을 베푸는 부자들의 위선을 경멸하며 침을 뱉기도 한다. "자선에서 나오는 쾌감은 교만하고 부도덕한 쾌감이며, 부자가 헐벗은 자의 의의와 자신의 의의를 비교해서 자신의 권력과 부에 탐닉하는 쾌감"이란 것이다. 그래서 자선은 "베푸는 자도 받는 자도 모두 다

타락시키고, 더욱이 목표에 이르지도 못"하고 "헐벗음을 배가시킬 뿐"이므로 현대사회에서 "자선은 법으로 금지"되어야 한다는 섬뜩한 주장까지 내세운다.

러시아 민중은 "가난하고 천박할수록 그들 내면에서 장엄한 진리를 한층 더 뚜렷하게 드러내 보"인다는 조시마 장로의 설교를 통해 가난을 바라보는 도스또예프스끼의 신념을 이해할 수 있다. 그는 가난이란 천상의 행복을 얻기 위해서라면 마땅히 감당해야 할 지상의 고난이라 생각했던 것 같다.

도스또예프스끼는 자신이 맞닥뜨린 시대 상황을 "낡은 것들은 갔으나 새로운 것들이 오지 않"은 상황이라고 선명하게 정리한다. 새로운 것에 대한 민중의 갈망은 높아진 권리의식에서 비롯된 것인 만큼, 새로운 사상이나 체제란 민중의 높아진 권리의식을 충족시킬 수 있는 것이어야 한다. 그런데 새로운 사상을 통해 새로운 세계로 탈바꿈해 가고 있는 "석조왕국"인 유럽과 달리, 러시아는 "닭다리처럼 연약한 토대" 위에 지어진 "목조의 나라"라는 것이 도스또예프스끼의 진단이다. 러시아는 곧 무너질 낡은 나라라는 말이다. 그런데 곧 무너질 나라의 지식인이라면 당연히 낡은 것을 대신할 수 있는 새로운 것, 새로운 나라, 정의로운 사회에 대한 전망과 대안을 제시해야 할 것 아닌가.

> 참으로 정의란 없는 것입니까! 우리 같은 불쌍한 이들을 보호하지 않으면, 누구를 보호한단 말입니까? 이제 곧 알게 될 거야. 세상에는 정의와 진실이 있다는 것을! 내가 찾을 거야 지금 당장. 기다려…….

> 내 곧 돌아오마. 거리에서라도 나를 기다려라……. 세상에 정의가 있는지 없는지. 이제 곧 알게 될 테니까…….
>
> 《죄와 벌》, 595쪽.

술주정뱅이 남편이 마차의 말발굽에 깔려 죽고, 엎친 데 덮친 격으로 어린 세 자녀와 함께 좁고 지저분한 방에서조차 쫓겨날 신세가 된 폐병쟁이 까쩨리나 이바노브나가 독일인 주인 여자와 다투면서 내뱉은 말이다. 하지만 까쩨리나는 정의나 진실을 찾기는커녕 끼니를 잇기 위해 어린 자녀들까지 거리로 내몰며 구걸을 하다가 끝내 발작을 일으키며 비참하게 죽어간다.

그런데 까쩨리나가 찾던 정의와 진실이란 근대의 복지국가 이념과는 거리가 멀다. 까쩨리나가 찾으려 한 정의와 진실은 귀족 가문의 태생임을 입증하여 궁핍함에서 벗어나는 것, 그리고 자신이 귀족의 후손이라는 사실을 사회가 기억해주는 것, 바로 그것이다. 까쩨리나는 굶주린 어린 자녀들에게도 다짐에 다짐을 한다. 귀족의 후손임을 결코 잊어서는 안 된다고…….

자신의 귀족 신분에 애착이 컸던 도스또예프스끼에게 러시아 사회의 정의와 진실이란 귀족이 귀족답게 대접받는 것, 그 어떤 상황에서도 귀족은 귀족이어야 하고, 귀족으로 살다 귀족으로 죽을 수 있는 것을 의미했는지도 모른다. 그런 도스또예프스끼에게 진보적 인간이란 예측할 수 없는 혼돈과 무질서로 가득 찬 격변의 시대에 귀족 상층 계급이 "아무 짝에도 쓸모없는 구시대적 산물"로 치부되어 소멸되어 가는 것을 막고 그들의 자리를 굳건히 지켜낼 수 있도록 그들을 대변하는, 미쉬낀 공작 같은 인물이다. 도스또예프스끼는 자신이 "러시아의 운명을 지켜나갈 천 명 정도의 귀족"에 속한다는 자부심과 긍지를 지니고 있었다. 이렇게 시대의 흐름[32]과 동떨어진 채 과거 지향적이며 퇴행적 역사관을 가진 대문호가, 혼란에 빠진 러시아를 개혁할 대안으로 제시한 것은 무엇일까?

러시아의 행복한 장래

아르까지 돌고루끼의 생부 베르실로프는 아들에게 자신이 유럽을 주유하며 느낀 소회를 밝히면서 당시는 "유럽의 장례"를 알리는 "장송의 종소리"가 높이 울리는 시대였다고 이야기한다. 그리고 "사변적 논리와 궤변이 주류"를 이루면서, "프랑스인은 그저 자신들의 범주 속"에, "독일인은 독일인의 관점에만 갇힌 채" 그들이 "역사를 통해 쌓아온 갈등을 최고조로 긴장시켜놓은 상황"이라고 설명한다.

---

32 1917년 혁명 이전에 러시아에는 이미 근대적 개혁의 바람이 거세게 일어나고 있었다. 1861년 농노제가 폐지되면서 봉건적인 신분제도가 사실상 와해되었고, 1880년 노동법령이 제정되면서 12세 이하 아동의 고용 금지, 12세에서 17세까지 8시간 노동 의무화와 같은 노동자 권리가 법으로 보호받게 된다. 그리고 1886년에는 노동자에게 무상의료가 실시되고 1903년에는 산업재해에 관한 법령이 제정되면서 고용주에게 재해보상의무를 부과했다. 1912년에는 보건 및 재해법이 제정되어 노동과 관련된 사고나 질병, 사망의 경우 현금 급여를 제공하게 된다. 혁명이 일어나기 이전에 이미 21세기 한국 사회의 복지수준보다 나은 수준으로 개혁되고 있었다(한국복지연구회, 《사회복지의 역사》, 이론과 실천, 1998. 220~223쪽 참조).

그런데 도스또예프스끼는 유럽이 이렇게 절망적 상황에 이른 이유가 "하층민, 프로레타리아, 빈민들의 채워지지 않는 민주주의에 대한 열망" 탓[33]이라고 뜬금없는 지적을 한다. 유럽 사회 하층부의 끝없는 투쟁과 상층부의 반격이 되풀이되면서, 역사상 유래가 없을 정도로 "프랑스인이 프랑스를 해치고, 독일인이 자신들의 독일을 파괴하는 일"이 벌어졌다는 것이다. 그래서 유럽의 문명은 "실패한 문명"이며, 방탕·방종한 인간성을 가진 유럽인은 몰락할 수밖에 없다고 예측한다.

도스또예프스끼는 그렇게 사형선고를 받다시피 한 유럽 문명이 굶주린 악어처럼 러시아의 전통과 영혼까지 한입에 삼키고 있는 것을 못내 못마땅해했다. 대신 유럽의 영향으로부터 자유로운 러시아의 장래에 대해서는 확신에 찬 낙관론을 펼친다.

러시아에는 "이 세상 아무 데에도 없고, 그 어떤 나라에서도 일찍이 이뤄내지 못한 최고의 문화적 양식"과 "인간의 존재 상황에 대해서 고민하고 온 인류의 괴로움을 공유하려는 경향"을 지켜온, "1천 명 정도"밖에 되지 않는 소수의 상층부 인간들이 있다. 이들은 "자진해서 민주파"가 되고 "민중적으로 되"었기 때문에 러시아 사회의 민주주의는 이미 의심할 바 없이 "정직하고 사욕이 없고, 솔직하고 적나라"한 수준에 이르러 있다는 것이 도스또예프스끼의 평가다.[34] 따라서 당장 문제가 되는 민중의 불행은 일시적인 것이며, "상층을 비롯한 러시아인 전체의 보편적인 민주주의 분위기와 보편적 일치를 위대한 원칙

---

33 이종진 옮김, 《작가의 일기》, 200쪽.
34 이종진 옮김, 《작가의 일기》, 201쪽.

의, 피로를 모르는 끊임없는 영향 아래 반드시 개선될 것"이라고 도스또예프스끼는 확신한다. 그러므로 러시아 민중은 피를 흘리며 투쟁하는 유럽의 민중과는 달리 현 상황에 만족하고 있고, 앞으로 가면 갈수록 더욱 만족할 것이므로 "러시아만의 행복한 장래가 민중을 기다리고 있다"는, 과대망상증 환자의 궤변에 가깝다 싶을 정도의 낙관론[35]을 설파한다.

도스또예프스끼가 "본능적 민주성"을 갖추고 있다고 생각하는 상류층은 진보주의자임을 자처하면서 "허영심과 헛된 자존심"에 돈을 펑펑 뿌리지만, "교양의 깊이"가 없어 상류층의 일원도 되지 못하는 세료자 공작(《미성년》) 같은 속물 귀족이 아니다. 진정으로 러시아를 사랑하고 러시아의 신을 믿고 러시아의 전통을 사랑하는 러시아의 정신적 귀족이요, 도스또예프스끼 자신과 같은 문화적 상류층이다.

그런데 "명예와 상류사회, 과학, 고상한 사상 등의 수호자"이며, 러시아의 엘리트 계층이요 문화적 상류층이라고 자부하는 도스또예프스끼의 자아가 격동의 근대와 충돌하면서 분열하고, 분열된 자아에서는 사악하고도 잔인한 분신[36]이 뛰쳐나온다. 악마 같은 도스또예프스끼의 분신은 파렴치하면서도 반인륜적인 인종주의에 빠져 있고, 여성

---

35 "하느님께서는 자신의 백성을 구원하실 겁니다. 러시아는 본연의 겸손함으로 해서 위대하기 때문입니다. 나는 우리의 미래를 보는 꿈을 꾸며 이미 그것을 뚜렷이 보고 있는 것 같기도 합니다. 그리하여 결국 우리나라의 가장 타락한 부자들조차도 가난한 사람들 안에서 자신들의 부유함을 수치스럽게 생각할 것이며, 가난한 사람들은 그들의 겸손을 바라보면서 그들을 이해하며 기쁜 마음으로 그들에게 양보하고 그들의 위대한 수치심에 정답게 대답하게 될 것입니다."(《까라마조프 씨네 형제들》, 556쪽)

36 열린책들에서 《분신》이라는 제목으로 번역되어 출판된 도스또예프스끼의 소설은 1980년에 발간된 정음사 판에는 《이중인격》이라고 번역되어있다. '분신'보다는 '이중인격'이 의미 전달에는 더 정확성이 있을 것 같다.

과 노인을 비롯한 사회적 약자들에 대한 혐오와 적개심이 넘쳐나는가 하면, 이민족과 이민족들의 종교까지 멸시하고 증오하는 호전적인 사디스트로 돌변한다. 러시아의 행복한 장래를 선전하는 자신의 맹목적 사이비 애국주의에 걸림돌이 될 만한 것에 대해서는 소름끼칠 정도의 적개심과 혐오감을 드러낸다. 이런 사람을 왜 대문호로 칭송하는지 회의가 생길 정도로.

7장

대문호의 인종주의와 파시즘

대문호의 문화 인종주의

내게 믿을 수 없을 만큼 이상하게 느껴진 것은, 소설에서는 인간의 고통에 대해 그토록 예민한 사람이, 학대받고 고통받는 사람들을 열정적으로 옹호하던 사람이, 지상의 모든 생명체들에게는 스스로 존재할 권리가 있다고 거의 미친 듯이 설파하던 사람이, 잎새 하나와 풀잎 하나하나에 환희에 찬 송가를 바치던 사람이, 바로 그런 사람이, 수천 년간 쫓기고 있는 사람들에 대해서는 단 한마디의 옹호도 변호도 하지 않았다는 점이다. 정말 그는 눈이 멀었던 것일까. 아니면 아마도 증오에 눈멀었던 것은 아닐까. 그는 유대인들을 하나의 민족이라고 부르지 않고 '종족'이라고 명명했다. 이것은 마치 폴리네시아 섬 같은 곳의 야만인을 부르는 것 같다.[37]

이 글은 레오니드 치프낀이 자신의 소설을 마무리할 즈음에 유대인으로서 도스또예프스끼를 바라보는 소회를 기록해 둔 것이다. '종족'이란 표현을 유대인에게는 쓰면 안 되고, 폴리네시아 섬의 원주민들에게는 함부로 써도 된다는 뜻인지는 잘 모르겠지만. 예술가 혹은 작가 도스또예프스끼에게 도취하다시피 한 치프낀이지만, 도스또예프스끼의 유대인 관에 대해서만은 섭섭한 감정이 있었던 것 같다. 도스또예프스끼 자신이 학대받고 상처받은 사람이었고 그런 사람들과 끈끈한 일체감을 가지고 있었던 위대한 작가였기에, 학대받고 상처받으며 쫓겨 다니던 민족에게도 당연히 연민과 함께 연대의 손길을 내밀 것이라 기대했을 수도 있겠다. 치프낀은 자신의 기대가 끝내 충족되지 못하고 실망으로 바뀌자 그 아쉬움과 안타까움을 자신이 남긴 유일한 소설 한 귀퉁이에 새겨 놓았던 것이리라.

그런데 막상 도스또예프스끼의 글에 유대인에 대한 편견이 그렇게 도드라져 보이지는 않는다. '악랄하게 이자를 챙기는 고리대금업자'와 같은 유대인에 대한 유럽인의 흔한 인식을 있는 그대로 표현하고 있기는 하지만, 유달리 더 거칠고 선동적이거나 반유대주의를 자극하는 표현을 쓰고 있는 것은 아니다. 치프낀이 혐오스럽게 생각했던 '종족'이라는 표현을 유대인에게 한정해서 사용한 것도 아니다. 러시아 사람이 아닌 모든 외국인을 종족, 족속이라 불러대고 여자에게도 거침없이 종족, 족속이라는 표현을 쓴다. "아이들은 이상한 종족이다"라는 문장으

---

37 치프낀, 《바덴바덴에서의 여름》, 219쪽

로 시작하는 단편소설도 있다(〈예수의 크리스마스 트리에 초대된 아이〉).

오히려 유대인에게 끈끈한 우정과 인간애를 숨김없이 드러내기도 한다. 시베리아 유형지에서 함께 수감생활을 했던 유대인 이사이 포미치에 대한 도스또예프끼의 감정이《죽음의 집의 기록》에 상세하게 담겨 있다. 수형생활을 하는 죄수 신분인데도 그는 여느 유대인처럼 감옥 안에서도 고리대금업을 하며 자기 입지를 구축한 인물이다. 그런데도 감옥 안의 모든 사람들이 "그를 사랑하고 있었으며 거의 모든 사람들이 그에게 빚을 지고 있었음에도 불구하고, 어느 누구 하나 그를 괴롭히지 않았다"고 쓰고 있다. "옴 붙은 유대인 놈"이라는 악담도 나오지만 그것은 어디까지나 악의 없는 농담이고, 이사이 포미치도 익살스럽게 농담으로 받아 넘긴다. 도스또예프스끼 역시 그에게 특별한 감정이나 적의를 품고 있지는 않았다. 한계 상황에 내몰린 죄수들을 상대로 고리대금업을 한다고 해서 유달리 멸시하거나 경멸하는 것도 아니다. 도스또예프스끼는 이사이 포미치와는 옥사 동거인이면서 서로의 문화와 종교, 의례, 교리에 대해 깊이 있는 대화를 나누며 가까운 친구처럼 지낸다. 이사이 포미치는 기도를 드릴 때는 황홀경에 빠져 바로 코앞에 있는 사람도 알아보지 못한다. 발작이 일어나면 황홀경을 경험하는 도스또예프스끼처럼.

하지만 치프낀은 이사이 포미치를 "이자를 받고 돈놀이를 하는 뻔뻔스러운 자"로 그려 놓았다고 불만이다. 또《악령》의 5인조 조직원 중의 하나로 등장하는 유대인 략신을 겁에 질려 발작이나 일으키는, 나약하면서도 비겁하고 병약한 인물로 그려 놓은 것에 대해서도 불만을 토해내고 있다.[38] 하지만 도스또예프스끼가 5인조 중 뾔뜨르를, 샤또프를, 페지까를 유대인으로 설정했다 하더라도 유대인이기에 비열한 협잡꾼으로, 밀고나 하는 인물로, 악질 범죄자로 만들었다고 받아들이지 않았을까?

도스또예프스끼가 유대인들의 얼굴에서 "예외 없이 괴롭게 각인되어있는 영원하고 쓸쓸한 비애"[39]를 읽어낼 정도면 유대인들의 슬픈 운명에 어느 정도 공감하고 있었다고 보아야 하지 않을까? 치프낀이 도스또예프스끼의 글에서 유대인에 대한 편견이나 혐오의 감정을 읽었다 하더라도, 도스또예프스끼는 독일 사회에 어마어마한 영향력을 가진 작곡가였던 리하르트 바그너와는 사정이 다르다. 그는 반유대주의를 누구보다 앞장서서 드러내놓고 주장함으로써 자신의 의지와는 상관없이 나치와 히틀러를 위한 어용 작곡가로 전락해버렸다. 아우슈비츠 수용소에 갇혀 있던 유대인들은 바그너의 음악을 들으며 가스실로 걸어들어 갔다고 한다. 이스라엘에서 바그너의 음악은 지금도 금지곡이다.

◆ ◆ ◆

---

38 치프낀, 《바덴바덴에서의 여름》, 218쪽.

39 이 대목은 《죄와 벌》에서 스비드리가일로프가 권총으로 자살하려고 장소를 물색하던 중에 소방대 건물 앞에서 제복 차림의 소방관을 만났을 때 나온 구절이다. 위에 인용한 열린책들판 《죄와 벌》(홍대화 옮김)의 번역(753쪽)과 《바덴바덴에서의 여름》(이장욱 옮김, 민음사)에서 치프낀의 인용을 번역한 것—"영원히 투덜거리는 듯 비탄에 젖은 얼굴을 하고 있었는데, 유대인이라는 종족의 얼굴에는 예외 없이 그렇게 언짢은 낙인이 찍혀 있는 것이다."(218쪽)—은 뉘앙스가 많이 다르다. 정음사판(함일근 옮김)에는 "그 얼굴에는 온갖 유대족의 얼굴에 예외 없이 무참히 새겨져 있는, 까다로운 영원의 슬픔이 엿보였다."로 번역되어있다.

치프낀이 섭섭해하면서도 의아하게 생각했던 유대인 관보다, 도스또예프스끼에게서 드러나는 더 심각한 문제는 러시아와 러시아 것이 아닌 것에 대한 혐오와 경멸, 악의와 적개심이 물씬 묻어있는 배타적인 태도다. "외국인을 험담하는 구절들은 언제 읽어도 우리 러시아인들에게 뭔가 거부할 수 없는 즐거움을 전해준다"라고 할 정도로 도스또예프스끼의 가학적인 인종주의는 유대인에게 한정된 것이 아니다. 유럽과 유럽 사람, 유럽의 모든 것을 겨냥한다.

《여름 인상에 대한 겨울 메모》는 도스또예프스끼가 처음으로 유럽 일대를 두 달 반 동안 여행하면서 보고 듣고 느낀 것을 기록한 기행문 형식의 글이다. 그런데 기행문에서 흔히 볼 수 있는 풍경묘사는 찾아보기 어렵다. 40년 만에 처음 나가 본 외국에 대해 기행문을 쓰면서 "아무것도 제대로 본 것이 없고, 보았다 하더라도 분별할 수 없었기 때문에 특별히 할 이야기가 없다"고 하는 것부터가 얄궂고 생뚱맞다. 사실 이 여행은 도스또예프스끼의 견문을 넓혀주거나 유럽에 대한 새로운 시각을 가지게 했다기보다는 이전에 가지고 있던 유럽에 대한 편견이나 선입견을 확인시켜주었을 뿐이었던 것 같다. 도스또예프스끼는 점령군과 같은 오만한 자세로 낯선 이국땅의 풍경과 이국 사람들의 모습을 경멸하듯 내려다본다.

가령 베를린 같은 경우, 하루 낮밤을 머물러 있었을 뿐인데도 아무런 설명도 이유도 없이 "가장 시큼떨떠름한 인상을 받은 도시"라고 간단하게 결론짓는다. 그렇다면 "단 8일간" 머물렀던 런던의 인상은? "묵시록의 예언" 같은 것이 눈앞에서 실현되는 도시다. 파리는 머지않아 "질서와 정적 속에서 화석화"되어 버릴 도시다. 도스또예프스끼의 눈에 비친 유럽은 가는 곳마다 사람이 살 곳이 못 되는 지옥과도 같은 곳인 거다.

외국인들에 대한 도스또예프스끼의 편견이나 혐오, 증오심도 대단하다. 특히 독일 사람들에게는 지독하다 싶을 정도다. 뚱뚱한 사람은 보나마나 독일인이고, "어디서 굴러먹다가 이리(뻬쩨르부르그)로 오게 되었는지도 모를", "부엉이 새끼" 같은 독일 사람들은 "하나같이 우리보다 훨씬 어리석고", 세상에 드레스덴의 부인들보다 더 혐오스러운 사람은 없으며, "소시지 같은 독일년"들, "치마를 두른 프로이센의 닭다리"들은 대개 "사악"하다. 또 "사악한 독일인"들의 "이기주의는 도를 넘어 선" 수준이며, "권위 앞에서 설설 기는 소시지 족속들"은 "과학에서는 강한 면모"를 보이기 때문에 아예 "숨통을 끊어놔야 한다"는 말까지 서슴없이 내뱉는다.

프랑스 부르주아들은 "허영심 많은 멍청이"들이거나 돈만 아는 "이상한 사람"들이고, 미국 사람은 "목사라고 해도 친구가 될 수 없고 영혼의 벗이 될 수 없"을 정도로 저열하고 혐오스러운 인간들이다. 그리고 스위스 사람들의 박정함에 대해서는 진저리를 친다.[40]

토요일 밤이면 사방에서 유흥가로 쏟아져 나와 먹고 마셔대는 런던의 노동자들을 도스또예프스끼는 "흰색의 흑인"이라고 했다. 온 인류가 기억하는 대문호답게, 한 문장으로 런던의 노동자는 물론 흑인까

40 제네바에서 첫 딸 소냐를 잃었을 때 이웃 스위스 사람들은 도스또예프스끼 내외가 "딸을 잃은 사실을 알면서도 큰 소리로 울지 말라고 부탁"을 했다(《도스또예프스끼와 함께한 나날들》, 255쪽).

지도 싸잡아 욕을 해댄 거다. 절묘하면서도 악의가 넘치는 표현이다. "런던에 사는 1백만의 야만인"들이란 표현에서 도스또예프스끼의 오만한 인종주의는 절정에 달한다.

독일의 의사이며 실존주의 철학자인 야스퍼스는 어떤 대상의 유형을 "일반적 특성으로 규정하고 나아가 모든 개체를 파악하는" 사고방식은 "수 세기 동안 민족과 인간 집단들 간의 증오로 이어진 사고방식"이며 이것을 나치즘이 가장 악랄한 방식으로 이용했다고 지적한다.[41]

◆ ◆ ◆

도스또예프스끼의 종교관도 유별나다. 자신이 신봉하는 러시아 정교가 아닌 다른 종교에 대한 혐오와 적대감은 합리적인 비판 수준이라고 보기에는 민망할 정도다.

그는 마호메트가 간질병 환자였음을 거듭 언급한다. 이슬람권 민중이 마호메트가 간질병 환자였다는 사실을 인정할지는 모르겠지만, 도스또예프스끼가 이 사실을 되풀이 강조하는 이유는 이슬람교의 신성성이나 신비주의를 강조하기 위해서라기보다는 이슬람교를 깎아 내리려는 의도가 더 강하지 않았을까? 이슬람교를 "더러운" 종교라 했고, 마호메트 지지자들을 "성스러운 러시아의 원수"라고까지 했던 사람이 마호메트를 찬양했을 리는 없다.

41 카를 야스퍼스, 《죄의 문제》, 이재승 옮김, 앨피, 2014. 100쪽(이하 야스퍼스, 《죄의 문제》로 표기).

그의 눈에 비친 이슬람교도들은 "야만스럽고 구역질나는, 저주스런 문명의 적"[42]들이고, 불교도는 독단적인 논리로 궤변을 일삼는 무리들이며, "예수회 같은 놈들"이라든지, "사회에 복수하는 지하의 모르몬교 같은 것에서 구원을 찾으려 드는"과 같은 표현에서 러시아 정교가 아닌 다른 종교에 대한 노골적인 멸시와 혐오를 읽을 수 있다. 그리고 로마 카톨릭은 아예 종교라고 인정도 하지 않고 사회주의와 같은 반열로 취급한다.

성직자에 대한 도스또예프스끼의 혐오감도 대단하다. 필생의 역작이라는 평가를 받은《까라마조프 씨네 형제들》에서 엄청난 무게감을 가진 조시마 장로를 기가 막히게 조롱한다. 조시마 장로를 접견하기 위해 수도원을 찾은 표도르 까라마조프에게 "창백하고 핏기 없는 입술에 교활함 같은 것이 깃든 가늘고 조용한 미소를" 짓는 수도사가 시설을 안내한다. 여자들이 출입할 수 없는 수도원 울타리 밖에 상류층의 귀부인들을 위한 방 두 개가 따로 있고, 조시마 장로가 "내실 통로"를 통해 별실의 귀부인들을 직접 맞으러 간다는 설명을 들은 표도르는 대뜸 "암자에서 부인들에게로 빠져나가는 개구멍이 있다"는 말로 알아듣는다.

르네상스 시대 이후 카톨릭 교회의 수도원은 "참으로 바쁜 유곽"이었다는 평가를 받았을 정도로 문란했고, 르네상스 시대의 가장 유명한 교황이었던 알렉산더 6세와 율리우스 2세 같은 이는 끝없는 음란

42 이종진 옮김,《작가의 일기》, 249쪽.

생활로 매독에 걸려 고생한 것으로 알려져 있다.[43]

겉으로 드러나지 않는 조시마 장로의 일상은 조잡했고, 음란했고, 타락했다. 개구멍으로 통하는 별실에서 만난 "귀부인들이 호주머니에 넣어주는 사탕에 현혹"되었고, "차에 잼을 넣어 마셨고, 단 음식으로 배를 가득 채워 무리하게 혹사시켰으며, 머리는 오만한 생각"이 가득 차 있었다. 그래서인지 생전에 성인의 반열에 오를 만큼 존경받던 조시마 장로의 주검에서 "자연법칙을 벗어날 정도의 빠른 부패"와 함께, 지독해서 견딜 수 없을 정도로 썩는 냄새가 등천을 한다. 그렇다면 '냄새나는 아이'라는 뜻의 이름을 가진 스메르쟈꼬프의 아버지는 누구일까? 표도르 까라마조프가 확실한가? 혹시? 일본의 도스또예프스끼 연구가인 시즈미 마사시는 조시마 장로를 의심한다.[44]

돌고루끼와 기숙사 친구이면서 세 살 위라는 이유로 돌고루끼에게 무자비한 폭력을 휘두르는 람베르뜨는 자기 주변의 모든 것을 저주한다. 특히 성직자를 증오하여, 성찬식이니 뭐니 하는 것들도 죄다 위선이라며 칼을 꺼내 신부를 죽이겠다고 위협까지 한다. 그 신부가 자신의 어머니와 관계를 맺은 사실을 알았기 때문이다. 람베르뜨는 훗날 벌거벗은 여자를 채찍으로 때리는 사디스트가 된다.

도스또예프스끼는 고독한 사람이었다. 병이 깊어 고독했고 의지할 곳이 없어 고독했다. 무엇보다도 변화하는 시대에 적응하지 못한 낙오자요 이방인이었던 탓에 고독 중에서도 가장 악성인 "정신적 고독"

---

43 에두아르트 푹스, 《풍속의 역사 II》, 이기웅, 박종만 옮김, 까치, 1986. 233쪽.

44 시즈미 마사시, 《도스또예프스끼가 말하지 않은 것들》, 이은주 옮김, 열린책들, 2011. 330~331쪽.

에 시달리고 있었다. "종교와 민족주의도 불합리하고 품격이 없는 관습이나 미신과 마찬가지"로 사람들이 가장 두려워하는 정신적 "고독으로부터의 피난처"가 될 수 있다는 에리히 프롬의 분석[45]이 도스또예프스끼의 독선적 종교관이나 배타적인 민족주의 정서를 설명하는 근거가 될 수도 있을 것 같다. 게다가 그는 '과잉종교증'이라는 병리적 증상을 불러오는 병을 앓고 있었다.

골상학과 생물학적 인종주의

미쉬낀 공작의 처소에 모인 "이상한 젊은이들" 중에서 예브게니와 이뽈리뜨가 "힘의 권리"를 두고 논쟁을 벌일 때, 예브게니는 미국 전쟁 때 가장 진보적인 자유주의자도 농장주의 편에 서서 백인이 가진 힘의 권리를 옹호했는데, 그 이유는 "흑인은 어디까지나 흑인이고 백인보다 열등하다는 설"에 영향을 받은 탓이라고 주장한다. 그 설은 19세기 유럽과 미국 사회에 엄청난 영향을 미쳤던 골상학이다.

분야를 가리지 않는 도스또예프스끼의 방대한 독서량에 미루어 볼 때, 그가 19세기 유럽 사회에 상당한 영향을 미쳤던 골상학에 문외한이었을 리는 없다. 도스또예프스끼의 작품에는 골상학과 연관된 사건

---

45 에리히 프롬, 《자유에서의 도피》, 이상두 옮김, 범우사, 1986. 35쪽(이하 프롬, 《자유에서의 도피》로 표기).

이나 인물 묘사가 눈에 자주 띈다.

돌고루끼의 친구 중 한 사람인 끄라프트(《미성년》)는 러시아의 암울한 현실에 절망한다. 그래서 "러시아인은 이류 민족"이며, "러시아인은 이 지상에 전혀 살아있을 만한 가치가 없다"라는 "최후의 사상"을 남기고 권총으로 자살을 한다. 끄라프트가 남긴 "최후의 사상"의 밑바탕이 된 것은 골상학과 수학이다. 고아로 태어나 어릴 때부터 온갖 멸시와 천대를 감수하면서 살아가는 노처녀 따찌야나 이바노브나(《스쩨빤치꼬보 마을 사람들》)의 공상이 현실이 되도록 엄청난 재산을 물려준 먼 친척은 골상학을 연구하면서 고리대금업을 하는 사람이다. 이뽈리뜨(《백치》)는 자살을 시도하면서 자신의 "해골을 과학발전을 위해 과학 아카데미에 기증할 것"이라는 유언을 남기는데 그 과학이 바로 골상학이다.

어미도 없는 어린 자식을 내팽개친 대신 자식에게 "비열한 색욕"만 물려준 표도르 까라마조프는 자신의 매부리코가 턱에 달린 혹과 조화를 이루면서 "고대 로마 귀족들의 진짜 모습"을 보여주는 것이라는 자부심을 가지고 있다. 그 자부심의 근거 역시 골상학 이론이다. 그러나 까라마조프의 턱에 달린 혹은 골상학을 전혀 모르는 사람의 눈에는 "혐오스러울 만큼 음탕한 모습을 더해주는 커다랗고 길쭉한 비계 덩어리"에 불과하다.

지금 기준으로 보면 치매 환자라고 할 수 있는 가브릴라 K 공작(《아저씨의 꿈》)은 마리야 알렉산드로브나와 빠벨 알렉산드로비치에게 자신의 하인 쩨렌찌를 소개하면서 "양이 물속을 들여다보는 것 같은 표정", "민음직스럽게 생겼고 굉장히 엄숙한 표정", "목이 엷은 장밋빛"에다 "철학자 칸트의 모습"이거나 "너무 먹여서 살이 오른 칠면조 같은 얼굴"을 하고 있어서 하인으로서는 거의 완전무결한 모습이라고 자랑한다. 또 바르바라 뻬뜨로브나(《악령》)가 주최한 무도회에 참석한 늙은 퇴역장군은 자기 나름의 러시아 여성관을 피력한다. 러시아 여성들의 얼굴은 "미의 규칙성이 부족하고, 다소간 호떡을 닮"았기도 하며, "여드름투성이의 예쁜 꽃봉오리들"은 "입술이 너무 두꺼운 게 흠"이며, 이들도 한 3년만 지나면 "영원히 펑퍼짐해져서 남편들에게 슬픈 무관심"을 불러일으켜서 "여성문제의 발전을 촉진"시킨다는, 헛소리로 수다를 떤다. 자신의 하인 쩨렌찌를 생김새만 가지고 완벽한 하인의 모습이라고 품평한 K 공작이나 늙은 퇴역 장군의 얼토당토 않은 여성관도, 사실은 19세기에 이어 20세기 초반까지 생물학적 인종차별의 이론적 바탕이 되었던 골상학에 기초한 표현들이다.

◆ ◆ ◆

골상학은 얼굴 생김새뿐만 아니라 두개골의 형태와 크기, 그리고 두개골이 담고 있는 뇌의 용량 같은 것으로 인간의 능력을 판단하던 학문이다. 골상학은 통계학과 결합되면서 19세기에 들어와서 유럽 사회에 상당한 영향력을 미친다. 이성의 이름으로 마녀와 정신질환자를 불태워 없애던 광기의 역사가 주춤해지면서, 골상학은 2차 세계대전이 끝날 때까지 제국주의자들이 식민지 지배에 정당성을 부여하는 수단으로 활용되었으며, 인종차별과 인종청소에 이론적 근거를 제공하던 집단살상의 과학으로 악명을 떨친다.

통계학과 결합된 골상학은 식민지 지배와 인종차별에 이론적 바탕이 된 사이비 과학이었다. 일본인이 조선인과 견주어 우수한 인종이고 백인이 흑인에 비해 지적 능력이 뛰어나다는 것은 힘을 앞세운 억지 주장이 아니라 통계학적인 비율로 입증된 과학적 사실이므로, 일본인이 야만족인 조선인을 지배하는 것, 지적 능력이 뛰어난 백인이 열등한 종족인 흑인을 노예로 삼는 것은 "더 이상 신경 쓸"[46] 필요조차 없을 정도로 정당하면서도 당연한 주장이라는 것이다.

남/녀, 흑/백, 문명/야만과 같은 성차별, 인종차별의 정당성을 부여해주던 골상학이 20세기에 들어와서는 우생학으로 발전하여 히틀러의 나치 체제에서 적극 수용된다. 그리하여 골상학은 피부색이 흰 독일 민족, 즉 아리안족의 인종적 순수성과 우수성을 보존, 번성, 증식하기 위해 자칫 독일 민족의 순수 혈통을 더럽힐 수 있는 열등한 인종의 도태와 멸종을 획책하는 살인의 학문이 되고 말았다. 그 과정에 가장 깊숙이 개입한 것은 의사들이었다.

한 사회의 낡은 질서가 붕괴될 때 가장 먼저 흔들리는 것은 개인의 지위다. 조선 시대에 가난한 선비가 있었듯이 19세기 러시아에도 가난한 귀족은 얼마든지 있었다. 이런 선비들, 귀족들에게 가난을 견뎌

---

46 수학과 결합한 통계학이 미친 그 시대의 영향력을 확인할 수 있는 대목이 《죄와 벌》(80쪽)에 나온다. "비율이라! 정말 멋진 말이로군. 마음을 아주 편안하게 해주고 또 과학적이기까지 하거든. 비율이라고 하면, 더 이상 신경 쓸 거라곤 없거든. 만일 다른 용어를 사용하면, 그때는 신경이 쓰일 수도 있어……."

내는 것은 어렵지 않지만, 자신의 지위가 흔들리거나 뒤집히는 것을 마냥 손 놓고 바라보고 있기란 어렵다. 흔들리는 지위를 안전하게 유지하기 위해서는 자신이 가진 "힘의 권리"를 행사해야 한다. 힘을 과시할 대상은 언제나 사회적 약자들, 소수자들, 이질적인 것들이다. 서학을 거부하고 천주교 신자와 신부들을 무지막지하게 탄압하던 조선 후기의 왕실과 사대부들이 그랬다.

귀족 신분에 자부심이 있었던 도스또예프스끼는 신분 질서가 흔들리던 당시의 현실이 몹시 불만스럽고, 또 불안했던 모양이다. 러시아가 무서운 속도로 근대로 이행하는 시대의 한복판에서, 그는 "민중을 염려하는 대변자이자 평등을 부르짖는 민주주의자"는 결코 아니었다. 미쉬낀 공작처럼 "귀족 계급이 사라지지 않도록" 발버둥치는 계층의 대변자였다. 그리하여 자연스럽게 자폐적이며 방어적인 민족주의에 빠져든다. 도스또예프스끼는 러시아 문화 이외의 것을 배척하는 문화 인종주의자였고, 여성, 노약자, 병자, 이민족을 향해 극도의 혐오감을 드러내는 생물학적 인종주의자였다.

무능한 남성의 도착증

도스또예프스끼가 창조해 낸 인물은 대부분 여성에 관심이 없다. 《백야》의 주인공처럼 "여성이란 존재에게 완전히 이방인" 같거나, "어떤 여성과도 그 어떤 교제도" 거부하는 특이한 성격을 가지고 있다. 선천적인 병 때문에 여자에게 관심이 없다는 미쉬낀 공작, 남녀관계와 연관된 이야기만 들어도 귀를 막고 도리질을 치고, 여성성 앞에서는 "무언가 단정할 수 없는 고통스러운 두려움"을 느끼는 알료샤, 여자와 결혼을 하라는 말에 발작을 일으킬 정도로 분노하는 스메르쟈꼬프, 여자에 대해서는 아무것도 모르고, 또 알고 싶지도 않으며 죽을 때까지 여자를 경멸할 것이라 굳은 결심을 하고 사는 돌고루끼…….

사실 도스또예프스끼 소설에는 남녀 사이의 치정관계가 빠지지 않는다. 작품 대부분이 남녀관계를 중심으로 서술되어있다. 《까라마조프 씨네 형제들》이라는 긴 이야기도 한 여자와 부자 사이의 삼각관계를 중심으로 펼쳐지는 이야기다. 《죄와 벌》이라는 묵직한 주제의 이야기도 따지고 보면 암울한 시대를 살아가는 불행한 청년들의 사랑 이야기라고 할 수도 있다. 하지만 어느 작품에서도 남녀 사이의 성관계를 선명하게 묘사하는 대목은 찾아보기 어렵다. 독자들이 성관계가 있을 거라 상상할 수 있는 대목에서는 작가가 부연 설명까지 하면서 독자들의 '엉큼한' 상상력을 미리 짓눌러 버린다.

《악령》의 도입부에서 스쩨빤 뜨로피모비치와 바르바라 뻬뜨로브나가 친구 관계를 맺는 과정을 설명할 때 바르바라가 "포옹 속으로 몸을 던졌다"라는 표현이 나온다. 그런데 도스또예프스끼는 뒤이어 독자들에게 "쓸데없는 상상"하지 말고, "가장 높은 정신적 의미로 이해하라"는 사족을 붙여 놓는다. 《노름꾼》 알렉세이 이바노비치와 뽈리나 사이에 성관계가 있을 법한 상황에서도, 독자들을 가위질로 누더기가 된 7~80

년대 한국의 애정영화를 보는 듯한 허탈감에 빠지도록 만들어 버린다.

> 그다음 순간 그녀는 난데없이 내게 키스를 퍼부으며 꼭 끌어안았고, 정열적이면서도 부드럽게 자기 얼굴을 내 얼굴에 파묻었다. 이제 나는 아무 생각도 들지 않았고, 아무 소리도 들리지 않았다. 내 머리는 빙글빙글 돌기 시작했다……. 내가 정신을 차린 것은 아침 일곱시 경이었던 것 같다. 벌써부터 햇빛이 방 안 가득 비추고 있었다. 뽈리나는 내 곁에 앉아있었는데…….
>
> 《노름꾼》, 215쪽

한편 도스또예프스끼가 남녀 주인공 사이의 애정을 표현하는 방식은 도착증이라고 해야 할 정도로 독특하거나, 혐오스럽기도 하고, 잔인하면서도 엽기적이다. 작가의 독특한 성적 취향이라고 보아 넘기기 어려운 표현들도 있다.

◆ ◆ ◆

작중 인물들의 도착증 중에서 가장 두드러지는 것이 발가락 페티시즘이다. 《노름꾼》, 알렉세이 이바노비치가 애증관계에 있는 뽈리나에게 욕정을 느낀 것은 뽈리나의 얼굴이나 몸이 아니고 발 그 자체도 아니다. 어처구니없게도 "폭이 좁고 긴 발자국"이다. 여인의 발자국만 보고도 참을 수 없을 정도의 욕정을 느낀 것이다. 매춘부 블랑슈를 만나서는 맨발의 블랑슈에게 양말을 찾아 신겨주다가 "도저히 참을 수 없어서" 발에 키스를 한다. 순간 화들짝 놀란 블랑슈의 발에 걷어 채여 나뒹굴고 마는 비참한 신세가 되고 말지만. 드미뜨리가 악녀 그루셴까에게 욕정을 느낀 것도 발가락, 그것도 새끼발가락이다. "왼발 새끼발가락에서 느낄 수 있는 완벽한 곡선미"에 취해 드미뜨리는 그루셴까의 발가락에 입을 맞춘다. 새끼발가락만 보고서도 여인의 완벽한 곡선미를 떠올릴 수 있는 대단한 상상력! 아름다움을 포착해내는 예술적 감각이라기보다는 소름 돋는 변태라고 해야 할 정도 아닌가!

《상처받은 사람들》의 알료샤도 나타샤의 사랑을 확인한 뒤 "무릎을 꿇고 발에 입"을 맞춘다. 라스꼴리니꼬프는 자신의 죄를 고백하며 소냐에 발에 입을 맞춘다. 사회에서 가장 밑바닥 인생이라 할 수 있는 창녀의 발에 입을 맞춤으로써 인류의 고통과 수난에 고개 숙여 절을 했다는 의미로. 그런데 과연 라스꼴리니꼬프의 속마음도 진정 그랬을까? 순수한 반성과 회개의 의미로 더러운 취급을 받는 창녀의 몸 중에서도 가장 더러운 발에 입을 맞추었을까?

소냐는 발에서 느끼는 본능적 감각으로 라스꼴리니꼬프의 입맞춤이 그런 의미가 아니라 사랑 고백임을 직감했던 것 같다. 라스꼴리니꼬프의 고백을 받아들인 "거룩한 창녀", 소냐는 비로소 "불행한 청년" 라스꼴리니꼬프의 연인이자 구원자이며 동반자로서 자신의 자리를 찾는다.

불치의 간질병 탓에, 남성성이란 측면에서만 보면 도스또예프스끼는 무능한 인물이었다. 그런 자신의 성적 무능력으로 말미암은 욕구의 좌절과 여성성에 대한 두려움이 발가락 페티시즘과 같은 도착증으로 승화되는가 하면, 여성에 대한 극도의 혐오와 증오심이라는 악마적인 속성으로 나타나기도 한다.

◆ ◆ ◆

도스또예스프끼의 문장 곳곳에는 "여자는 도무지 이해하지 못할 족속"이라거나 "선천적으로 남자에게 지배당할 수밖에 없는 운명을 지니고 태어난" 존재라는 식으로 여성을 경멸하고 멸시하는 표현들이 되풀이된다. 이런 도스또예프스끼의 여성관은 돌고루끼가 소꼴스끼 공작과 신의 존재와 여성 문제에 대해 이야기를 나눌 때, 논문 발표하듯이 설명하는 대목에서 일목요연하게 드러난다.

첫째, 여자는 "예절이 없다"는 것. "상대에게 모래를 끼얹고 기본적인 예절도 못 지키면서도" 평등을 주장하는 경향이 있고, 둘째, "야하게 비치는 옷"을 입고 "궁둥이 언저리에다 옷을 걸쳐 자신들이 괜찮은 몸매를 가졌다는 것을 공공연히 자랑"이나 하고 다니면서 청소년들의 정서를 어지럽게 만들고, 셋째, "인도는 모든 사람들을 위해 있는 것이지, 여자들이 번드르르하고 야한 몸짓으로 먼지나 일으키라고 있는 것"이 아님에도 불구하고 "치마꼬리로 바닥을 쓸며 먼지나 일으키고 다니고", 넷째, "유행에 미쳐" 사치스런 옷을 입고 다니는 바람에 "사회를 부패"시키고 남편들 사이에 "뇌물 문화"가 생기게 만든다는 것.

은둔형 외톨이, 라스꼴리니꼬프의 유일한 친구라고 할 수 있는 라주

미힌이 궁핍한 처지에 놓여 있는 라스꼴리니꼬프를 위하여 가져온 일이 "여자는 인간인가"라는 제목의 논문을 번역하는 일이었다. 아무리 소설이 허구의 이야기라 하더라도 왜 하필이면 "여자는 인간인가"라는 논문이었을까? "여자는 사악함과 유혹의 상징이라면 남자는 품위와 관용의 상징"이라고 생각하는, 케케묵은 남존여비 사상에 찌든 도스또예프스끼의 작품이 21세기에 발표되었다면 아마 여성단체의 거센 비난과 반발 때문에 출판 자체가 어려웠을지도 모른다.

도스또예프스끼는 반복된 간질발작으로 성욕감퇴증이 생기는 한편, 대부분의 간질병 환자들처럼 점점 성적으로 무능한 상태에 빠져들었을 가능성이 크다. 그에 따른 수치심과 병적인 자존심이 발작을 일으키듯 하면서 도스또예프스끼 특유의 성적 도착증(페티시즘)에 더하여 여성혐오증이나 소아기호증, 사디즘과 같이, 병이라기보다는 범죄라고 해야 할 수준의 도착증을 키운다.

> 무능력이란 말은 다만 성적 영역에서뿐만 아니라 인간 영역의 모든 영역에서 사용되고 있는데 그것은 지배를 위한 사디즘적 노력을 낳게 된다.[47]

---

47 프롬, 《자유에서의 도피》, 152쪽.

잔인하고 파렴치한 사디스트

뻬뜨로비치 루쥔이 라스꼴리니꼬프의 여동생 두냐를 자신의 여자로 삼고 싶어하는 이유는 순수한 애정과는 거리가 멀다. "자존심과 개성이 강하고 덕성스러우며, 교양과 교육의 정도로 봐서도 자신보다 수준이 높은 아가씨"가 자신이 가진 돈의 힘에 "노예처럼 굴종하고, 경외감 때문에 자신을 낮추게" 되면, 자신은 교양 있고 수준 높은 한 여자에게 "무한하고 완전한 지배력을 휘두르게 될" 것이라는 이유 때문이었다. 두냐 모녀의 가난은 졸부의 망상과 허영심을 충족시켜줄 수 있는 둘도 없는 조건이다. 두냐에 대한 루쥔의 이런 욕정은 힘, 특히 돈의 힘으로 한 여성을 노예와 같이 완전하고 완벽하게 지배함으로써 쾌락을 얻으려는 가학적 도착증(사디즘)의 전형이라고 볼 수 있다.

돈 많은 중년 신사 스비드리가일로프는 "여자들은 매 맞는 것을 즐긴다고 믿는 인물"이다. 게다가 그는 열네 살 정도 밖에 되지 않는 귀머거리 소녀를 농락하여 자살하게 만들고, 다섯 살짜리 아이가 창녀가 되어 자신에게 접근하는 꿈을 꾼다. 남편으로부터 번번이 채찍질을 당하던 그의 아내는 목욕탕에서 뇌출혈을 일으켜 목숨을 잃는다. 그렇다고 해서 스비드리가일로프가 인정사정 없는 무지막지한 인간이기만 한 것도 아니다. 아무 조건도 없이 엄마의 죽음으로 오갈 데 없어진 소냐의 이복동생들의 후원자 역할을 떠맡기도 한다. 그는 자신의 정욕과 물욕을 충족시키기 위해서라면 무슨 일이든지 할 수 있고, 얼마든지 경계를 넘어설 수 있는 사람이지만, 또 한편으로는 조건 없는 선행을 할 수도 있는 이중인격자이다. 그러나 권태를 견디지 못한다. 자신의 파렴치한 욕정 때문에 어린 소녀를 자살하게 만들고, 다섯 살짜리 창녀의 꿈을 꾼 뒤 권총으로 자살을 한다.

드미뜨리는 동생 알료샤에게 까쩨리나 대신 그루센까와 결혼할 생각이 있음을 밝히면서 자신의 도착적인 성적 취향을 늘어놓는다. "그녀의 남편이 되어 부부가 되는 영광을 누리면서 정부(情夫)가 찾아오면 다른 방으로 자리를 비켜" 주고, "그녀의 남자 친구들의 덧신이 더러우면 털어주기도 하고 사모바르도 끓여주고 심부름도 쫓아다"닐 거라면서. 이런 드미뜨리가 "가난하지만 상냥하고 온순한 소녀"를 대상으로는 파렴치한 "벌레의 정욕"을 충족시킨다. 드미뜨리를 통한 도스또예프스끼의 성에 대한 가학피학적 상상력은 20세기 한반도로 건너와서 자칭 "박제가 된 천재" 시인이요, 시인 고은이 "한국 모더니티의 흑사병"이라 평했던 이상(李箱)과 금홍 사이의 관계에서 실연(實演)된다.[48]

니꼴라이 스따브로긴(《악령》)의 방탕·방종한 생활방식과 엽색 행각, 도착적인 성적 취향은 평범한 인간의 상식으로는 받아들이기 어렵고, 그가 가진 사상의 불안정성과 어떤 연관이 있는지 연결하기도 어렵다. "진흙투성이 계집애의 다리에 입을 맞추"는 것 정도는 다른 주인공들의 성적 취향과 크게 다르지 않다. 그런데 온갖 것에 포만을

48 이상(李箱)의 집 또는 방을 동료 문인들은 "도스또예프스끼의 방"이라 불렀고, 실지로 이상은《지하로부터의 수기》를 탐독하면서 도스또예프스끼를 직접 체험했다고 한다. 시인 고은은 이상의 평범한 생활에 대한 "원형적 경멸의 특성"도 결핵으로 말미암은 병약한 몸과 도스또예프스끼 체험과 관련이 있다, 라고 주장한다(고은,《이상 평전》, 민음사, 1974 참조).

느낀 니꼴라이 자신이 "머리가 돈 정신병자에 어디까지 열중할 수 있을지 시험적으로 시범"을 보이기 위해 세상에서 가장 비참한 존재라 할 수 있는 절름발이 백치 여자와 결혼한다. 그런데 결혼 후에 바보 같은 불구자에 불과한 아내가 자신의 지배 아래 있는 것이 아님을 확인하자 페지까를 사주하여 잔인하게 죽여 버린다. 그리고 동지 샤또프의 아내, 마리야와 불륜관계를 맺고 아이까지 갖게 만든다. 샤또프는 아내가 낳은 다른 남자의 아이를 두고 "새로운 출현의 신비"요, "설명할 수 없는 위대한 신비"라고 감탄하지만, 아기를 받았던 산파 아리나 뻬로호로브나는 신비가 아니라 "유기체의 발전"에 지나지 않는 것이고 태어나지 말았어야 할 "잉여인간"이라고 빈정거린다. 마리야는 출산 중에 목숨을 잃고, 잉여인간으로 살아가야 할 뻔했던 아기는 태어난 지 삼 일 만에 숨을 거두지만 니꼴라이는 어떤 책임도 지지 않는다.

니꼴라이 스따브로긴의 또 다른 괴벽은 피학증이다. "치욕적이고 비열하고, 무엇보다 우스꽝스러운 상황"이 되면 격노와 함께 쾌감을 느끼고, "자신의 저열함의 깊이를 의식하는 데서 오는 환희"를 느끼는 것이다. 예컨대 따귀를 맞을 때나 술집에서 머리칼을 잡힌 채 질질 끌려나올 때와 같은 상황이다. 그런 한편으로 "천부적으로 짐승 같은 정욕"을 타고났지만 "한평생을 수도승처럼 살 수도 있"을 정도로 자기 자신의 주인이라고 확신하는 인물이다. 스따브로긴은 어린 소녀 마뜨료샤를 비열한 방법으로 겁탈하여 자살하게 만들고, 끝내 자신도 목을 맨다.

네또츠까와 까쨔(《네또츠까 네즈바노바》)는 친구 사이로, 서로 뜨겁게 우정을 표현하는데 그 농도가 어린 소녀들이 우정을 표현하는 방식이라기에는 정도가 지나치다. 아주 저급한 포르노 수준의 동성애다. 그것도 아직 열 살이 채 안 된 어린 소녀들이 펼치는…….

미쳤다는 말로는 설명되지 않고, 잔혹한 범죄나 다를 바 없는 도스또예프스끼의 이런 성적 상상력은 어떤 이론으로 설명이 가능할까?

혐오범죄

도스또예프스끼의 혐오감은 비단 외국인, 여성에게만 국한된 것이 아니라 노인과 병자에게까지 확장된다. 도스또예스프끼의 소설에서 나이 든 주인공들로부터 노년의 위엄이랄지 연륜에 따르는 소박함, 경건함, 포근함이나 정적 속의 여유 같은 분위기를 느낄 수 있는 대목을 찾기 어렵다. 102세 노인을 주제로 한 단편소설(《백 살의 노파》)도 있긴 하지만 그 소설은 당시 100세를 넘겨 살아온 희소한 생명에 대한 예찬이지 노인과 늙음 일반에 대한 예찬은 결코 아니다. 도스또예프스끼에게 노인이란 살 가치가 없는 "태엽을 장착한 산송장"에 불과한 존재다.

병자, 특히 중증 질환자에 대한 도스또예프스끼의 혐오와 증오심도 섬뜩할 지경이다. 불치병을 앓는 환자는 어떤 치료를 하더라도 완치되지 않을 것인데 죽지 않고 시간만 질질 끌어 주변 사람들에게 병을 퍼뜨리고, "아직 희망을 걸 수 있는 싱싱한 힘마저 못 쓰게" 만들어

"사회에 복수"나 하는 사회악으로 취급한다.

그래도 도스또예프스끼의 여성 그리고 병자, 사회적 약자들에 대한 혐오와 증오심·적개심이 분출되어 드러나는 악행들은 어디까지나 소설 속 허구의 이야기다. 도스또예프스끼의 혐오와 증오심은 그의 심리학 제자임을[49]를 자처하고 나선 니체에 의해 한층 더 세련된 초인사상으로 다듬어진다. 병자를 "사회의 기생충"이라고 했고, 여자란 "남자에게 위험스럽기 짝이 없는 장난감"이라고 했던 니체는 병자와 범죄자를 동일시하며 "사회에 복수"하는 병자들에게 복수를 되돌려주자고 선동한다.

> 뭐니뭐니해도 사회와 개인이 범죄자들 때문에 입는 손실은 병자로 인해 입는 손실과 전적으로 동일한 종류의 것이라는 점을 생각해보라. 병자들은 근심과 불쾌감을 퍼뜨리고 아무것도 생산하지 못하며 다른 사람들이 벌어들인 것을 소모하고 간호사와 의사, 그리고 위안을 필요로 하며 건강한 사람들의 시간과 힘에 의존한 채 산다. 그럼에도 불구하고 병자들에게 복수하기를 원하는 사람은 오늘날 비인간적인 사람으로 간주될 것이다.[50]

니체의 철학이 유약하고 무기력한 개인에게는 삶의 의지를 충전케 하여 혼돈의 시대를 거뜬히 건너갈 수 있게 하는 섭세(涉世)의 철학이

---

49 프리드리히 니체,《우상의 황혼》, 백승영 옮김, 책세상, 2002. 186쪽(이하 니체,《우상의 황혼》으로 표기).
50 프리드리히 니체,《아침놀》, 박찬국 옮김, 책세상, 2011. 221쪽(이하 니체,《아침놀》로 표기).

거나, 정신적 귀족들에게는 "건강한 삶을 위한 긍정의 철학"인지는 몰라도, 병약한 사람에게 자살을 강요[51]하고, "치료법으로서의 전쟁"[52]을 예찬하고, 여자와 노약자, 사회적 약자를 경멸하다 못해 그들의 삶 자체를 부정하기까지 한 것[53]은 분명한 사실이다. 한국의 니체주의자들은 니체의 이런 사상이 나치즘과 나치의 인종청소와 전혀 무관하다고 어떻게 그렇게 쉽게 주장할 수 있는지, 그 철학의 심오함을 이해하기 어렵다.[54]

목숨이 붙어있어 그래도 살아보고자 꿈틀거리는 병자들에게 사회가 "복수"하기를 바랐던 니체의 철학은 조셉 멩겔레와 같은 히틀러 체제 아래에 있던 의사들과, 의과대학 교수 출신의 이시이 시로 중장이 이끄는 일제 관동군 산하 731 부대에 소속된 의사들에 의해 끔찍하고도 참혹한 현실로 나타난다. 권력을 주운 비범인들이 "살 가치가 없다"라고 지목한, 그래서 한순간에 "사회의 기생충"으로 전락해버린 이들을 위한 "은혜로운 죽음"[55]이 대량 주문생산된 것이다. 한국의 한 니체주의자는 니체를 지나치게 숭배한 탓인지 이런 의사들을 "철학적

---

51 "자기 자신에게마저 혐오의 대상이 된 치유 불가능한 범죄자에게는 자살의 기회가 제공되어야 한다"(니체,《아침놀》, 220쪽).

52 프리드리히 니체,《인간적인 너무나 인간적인》, 강두식 옮김, 동서문화사, 2007. 540쪽(이하 니체,《인간적인 너무나 인간적인》으로 표기).

53 "…원래의 생의 목적에 더 가까이 다가갈 힘도 없는데 의사의 번거로운 충고와 비할 데 없이 구질구질한 생활방법으로 하루하루를 연명해나가려는 병적 욕망은 결코 존경받을 수 없다."(니체,《인간적인 너무나 인간적인》, 68쪽).

54 백승영 지음,《니체, 건강한 삶을 위한 긍정의 철학》, 한길사, 2011. 370쪽.

55 나치 체제의 아우슈비츠 수용소에서 의사들이나 위생담당 공무원들 사이에서 통용되던 은어.

의사"로, 또 "인도주의자"로 둔갑시킨다.[56] 아무리 사상의 "노예적 숭배"가 심각한 수준이라 하더라도, 냉혹하다 못해 잔인하고 가증스러운 731부대 소속 의사들의 만행에 처참하게 희생당한 민족의 철학자가 할 말은 아닌 것 같다.

◆ ◆ ◆

라스꼴리니꼬프는 뻬제르부르그의 길거리에서 마주치는 모든 사람들에게 "침을 뱉고 싶고 물어뜯어버리고 싶을 정도의 혐오감"을 느끼는 청년이다. "집요하고 사악한 증오"에 가득찬 혐오감뿐 아니라 "자기밖에 모르고, 질투심이 많고, 악하고, 뻰뻰스럽고, 원한[57]이 깊"고, "미치광이 증세"도 있는 청년이다. 그런 라스꼴리니꼬프가 자신의 망상—비범인 사상—을 실천하기 위해 지목한 대상은 승진과 고용을 미끼로 부하직원의 딸을 능욕하여 끝내 길거리 여자로 내몰아버린 이반 같은 더러운 벼슬아치나, 돈의 힘으로 젊은 여성의 영혼을 학대하

---

56 "…철학적 의사가 되려면 먼저 그 자신의 건강을 지켜야 한다. 병든 의사의 말을 누가 믿을 것인가. 의사라면 먼저 인간을 병약하게 만드는 것들, 이를테면 다른 인간에 대한 연민과 역겨움에서 벗어나 자신을 지켜야 한다. 그러고 나서 건강한 사람들로부터 병든 사람을 다시 떼어 놓아야 한다. 떼어 놓은 것으로도 되지 않는 병자들이 있다. 어떻게 할 것인가? 니체는 그런 사람을 위해 의사가 될 필요까지는 없다고 했다. (중략) 버릴 수밖에 없는 자는 버릴 줄 알아야 한다는 것이다. 치유 불가능한 환자를 포기하기 위해 의사가 갖추어야 할 덕목이 바로 그 같은 냉혹함이다. 고통스러운 일이며 희생이 따르는 일이지만 달리 길이 없다. 그러한 냉혹함과 고통스런 희생을 두고 반인도적이라 말할 수 있는가?"(정동호,《니체》, 책세상 2014. 426쪽)

57 라스꼴리니꼬프의 원한은 니체가 "도덕에서의 노예 반란"을 일으키는 "창조적 행위"로서의 원한(르상티망)이라고 한 것과 같은 성격으로, 니체에 따르면 이 원한은 "시선을 자기자신에게 되돌리는 대신 반드시 밖으로 향하게 하는 것"이다(니체,《선악의 저편, 도덕의 계보》, 367쪽).

려 드는 루쥔 같은 이들이 아니다. 어처구니없게도 "쉴 새 없이 기침을 해대며 가릉거리는 소리"를 내는 '늙고' '병든' '여자'다. 완전범죄를 노리기 위해 얼떨결에 죽인 리자베따도 몸이 불편하고 지적 능력이 떨어지는 '여자'다.

라스꼴리니꼬프는 자신이 저지른 범죄(살인)의 정당성을 주장하기 위해 전당포 노파가 더 살 가치도 없이 늙은데다가 "가난한 사람들에게 즙을 빨아"먹고 산다는 이유를 댄다. 전당포업이 도시의 뒷골목에서 막다른 골목에 몰린 서민들의 생필품을 담보로 푼돈을 뜯어 먹고 사는 업이긴 하다. 그런데 가난한 사람들이 전당포를 찾는 이유는, 그들에게는 제도권 은행의 문턱이 너무 높고, 문턱을 넘어선 사람들에게는 즙을 빨아대는 수준이 아니라 아예 등골을 뽑아먹는 탓이 아닌가? 그 노파는 자신의 생업에 충실했을 뿐 누군가를 괴롭히거나 도둑질을 한 것도 아니다. 비록 곁에서 보기에 학대와 착취를 했다고는 하지만 오갈 데 없고 생계능력도 없는 여동생까지 부양하고 있었다.

어떤 명분을 갖다 붙이더라도 라스꼴리니꼬프의 범죄는 비겁하면서도 잔인하기 짝이 없는 증오범죄요 혐오범죄다. 전형적인 증오범죄가 사회적 약자—여성, 정치적 소수자, 외국인, 장애자—를 대상으로 삼듯이 라스꼴리니꼬프 역시 늙고 병들어 자기방어능력이 없는 노파를 골라 살해함으로써 자신의 망상을 정당화한 것이다. "재료에 불과한 먼지 같은 사람들에게 법률을 만들어 주는" 특별한 사람이 되고 싶다고 하면서 "먼지 같은 사람"을 도끼로 쳐 죽인 것이다.

도스또예프스끼는《죄와 벌》이라는, 묵직한 주제로 장황하게 펼치는 서사에서, 영문도 모른 채 비명횡사한 전당포 노파와 그 여동생에 대해 그 어떤 연민이나 애도의 표현도 하지 않는다. 그렇다고 해서 라스꼴리니꼬프가 자신의 범죄를 인정한 것도 아니다. 라스꼴리니꼬프는 소냐의 설득으로 자수하고 8년간 유배생활을 하지만, 그는 끝내 "자기가 저지른 범죄를 뉘우치지도 않았"고, 그의 양심은 "모든 사람에게 일어날 수 있는 실책"만을 발견했을 뿐이지 어떤 무서운 범죄도 발견할 수 없었다. 단지 무의미한 판결에 수긍하고 무릎을 꿇었다는 사실이 부끄럽고, 수치와 모욕감을 느낀 것이다.

무의미한 판결!! 망상에 찌든 젊은 법학도의 잔혹한 살인 행위보다 늙고 병든 몸으로 전당포업을 하면서 생계를 이어가는 것이 더 큰 범죄인 것처럼 꾸며내는 도스또예프스끼의 위험하기 짝이 없는 범죄적 창의성은 사회적 약자에 대한 증오범죄, 혐오범죄의 길을 터놓았다.

21세기의 라스꼴리니꼬프

2016년 7월 26일 새벽 일본에서, 한 청년이 "인간에게 가장 커다란 위험"이요, "최하층의 인간"이라고 니체가 경고했던 병자[58]들이 "사회와 개인에게 끼친 손실"에 대한 복수를 감행한다. 스스로는 몸을 움직

---

58 니체, 《선악의 저편, 도덕의 계보》, 487~488쪽.

일 수 없어 장애인 복지시설에 입원, 요양 중이던 장애인 19명을 살해한 것이다. 살인범 우에마쓰 사토시는 라스꼴리니꼬프처럼 우리 "주변에서 흔히 볼 수 있는 성실하고 평범한" 26살의 청년이었다. 그가 참혹한 살인을 저지른 이유는 전당포 노파의 돈을 빼앗아 그 돈으로 "전 인류와 공공의 사업"을 위해 헌신하겠다는 라스꼴리니꼬프의 과대망상과 마찬가지로 전 세계의 8억 명 이상의 장애인에게 쓰는 예산을 다른 부문에 쓰게 함으로써 세상이 한결 더 아름다워지도록 하고, 장애인들에게도 도움이 되는 안락사를 시킨 것이라 했다.[59] 그가 보기에 "살 가치가 없는" 병자들에게 "은혜로운 죽음"을 선물했다는 말이다.

범인은 21세기의 라스꼴리니꼬프라고 해도 무방하다. 낡은 주택에서 부모와 떨어져 혼자 사는 젊은 청년이라는 것과, 정리되지 않은 채 물건이 어지러이 널려 있는 더럽고 지저분한 방에서 사는 환경도 비슷하다. 그리고 자기 범죄의 이론적 배경을 논문으로 발표하는 라스꼴리니꼬프처럼 우에마쓰 사토시도 범행 전에 유력 정치인에게 자신의 범행을 암시하는 편지를 보낸다. 자신의 행위에 대해 일말의 반성도 후회도 없다는 것까지도 꼭 빼닮았다.

최근 러시아에서는 전직 경찰관이 여성만 골라 80여 명을 살해한 사실이 밝혀진 적도 있다.[60] 범인은 자신이 "부도덕한 여성들을 제거하는 청소부 역할"이었다고 주장했다. 살 가치가 없는 병든 노파를 죽

---

59 〈일본 흉기난동범 "중증 장애인 죽여서 도와주고 싶었다"〉, 《경향신문》, 2016. 07. 27.
〈일본 장애인 살상범, "내게 히틀러 사상 강림"〉, 《한국일보》, 2016. 07. 28.
60 〈러시아 희대의 살인마, "여성 80여 명 살해" 자백〉, 《중앙일보》, 2017. 01. 12.

였다는 라스꼴리니꼬프의 범행 동기와 크게 다르지 않다. 이탈리아의 섬마을에서 한 중년 남성이 아무 인연도 원한도 없는 노숙자에게 인화성 물질을 끼얹고 불태워 죽여 버린 사건도 있었다.[61] 문명사회는 혐오스럽거나 불결한 것을 수용할 수 없는 사회다. 문명의 기준에서 보면 노숙인은 살 가치가 없으면서도 주변 사람에게 혐오감만을 부추기는 해로운 '이' 같은 존재로 비칠 수도 있다.

지금 도스또예프스끼가 살아서 이렇게 '비범한' 결단을 내린 이들을 보았더라면 어떤 말을 했을지 궁금하다. 이런 사건들을 소재로 중장편 소설을 하나 뚝딱 써내려가면서 실정법으로 이들을 처벌하는 것은 "무의미한 판결"이라고 했을까?

19세기가 저물고 20세기가 시작된 뒤 근대 문명사회의 비범인들은 자신만의 주관적인 잣대로 살 가치가 없는 인간, 사회에 손실만 입히는 병자를 골라내 대청소를 하듯 쓸어버렸다. 히틀러는 도스또예프스끼의 제자를 자처한 니체를 애독했다고 하고, 스탈린은 도스또예프스끼의 애독자였다고 한다. 그리고 히틀러가 절대적으로 존경한 사람은 집단 살상에 천재적 능력을 가진 스탈린이었다.[62]

---

61 〈잠자던 노숙자에 기름 끼얹고 불붙여, 이(伊) 방화 살인사건에 경악〉, 《연합뉴스》, 2017. 03. 12.
62 한나 아렌트, 《전체주의의 기원 II》, 박미애·이진우 옮김, 한길사, 2006. 21쪽.

3부

문명사회의 부조리

문명은 발전하면 발전할수록 나중에는 그 문명을 저주하게 되는데도, 정작 인간들은 그것을 모르고 있거든요.

_ 《미성년》 중에서

8장

근대 시민사회와 법치

불행한 사람들

도스또예프스끼의 소설은 범죄자, 특히 살인과 강간, 폭동, 방화와 같은 흉악 범죄자들이 저지른 사건·사고들로 빼곡히 채워져 있다. 그러나 범죄자 스스로 목숨을 끊는 사례는 있어도 범죄자가 법정에서 극형이나 중벌을 받는 경우는 잘 없다. 사회통념이나 독자들의 법감정과는 너무 다른 결말이다. 반면에 허무주의자, 사회주의자, 무신론자들은 가차 없이 파멸로 몰아가버린다.

라스꼴리니꼬프의 경우를 보면, 그는 범행 대상을 정해두고 범행 후 도주로를 사전답사했으며, 범행 도구의 확보와 은닉에 이르기까지, 완전범죄를 위한 계획을 세운 뒤 범행을 저지를 정도로 치밀한 지능범죄자였다. 또 법학도답게 자신의 범죄 행위의 정당함을 뒷받침할 이론을 미리 논문으로 발표까지 했을 정도의 확신범이었다. 게다가 전당포 노파를 잔인하게 살해한 뒤, 범행 현장을 벗어나다가 우연히 맞닥뜨린 노파의 여동생까지 도끼로 내리쳐 참혹하게 죽인다. 우발적인 사건이 포함되긴 하였지만 의도적으로 두 사람이나 잔인하게 죽인 흉악 범죄자인 것이다. 하지만 그가 받은 형량은 시베리아 유형소의 8년 수형생활이 전부다. 아무리 소설이긴 하지만 우발적 범죄도 아니고 계획된 살인강도의 형량치고는 너무 가볍다.

그가 이처럼 관대한 처벌을 받은 것은 훔친 노파의 지갑에서 돈을 쓴 흔적이 없는 점, 자수와 함께 자신의 죄상을 고해성사하듯 자백하고 반성하고 있는 점, 초범인데다 학생 시절의 여러 선행이 있었던 점, 그리고 가장 중요한 것은 우울증에다 섬망, 발광, 실신이 되풀이되는, 이른바 '심신미약 상태'에서 저지른 범죄란 점이 참작된 탓이다.

결혼식장에 들어서는 나스따시야를 납치하여 죽인 뒤 치밀하고도 과학적인 방법으로 사체 유기까지 계획했던 로고진(《백치》) 역시 뇌염을 앓고 난 뒤 심신미약 상태에서 저지른 살인 범죄임이 인정되어 정상 참작된다. 리자(《악령》)를 때려죽인 사건도 술에 취한 몇몇 시민이 심신미약 상태에서 군중심리에 편승하여 저지른 우발적 사건으로 간주되어 흐지부지되고 만다. 결국 리자만 억울하게 개죽음을 당한 꼴이 되고, 그 죽음을 책임지는 사람은 아무도 없다. 아무리 소설이 허구의 이야기라지만 살인에 대해서 이렇게 관대할 수 있나 싶을 정도다.

◆ ◆ ◆

사상범이었던 도스또예프스끼는 수용소의 열악한 환경에 내던져진 채 흉악 범죄를 저지른 죄수들과 4년을 함께 뒹굴며 살아야 했다. 그런데 시간이 흐르면서 선입견을 털어내고 보니 흉악범들에게서 특별히 남들과 다른 범죄성향이 발견되지 않는다. 이들은 인륜을 부정하는 패륜아도 아니고, 법의 지엄함이나 사회의 기존질서를 조롱하고 농락할 만큼 강단이 센 인물들도 아니고, 사람을 진저리치게 만들 정도의 잔혹성이 있는 것도 아니다. 다만 한 가지, 대문호의 눈에 띈 것은 죄수들의 "금수 같은 무감각"이다.

흉악범들이 짐승과 다를 바 없는 무감각한 인물이 되어 죄를 짓는 이유는 천성이 남보다 더 악독하고 잔인한 인간이어서가 아니다. 누구에게나 있을 수 있는 어떤 "배합의 결함"이나 "아직 과학에도 알려지지 않은 어떤 육체적·도덕적 불구" 때문에 사회통념이나 법이 세워놓은 울타리를 훌쩍 넘어버린 사람들이다. 그래서 도스또예프스끼가 보기에 죄수란 불행한 사람이요, 지독한 병을 앓는 불구자이다. 자신의 "육체적·도덕적 불구" 때문에 학대와 수난을 겪는 사람이다. 울타리를 넘게 만든 병은 영혼의 병인지라 세속 법정의 처벌로 쉽게 다스려질 수 있는 것이 아니다. 이것은 도스또예프스끼만의 독특한 생각이라기보다는 범죄인을 바라보는 러시아 사회의 오랜 민족 정서와도 연관이 있는 것 같다.[1]

1《죽음의 집의 기록》에는 죄수들, 즉 '불행한 사람'들을 위해 의연금을 모으는 러시아 민중의 이야기와 수용소 근처에서 죄수들을 보살피는 과부 이야기가 나온다. 그리고 성탄절에는 "가장 가난한 사람이 마지막 남은 한 푼을 털어" 가장 불행한 사람들(죄수)을 위해 만든 초라한 선물이 전달된다(218~219쪽).

한순간 "무시무시한 울타리를 넘어"버림으로써 '불행한 인간'이 된 죄수들도 인간이다. 벌레나 짐승이 아니다. 또한 그들도 "자기가 죄수라는 것을, 버림을 받은 사람이라는 것을 잘 알고 있으며, 간수 앞에서의 자기 위치도 알고 있다." 그러나 도스또예프스끼가 체험한 감옥의 현실은 그렇지 않았다. 죄수들이 저지른 행위에 비해 형벌은 가혹했다. 최소한의 인간적 가치마저 깔아뭉개고 짓이겨버릴 정도로 잔혹했다. 아무리 흉악한 범죄자라 할지라도 그는 어디까지나 인간이지, 벌레가 될 수는 없고 짐승이 될 수는 없는 것 아닌가!

도스또예프스끼는 죄에 대한 처벌의 실효성을 의심한다. 유형은 물론 태형, 사형에 이르기까지 온갖 종류의 엄한 형벌로도 "누구 하나 교화시키지 못했고", 그런 처벌이 "어떤 범죄자에게도 두려움을 심어주지 못한다"는 사실을 직접 목격했다. 죄를 지은 죄수이긴 하지만 정녕 개돼지는 아닐진대, 삼천 대, 사천 대씩의 채찍질로 다스리는 것이 과연 정당한가? 죄수들에게 부과되는 혹독한 강제노동은 "증오와 금지된 향락에 대한 욕망"만을 부추길 뿐이고, 독방 제도는 "생명의 즙을 짜내고 영혼을 소진케 하여 영혼을 나약하고 놀라게 만든 다음, 반쯤 미치광이가 된 바싹 마른 미라를 교화와 참회의 본보기"로 내세우는 전형적인 전시행정이다. 이 모든 가혹한 형벌을 능가하는 감옥 생활의 진정한 괴로움은 1분, 1초도 혼자 있을 수 없는 "강제적 공동생활"이며, 단 1분, 1초도 감시 없는 삶을 살 수 없다는 것, 즉 자유의 박탈이다.

도스또예프스끼는 죄수란 자기가 옳다며 "자기 자신을 정당화"하는 사람들이라고 규정한다. 그 이유는 죄수들이 자신들의 죄를 인정하지 않아서가 아니라, 최소한의 인간적 자존심마저 짓이겨 버리는 형벌의 가혹함 때문이다. 자기가 옳다는 확신을 가진 사람에게 자신이 저지른 행위에 대한 반성이나 참회, 양심의 가책에 따른 고통의 흔적을 찾긴 어렵다. 그래서 가혹한 형벌은 "피고의 양심의 가책을 덜어 줄 뿐" 아니라, 한 인간의 "내부에 잠재해 있는 참된 인간으로서의 가능성을 말살"시키는 것이란 결론을 내린다. 도스또예프스끼는 묻는다. 사람을 죽였다고 해서 그 사람을 꼭 죽여야 하는가?

사형, 가혹한 형벌

도스또예프스끼는 뻬뜨라셰프스끼 사건에 연루되어 사형선고를 받은 뒤, 사형수들이 입는 옷과 눈을 가리는 벙거지를 뒤집어쓰고 사형대 위에까지 올라서서 총살형을 기다리다가 사형집행 5분 전에 기적처럼 살아난 경험을 했다. 살겠다는 의지와 살 수 있다는 믿음을 강제로 빼앗긴 채, 5분 뒤에 예정된 죽음의 확실성 앞에서 아무런 저항도 할 수 없는 처지에 내몰려 있었던 것이다.

숨이 멎는 바로 그 순간까지 사람을 살아있게 하는 힘은 살 수 있다는 희망과 살고자 하는 의지다. "밤중에 숲 속에서 강도의 칼에 맞아" 죽어가는 사람도 숨이 멎는 "마지막 순간까지" 살 수 있을 것이라는 희망은 가질 수 있다. 마침 길 가는 나그네가 죽어가는 나를 구해 줄 수도 있는 것 아닌가? 하지만 살 수 있다는 희망의 끈이 끊어진 사람은 살아도 산 사람이 아니다. 그런 사람에게 건네는 한 개비의 담배나 마지막 성찬은 배려가 아닌 "조롱"이다.

사형수는 법관이 읽는 사형 선고문을 듣는 순간, 사형이 집행되기도 전에 마지막 남은 한 톨의 희망까지도 확실하게 탈탈 털리고 만다. 그런 그에게 남은 것은 5분 뒤나 아니면 일주일 뒤, 혹은 한 달 뒤에 예정된 죽음일 뿐이다. 모든 것이 "확실하게 결정"된 것이다. 그 순간부터 사형수는 그 어떤 생각이나 판단을 할 필요가 없고, 죽음이 "절대적으로 결정"되어 버린 존재가 된다. 이미 아무 생각도 없고 생각할 필요도 없어 생각할 의지조차 없는 사람에게 형을 집행한다는 것이, 그것도 극형으로 처벌하는 것이 형벌로써 어떤 의미가 있나?

범죄자에게 국가의 형벌로 죗값을 치르게 하는 것은 자신의 죄를 인정하고 반성하고 속죄하게 하는 데 가장 큰 의미가 있다고 보아야 한다. 그런데 법에 의해 죽음이 결정되면서 생각하고 판단할 자유나 의지마저 박탈당한 사람에게 반성의 마음이 생겨날 여지가 있을까? 게다가 사형이 집행된 후에는 그 사형수가 반성을 했는지, 속죄의 마음을 가지고 형벌을 순순히 받아들였는지, 하느님의 은총으로 지상의 불행을 천상의 행복으로 바꾸었는지 확인할 방법이 없다. 살아있는 사람이 죽은 사람과 소통할 방법이 없기 때문이다.

사형제도란 결국 권력자가 가진 힘을 살아있는 사람에게 과시하는 것 외에 형벌로써는 아무 의미가 없다. 러시아 황제 니꼴라이 1세는 도스또예프스끼를 비롯한 열혈 청년들의 생명을 가지고 장난을 치면서 자신이 가진 힘을 만천하에 과시했다. 사형제도와 이와 연관된 최고 권력자의 사면권은 법치라기보다는 사람의 목숨을 가지고 장난치는 권력자의 졸렬한 권력 놀이에 불과한 것이다.

그렇다. 사람을 죽인 흉악범이라고 해서 국가라는 제삼자가 나서서 생명까지 끊어버릴 이유는 없다. 그렇게 해서 얻을 수 있는 실익이나 사회적 편익이 없기 때문이다. 피해자의 원한이 달래지는 것도 아니다. 민사소송처럼 피해자의 피해가 배상되는 것도 아니다. 그리고 범죄 피해자나 그 가족의 원한과 복수심은 단지 가해자에게만 머물지 않는다. 시간이 흐르면서 무관심했던 이웃에서부터 치안 대책을 부실하게 운영한 정부까지 뻗친다.

1995년, 우리 정부는 지존파 일당의 목숨을 끊어버렸지만 그 이후 달라진 것은 무엇인가? 시간이 흐를수록 흉악범죄는 점점 더 잔혹해졌고, 치밀해졌고, 대범해졌다. 도스또예프스끼는 미쉬낀 공작을 내세워 단호하게 주장한다. 사형은 어떤 범죄에 견주어도 "범죄에 비해 가혹한 형벌"이라고!

해결할 수 없는 과제

사실 형벌의 형평성이나 공정성은 솔로몬의 지혜를 동원해도 쉽게 해결할 수 없는 과제인 것은 분명하다. 같은 살인죄라도 정황이나 동기에 따라 형량은 달라질 수밖에 없고, 달라져야 한다는 것은 상식이다. 범죄에 대해 2×2=4식의 기계적이고 획일적인 형량을 적용한다면 굳이 변호사의 도움을 받을 필요도 없고, 판례도 필요 없다. 아니, 판사가 판결을 내릴 이유도 없다. 요즘 같은 시대에는 인공지능 로봇에게 재판을 맡기면 전관예우라는 고질적인 부패도 일거에 청산될 수 있을 터이고, 적어도 재판의 공정성 시비는 없어질 것이다.

강도상해죄를 저질렀다 하더라도 초범과 재범의 사정이 다르고, 우발적 범죄인가 계획범죄인가에 따라 형량이 달라질 것이며, 생계형 범죄인지 조직형 범죄인지에 따라서도 정상참작의 여지가 생긴다. 게다가 한국의 법정에서는 '유전무죄'나 '전관예우'라는 불문율이 유무죄는 물론 형량에도 깊은 영향을 미치는 것까지 고려해야 한다. 이런 저런 정상참작 사유를 다 고려한다 하더라도 형벌의 불공평성을 해소한다는 것이 쉬운 일은 아니다. 게다가 인간이 저지른 죄에는 "인간의 지혜가 미치지 못하는 비밀"이 있기 마련이다. 그래서 "동일한 범죄에 대한 형벌의 불공평성"을 해소하려는 것은 "원과 같은 면적의 정방형 사각형을 구하려는 것"과 같은 것으로 인간의 능력으로는 도저히 "해결할 수 없는 문제"를 해결하려 드는 것이나 마찬가지다.

그런데 도스또예프스끼가 감옥 생활에서 주목한 것은 판사의 재량에 따라 동일한 범죄에 대해서도 널뛰듯 하는 형량의 문제가 아니라, 계급과 신분에 차별을 두지 않는 획일적 처분에서 생기는 불공정성이다. 평민에게는 "감옥에 오는 것이 자기에게 알맞은 사회, 아니면 훨씬 더 발달한 사회에 오는 것"인지도 모르지만 귀족이나 교육받은 사람들의 사정은 다르다. 이들이 평민과 똑같은 형벌을 받게 될 경우 육체적 고통 이외에도 "정신적 박탈감"이 커서 "모래 위로 끌려나온 생선" 꼴이 되는 것이나 마찬가지란 것이다.

예컨대 한국 사회의 재벌 총수들은 자신들이 범죄행위를 저질렀다 하더라도 유전무죄, 또는 전관예우라는 불문율에 의해 이미 검찰 단계에서 불구속 기소가 예정되어있는 것이나 마찬가지고, 법원에서 아무리 무겁게 처벌한다고 해봐야 점, 점, 점[2]으로 이어지는 정상참작 사유를 들어 집행유예 이상은 선고하지 않을 것임을 오랜 경험칙으로 알고 있다. 그런데도 그들은 검찰청 문턱 포토라인에 서는 것만으로도 엄청난 형벌을 받는 것이라고 생각한다.

반면에 한 몸 누일 잠자리를 마련할 능력도 없는 사람의 경우 순전히 감옥에서 살기 위해 죄를 짓는 경우도 있다. 비록 자유는 없을지언정 감옥에서 사는 것이 풍찬노숙하는 것보다 물질적으로는 더 나을 수 있기 때문이다. 라스꼴리니꼬프는 수감생활을 하면서 바퀴벌레가 둥둥 떠다니는 국을 맛있게 먹는다.[3] 그것도 제대로 못 먹던 시절이 있었기에.

◆ ◆ ◆

---

2 "…중벌에 처하는 것이 마땅하나 자신의 죄를 깊이 반성하고 있는 점, 동종의 전과가 없는 점, 기업 경영으로 국가 경제에 이바지한 공로가 인정된다는 점, 건강상의 이유로 수감생활을 견뎌내기 어려운 점…을 고려하여……."

3 "수프에 수많은 바퀴벌레가 있는 것을 보고 나(도스또예프스끼)는 무척이나 놀랐지만, 다른 죄수들은 여기에 조금도 신경을 쓰지 않았다."(《죽음의 집의 기록》, 44쪽)

형벌의 공정성과 형평성에 관한 해결하기 어려운, 해결할 수 없는 과제를 해결해보려는 충정인지는 몰라도, 도스또예프스끼는 평범한 사람과 비범한 사람의 죄를 구분한다. 평범한 사람이란 "자기와 같은 것을 생식하는 것 이외에 아무 능력도 없는 한낱 소재에 지나지 않는 저급한 족속"으로 "항상 복종해서 살아야 하므로 법을 범할 권리를 가지고 있지 않다." 따라서 이들이 지은 죄는 실정법에 따라 엄하게 처벌하는 것이 당연하다. 반면, 비범한 사람은 "참다운 인간"으로 "자기 서클 안에서 새로운 말을 하는 천분이나 재능을 가진 사람"이기 때문에 자기 사상을 위해 시체와 피를 넘어야 할 때는 누구보다 먼저 한 발 내디딤으로써 피를 넘어설 허가를 얻을 수 있다. 다시 말해 비범인이란, 사회문화적인 통념은 물론 실정법에 따라 그어진 금기의 선을 넘을 수 있는 자유와 처벌받지 않는 권리를 가진 사람이다. 도스또예프스끼의 형벌에 대한 이런 인식은 근대 민주사회를 가능케 했던 "법 앞에 만인이 평등하다."는 인권의식과는 거리가 멀어도 한참 멀다.

도스또예프스끼가 이런 비범인 사상에서 만들어낸 가상의 인물이 바로 라스꼴리니꼬프다. 라스꼴리니꼬프는 비범인이 되고 싶어했다. 머리와 정신을 견고하게 무장함으로써 남들보다 더 많은 것을 무시할 수 있고, 더 많은 일을 해치울 수 있는 "평범한 사람들의 입법자"가 되고자 했다, 그 길이 "그 누구보다 옳은 사람"이 되는 길이라 믿었다. 그러기 위해서는 권력이 필요했고, 그런 권력이란 "용기를 내서 몸을 굽혀 그것을 줍는 자에게만 주어진다는 사실"을 자신에게 세뇌한 젊은 법학도였다.

독일의 실존주의 철학자 카를 야스퍼스는 인간이 저지르는 죄를 범죄, 정치적 죄, 도덕적 죄, 형이상학적 죄 네 가지로 구분한다.[4] 야스퍼스의 분류에 따르면 병든 노파를 도끼로 찍어 죽인 라스꼴리니꼬프의 죄는 구구한 설명이 필요 없는 범죄다. "모든 가능한 관점에도 불구하고 사람이면 누구나, 어느 곳에서나 항상 모든 가능한 법률에 따라, 세상의 태초에서부터 두말할 것도 없는 범죄"이며, "인간이 인간으로 남아있을 그때까지도 그렇게 간주될 수 있는 범죄"다. 신이 개입할 여지가 없는 지상의 범죄요 지상에서 업보를 치러야 할 범죄다. 반성과 회개를 전제로 신이 그 죄를 용서할 것인지 여부도 지상에서 죄값을 치르고 난 뒤의 문제다.

> 마음속으로 사람을 죽이고 싶다고 생각하는 사람 중에, 어떤 사람은 살인을 단념한다. 또 어떤 사람은 그것을 실행한다. 동기는 알 수 없다. 그것이 전부다.[5]

도스또예프스끼는 그 동기를 "이상한 점이 개입"되거나, "이성의 혼미 현상과 의지 상실 현상"을 불러오는 병 때문이라고 보았다. 병의 원인은 "수없이 많고 복잡한 도덕적, 물질적인 영향, 불안, 근심, 걱정, 어떤 사상… 등의 산물"이다. 간질병과 범죄 사이의 상관관계는 좀 더 구체적이다. 간질병 환자는 "병적으로 끊임없는 자책감"에 빠지는 경우

---

4 야스퍼스, 《죄의 문제》, 85~87쪽.
5 나카지마 요시미치, 《악이란 무엇인가》, 박미정 옮김, 에이케이커뮤니케이션즈, 2016. 117쪽.

가 많고, 특별한 이유도 없이 "양심의 가책을 느끼며 번민"하기도 하고, "항상 지나치게 생각하며, 스스로 온갖 죄악이며 범죄를 생각해"내는 병적인 인격을 가지고 있다. 이런 간질형 인격을 가진 스메르쟈꼬프의 범행 동기는 간질병 환자인 도스또예프스끼 자신의 범죄 성향이기도 하다.

그런 병이 범죄를 일으킨 것인지, 아니면 범죄 자체가 "그 특별한 본질상 언제나 일종의 병과 같은 것을 동반"하는지는 판단하기 어렵다. 라스꼴리니꼬프는 다만 범죄 실행 직전에 그런 "병적인 변화" 없이, "이성과 의지가 계획한 일을 실행하는 동안 계속 사라지지 않고" 남아있을 수만 있다면 완전범죄가 얼마든지 가능하리라 생각했다. 그리고 살인의 명분만 정의롭고 정당하다면, 그것은 범죄가 아니라 정의가 요구하는 것을 실천하기 위하여 먼저 한 발 내디디는, 냉혹하면서도 고독한 결단이 된다.

선과 악의 문제

라스꼴리니꼬프는 내면에 천사와 악마가 공존하는 이중인격을 지닌 인물이다. 상황에 따라 정반대의 인격이 번갈아 나타나는 이인증(離人症, depersonalization) 환자다. 길거리에서 우연히 만난 술주정꾼 마르멜라도프가 마차에 깔려 비참한 모습으로 죽자 주머니를 털어 장례를 치를 수 있도록 유족들을 도와주는가 하면, 혼자 도시의 뒷골목을 서성일 때는 불특정인들에게 극도의 혐오감을 품고 살인 충동을 느낀다. 끝내 자신의 혐오감을 누르지 못하고 아무 원한도 없는 병든 노파를 지목하여 잔혹하게 죽이고 만다. 숨기고 억눌러왔던 악마의 속성이 여지없이 드러난 것이다.

도스또예프스끼가 절대적으로 아름다운 인간형으로 그려내려 했던 미쉬낀 공작의 내면에도 양 극단의 두 마음, 즉 "바보스럽게 남을 믿는 마음과 암울할 정도로 비열하게 남을 의심하는 마음"이 공존한다. 도스또예프스끼가 자신의 주인공이라고 했던 알료샤는 남을 원망하는 일도 없고, 비판자가 되려는 생각도 없고, 자신이 모욕을 받아도 모욕이라 생각조차 하지 않는 유로지비형 인간이다. 그런 성자 같은 알료샤의 내면에도 사람을 죽이고 싶은 충동을 부추기는 "새끼 악마"가 살고 있다.[6]

도스또예프스끼는 라스꼴리니꼬프를 비롯하여 자신이 창조해 낸 인물들을 통해 인간이란 "선과 악의 놀라운 혼합체"인 이상 절대적으로 선할 수도 없고, 절대적으로 악할 수도 없다는 사실을 말하고 싶었던 것 같다. 사실 살면서 단 한 번이라도 누군가를 죽이고 싶은 충동을 느끼지 않은 사람이 있을까? 아이들조차 홀로 있으면 천사지만 학교에 가서 무리를 짓기만 하면 잔인한 악마로 변한다. 그러므로 지상의

---

6 2천 명의 농노를 거느린 한 장군이, 농노의 여덟 살짜리 아들이 장난을 치다가 자신이 아끼던 말을 다치게 했다고 아이의 엄마가 보는 앞에서 아이를 개들이 물어뜯어 죽이도록 만든다. 그 장군에게 내려진 처벌이 기껏 금고형이란 소리를 듣고 알료샤가 광분하며 거침없이 총살을 시켰어야 한다고 대답하자, 형 이반은 고행 계율을 받고 하느님께 봉사하는 겸허한 수도사에게도 새끼 악마가 있다며 환호한다(《까라마조프 씨네 형제들》, 426쪽).

세계에는 절대적인 윤리나 도덕이란 것이 있을 수가 없다. 선과 악은 항상 상대적인 것이다. '소프트 타깃(민간인, 민간 시설 등 무력 공격에 취약한 대상 – 편집자 주)'을 대상으로 저지르는 무차별 테러가 누군가에게는 반드시 응징해야 할 악이지만, 기회만을 엿보고 있는 '외로운 늑대'에게는 본받고 따라야 할 용기 있고 정의로운 행위이며 선 그 자체이다. 아무 생각 없이 명령에 복종하는 공직자는 상사의 눈으로 보면 훈장을 하사해야 할 정도의 선한 공무원이겠지만, 시민의 눈에는 영혼 없는 행정 기계요 양심 없는 철밥통에 불과하다.

라스꼴리니꼬프는 끝내 자신이 저지른 형사상의 죄를 인정하지 않았다. 다만 억울해했을 따름이다. "스스로의 힘으로 권력을 잡은 인류의 수많은 은인"들은 "모든 것이 허용"되는 권리와 자유를 누릴 수 있다. 하지만 자신은 경계선을 넘는 단 한 자국의 발걸음도 허용되지 않는, 도시의 뒷골목에 처박혀 사는 "빈대 같은 존재"요, "미적인 취향을 지닌 이"에 불과했다. 그래서 처벌을 감수할 수밖에 없지만 이는 아무리 생각해봐도 수긍하기 어려운 부당한 처벌이다. 만약 자신에게 나폴레옹과 같은, "떨고 있는 모든 피조물들과 모든 개미 군단들에 대한 권력"이 있었더라면 자신의 행위는 정의로운 거사가 될 수도 있다. 그때는 노파를 죽인 것이 사람을 죽인 것이 아니라, "무익하고, 추하고 해로운 이"를 죽임으로써 "자연을 변화시키고 조정"하는 것이 된다고 그는 믿었다.

◆ ◆ ◆

라스꼴리니꼬프는 자신의 행위가 법의 심판을 받아야 할 범죄란 사실은 인정하지 않았지만 도덕적인 죄란 것은 뒤늦게 인정한다. 그는 미신에 심취하기도 하고, 어머니가 무신론자가 되는 게 아닌가를 걱정할 정도로 신앙과는 무관한 청년이었다. 수감생활을 할 때는 죄수들로부터 불신자라 손가락질을 당하고 목숨을 위협 받기도 한다. 그런 라스꼴리니꼬프의 베개 밑에 어느 순간부터 복음서가 깔려 있다. 소냐의 복음서다. 그는 복음서를 펴서 읽지는 않는다. 하지만 소냐의 신념과 자신의 신념이 일치하지 않을까 하는 막연한 희망을 갖는다. 양심의 가책이 만들어낸 변화다. 그는 니체가 말한 전형적인 "원한(르상티망)의 인간"이었기에 "정직하지도 순박하지도 않으며 자기 자신에 대해 진지하지도 솔직하지도 않은" 청년이다. 그렇지만 그의 영혼은 쉼 없이 "곁눈질"을 하다가,[7] "지상의 식물 가운데 가장 섬뜩하고 흥미로운" 양심의 가책[8]을 '발명'하게 된다.

범죄자를 법으로 엄하게 처벌한다고 해서 그 죄인이 도덕적 인간으로 다시 태어나는 것은 아니다. "자기 한계에만 부딪혀 세상을 원망하고 미워하는" 라스꼴리니꼬프의 영혼에 숨어있던 "선량한 씨앗"을 자라게 한 것은, 형벌이 아니라 "거룩한 창녀"인 소냐의 사랑과 용서였다. 소냐의 사랑과 용서를 통해 라스꼴리니꼬프는 자신의 죄를 성찰하는 도덕적 인간으로 부활하고, 미래에 대한 희망과 삶에 대한 새로운 시각을 갖게 된다.

---

7 니체, 《선악의 저편, 도덕의 계보》, 370쪽.

8 니체, 《선악의 저편, 도덕의 계보》, 428쪽.

드미뜨리는 자신이 저지른 짓이 아닌데도 아버지 표도르 까라마조프를 살해했다는 혐의를 인정하고 처벌을 기꺼이 수용한다. 아버지를 죽이지는 않았지만 죽이고 싶었던 것은 사실이었기 때문이다. 그런 도덕적 죄에 대한 처벌을 기꺼이 받아들임으로써 "자신의 내면에 새로운 인간"이 부활하기를 기대한다. 그 밑바탕에는 그루셴까에 대한 사랑, 또 자신을 배신한 까쩨리나를 용서하려는 마음이 있다.

이반의 양심도 이반 자신이 스메르쟈꼬프에게 아버지의 살인을 사주하고 부추긴 도덕적 책임이 있다는 심판을 내린다. 그래서 세속의 법정이 드미뜨리에게 모든 책임을 뒤집어씌우자 이반은 형의 탈옥을 기획하는 한편, 자신은 열병, 섬망, 경련에 시달리며 회복불능의 심신미약 상태에 빠져든다. 양심이 처분하는 가혹한 형벌을 받은 게다.

인간의 행위에 선과 악을 가르는 절대적인 기준은 없다. 그러므로 절대적으로 선한 사람도, 악한 사람도 없다. 만약 '선하고, 도덕적이다'라는 평가를 받을 수 있는 사람이 있다면 그는 끊임없이 자신의 행위를 양심에 비추어 성찰하는 사람이다. 그래서 도스또예프스끼는 죄인은 악한 사람이 아니라 불행한 사람일 뿐이므로 가혹한 형벌 대신 자비와 사랑을 베풀라고 호소한다. 법이 내리는 가혹한 처벌은 죄수가 스스로를 정당화하게 만들지만, 양심의 심판은 자신을 성찰하게 하고 도덕적 인간으로 부활하게 만든다는 것이 도스또예프스끼의 죄와 벌에 대한 신념이다.

도스또예프스끼는 직접 경험한 시베리아 옴스크 수용소의 수형생활을 토대로 죄와 벌의 개념을 러시아 구원의 사상으로 승화시킨다.

러시아의 재판은 "단순한 형벌을 내리는 것이 아니라 파멸하는 인간을 구원하는 데 있으며", "다른 나라 국민에게는 법률과 형벌이 존재할 뿐이라면", 러시아 국민에게는 "영혼과 사상"이, "파멸한 인간의 구원과 부활이 존재"함으로 해서 "러시아는 영원히 전진할 것"이라고.

죄수를 교화시키는 데 처벌이 능사가 아닌 것은 맞다. 하지만 처벌이 없는 사회, 나아가 법의 기능이 무력화될 정도로 종교적 열정만 끓어 넘치는 사회가 과연 온전히 유지될 수는 있을까? 인간 사회에서 일어나는 죄와 그 처벌에 대해 법의 기능을 경시하고 법적 판단의 의미를 부정하는 한편, 개인의 양심과 신앙에 과도하게 의존하려는 도스또예프스끼의 이런 사고는 전형적인 "법적 허무주의와 종교적 광신주의"라고 할 수 있다. 이는 "근본주의적 경향의 두 측면"으로서 폭력을 부추기고 양산한다.[9] 지금 온 지구촌이 어디서 터질지 모를 테러의 공포에 떨고 있는 것도 이런 법적 허무주의와 종교적 광신주의에 사로잡힌 21세기의 라스꼴리니꼬프들 때문이다.

국가범죄와 시민사회의 책임

도스또예프스끼는 조시마 장로의 설교를 빌려 "모든 사람은 모든

---

9 알랭 쉬피오, 《법률적 인간의 출현》, 박제성, 배영란 옮김, 글항아리, 2015. 38쪽.

이에게 죄인"이라는 자신의 죄 개념을 드러낸다. 만약 그런 죄가 실지로 있다면 그 죄는 어떤 죄일까? 도스또예프스끼는 종교(러시아 정교)로 그 죄를 소명하려 했고,[10] 야스퍼스는 철학으로 소명한다. "세계의 모든 불법과 불의에 대해, 특히 자신의 면전에서 또는 자신이 알고 있는 가운데 발생한 범죄에 대한 인간 각자의 공동의 책임을 인정하는 근거"가 되는 것으로 이런 죄를 야스퍼스는 "형이상학적 죄"라고 했다.[11] 형이상학적 죄는 오로지 신만이 판단하고 심판할 수 있는 죄다.

형이상학적 죄라는 측면에서 보면 라스꼴리니꼬프가 살인을 하도록 방조하고, 묵인하고, 살인 충동을 일으킬 정도로 불쾌하고 적개심을 조장하는 환경을 조성했던 불특정 뻬쩨르부르그 시민들도 라스꼴리니꼬프의 범죄와 노파의 죽음에 대해 책임이 있다. 형이상학적 죄의 본질은 "인간 상호간에 연대가 존재"해야 한다는 사실에 대한 태만, 부정, 부작위(不作爲)에 대한 죄이기 때문이다. 2014년 4월 16일 이후, 우리 사회에는 대한민국에서 산다는 이유만으로 죄책감을 느끼는 사람들이 많다. 그 죄책은 수백 명의 무고한 생명이 수장되는 순간에, 아무것도 하지 못하고 그저 바라만 보며 가만히 있어야만 했던, 가만히 있으라고 했던, 형이상학적 죄를 저지른 데 대한 죄책이다.

하늘을 이고 살았던 우리 민족은 "인간 상호간에 연대가 존재"해야 한다는 사실을 망각하거나 부정하는 사람에게는 천벌이 내린다고 믿

---

10 "…내 의지에 따라 행해진 잘못과 내 의지에 반하여 행해진 잘못을 말입니다. 죄를 지음으로써 사람은 누구나 이미 모든 이들에게 반하는 죄를 지은 것이며, 사람은 누구나 무슨 일에서건 타인의 죄에 대해서 유죄인 것입니다. 어느 한 사람 단독의 죄란 있을 수가 없지요. 나는 대단한 죄인입니다…."(《악령》, 1087쪽)

11 야스퍼스, 《죄의 문제》, 87쪽.

었다. 그런데 과학이 발전하고 문명 수준이 높아지면서 우리는 천벌을 두려워하지 않게 되었고, 하늘에 빌고 하늘을 우러러 무릎 꿇는 이를 보기 힘들어졌다. 무표정하고 무감각한 법치가 강화되면서 천벌이라는 형벌이 관습법에서조차 사라졌다. 하여 지금 우리 사회에서 인간 상호간의 연대를 찾기가 어려워졌고, 길거리를 쏘다니는 인간들의 모습은 거칠고 오만하기 짝이 없다. 더 이상 하늘을 두려워할 필요가 없어졌기 때문이다.

◆ ◆ ◆

20세기는 시민의 묵인 또는 지지를 이끌어내 영웅의 지위에 오른 비범인들이 금기를 뛰어넘은 결단으로 죽음의 공장에서 주검이 대량 생산되던 시대였다. 이 비범인들은 양심의 가책을 불결한 것인 양 자신들의 "영혼에서 닦아낸"[12] 사람들이며, 이 세상에서 죄와 벌이라는 개념을 치워버린 사람들이다.

대표적인 인물을 꼽자면 히틀러, 스탈린 같은 이들이다. 동아시아로 시선을 돌리면 태평양 전쟁의 주범 일왕 히로히토가 있다. 그리고 우리 현대사를 돌아보면 혼란스런 시대의 빈틈을 비집고 들어와 재빨리 권력을 훔쳤던 군사정권의 수괴들도 자의(恣意)적인 영웅이요, 무엇이든 할 수 있는 자유와 권리를 가진 비범인들이었다. 이런 비범인들

12 니체, 《아침놀》, 218쪽.

이 국가범죄나 권력형 범죄를 저지를 때 묵인하고 방관했던, 심지어 지지까지 했던 국민은 '정치적 죄'와 함께, 양심의 신음을 외면했던 '도덕적 죄', 인간 상호 간에 연대가 괴멸되고 있는데도 아무것도 하지 않은, 즉 부작위(不作爲)에 의한 형이상학적 죄를 범한 것이 된다.

야스퍼스는 권력관계로 착종되어 정치적 죄를 범하는 것은 인간의 숙명이라면서 그런 숙명에 맞서는 길은 "정의와 인권을 실현하는 권력을 지지하는 것"이라고 했다.[13] 그것을 실천하는 방안은 민주주의 원칙을 지키고 확대하는 것, 그리고 권력의 통치수단으로 전락한 법을 시민사회의 힘으로 공익과 공동체를 위한 법으로 전환하는 것이다.

그런데 도스또예프스끼는 근대사회를 지탱하는 한 축인 법을 신뢰하지 않았고, 유럽식 민주주의를 부정하면서 구시대의 신분 질서를 옹호했다. 민주주의에 의한 권리의 평등화는 상류층의 "명예심의 감소, 책임감의 감소"를 불러오고, "이기주의가 이전의 공동체 이념"을 대체하면서 "모든 것이 개인의 자유로 분해되어버린다"는 것이다. 그래서 구시대의 상징이라 할 수 있는 황제의 권위와 통치력에 러시아의 운명을 걸다시피 하면서도 러시아의 장래에 대해서는 낙관했다. 낙관의 근거는 러시아 정교에 대한 믿음이다. 그렇다면 과연 이 믿음이 순수한 신앙일까 아니 그가 앓았던 측두엽 간질병의 한 증상인 과잉종교증 탓일까? 지상의 인간 세계에서 인간이 만든 법으로 인간이 내리는 판결과 그에 따른 심판은 진정 무의미한 것일까? 법은 과연 99%의 민

13 야스퍼스, 《죄의 문제》, 89쪽.

중을 다스리는 지배자의 폭력을 정당화하는 수단에 불과한 것일까?

법(法)이라는 한자는 흐르는 물(氵+去)을 그려 놓은 것이다. 그래서 법도 흐르는 물처럼 권력이란 배를 띄우기도 하고 물길을 거스르는 권력을 뒤집어 버리기도 한다. 무능하면서 부도덕한 권력을 비호하며 저항하는 민중에게 무지막지한 폭력을 휘두르던 법이, 어느 한순간 태도를 바꿔 떠받치던 권력을 뒤집어버린 실례가 2017년 한국 사회에서 일어난 촛불혁명이다. 촛불혁명은 권력과 결탁한 법조 엘리트들이 아니라 시민사회가 법치의 주도권을 잡을 때 비로소 법이 민주주의를 지키는 수호자 역할을 하게 된다는, 근대사회의 진정한 법치를 보여준 사례라고 할 수 있다.

> 법은 신이 계시한 진리나 과학이 발견한 진리의 표현이 아니다. 법이 효율성의 척도로 판단될 수 있는 도구는 더더욱 아니다. (중략) 법은 세상의 정의로운 표상에, 결코 다다를 수는 없지만, 다가갈 수 있도록 해준다.[14]

---

14 알랭 쉬피오, 《법률적 인간의 출현》, 38쪽.

9장

문명과 건강

의사가 싫은 환자들

도스또예프스끼의 유럽 기행문, 《여름 인상에 대한 겨울 메모》는 "간장병으로 괴로워하면서도 꼬박 이틀 밤낮을 비와 안개를 뚫고 달리는 기차를 탔다"라는 글로 첫머리를 시작한다. 그다음 "혀가 심하게 누런빛을 띠고 있"다거나 "만물의 영장이라는 인간이 이 정도로 자기 자신의 간장에 좌우되다니……."라는 탄식이 이어진다. 《지하로부터의 수기》를 쓴 '나'는 병이 든 인간으로 세상 사람들에게 호감을 주지 못한다고 자학하는데, 그 병은 간질환이다. 벨차니노프(《영원한 남편》)도 간질환 때문에 극심한 통증에 시달리는 인물이고, 까라마조프 집안의 장남 드미뜨리 역시 간이 좋지 않아서 안색에 "환자의 황달기"가 서려 있는 28살의 청년인데, 그 이유는 방탕한 생활 때문이다.

도스또예프스끼에게 지나친 음주벽이 있었던가? 안나 그리고리예브나는 간질병이 심해진 뒤로 도스또예프스끼는 술을 마시지 않았다고 기록해두고 있다.[15] 그렇다면 간질병이 심하지 않았던 공병학교 재학 시절이나 군 복무를 하던 젊은 시절은 어땠을까? 지하생활자의 청년학도 시절처럼 방탕한 생활에 술이 빠지기는 어렵다. 특히 러시아 사람들의 술에 대한 애정은 일종의 민족문화가 아닐까 하는 생각이 들 정도다.[16] 도스또예프스끼가 간질환을 앓았다면 그 원인은 아마도 러시아 사람 특유의 "야만스런 음주벽"이 원인이 아닐까?

도스또예프스끼를 괴롭힌 또 다른 질병은 천식을 비롯한 폐질환이다. 천식을 앓고 있는 사람에게 도시의 혼탁한 공기는 치명적이다. 지하생활자가 "뻬쩨르부르그의 기후는 나에게 해롭다"고 단언할 만큼, 늪지대에 건설된 인공도시의 환경은 열악했던 모양이다. 만년에 이르러서는 두세 층의 계단을 오르는데 2~30분씩이나 걸릴 정도로 호흡 장애가 심각했다.[17] 그를 끝내 죽음으로 내몬 병도 폐질환에 의한 출혈로 알려져 있다.

그리고 도스또예프스끼의 작품에 등장하는 인물 중에는 류머티즘을 앓는 사람들이 몇몇 등장한다. 류머티즘 때문에 다리를 못 쓰는 리자 호흘라꼬바는 치료를 위해 어머니와 함께 "위대한 치료자"인 조시

15 안나 그리고리예브나, 《도스또예프스끼와 함께한 나날들》, 151쪽.

16 "민중은 들떠서 마시기 시작했다. (중략) 곳에 따라서는 주민 50명마다 선술집 하나가 있으며 (중략) 어머니도 마시고 아들도 마신다. 교회는 거칠어져 가고, 아버지는 강도질을 한다. 이반 쑤사닌 동상의 손 하나를 잘라서 술집으로 가져가면 그것을 받아주고 있으니……."(이종진 옮김, 《작가의 일기》, 80쪽) 《까라마조프씨네 형제들》에는 "러시아에서는 주정꾼이야말로 가장 착한 사람들"이란 표현이 나온다(360쪽).

17 안나 그리고리예브나, 《도스또예프스끼와 함께한 나날들》, 636쪽.

마 장로를 찾아가고, 스네기료프의 딸, 니노츠까는 류머티즘 때문에 "아무 짝에도 쓸모없는 병신"이라 자책하며 "개한테나 던져 줘야 할 마지막 음식 찌꺼기"만 골라 먹는다. 도스또예프스끼가 류머티즘에 시달리고 있었던 사실은 그가 형 미하일에게 보낸 편지에서 확인할 수가 있다.

육신을 쥐어짜면서 사람을 반죽음으로 내모는 간질병에서부터 온갖 만성병에 시달린 도스또예프스끼의 인격을 한마디로 표현하라면 '병적인 인격'이라고 할 수 있다. 도스또예프스끼의 병적 인격 속에서 프로이트는 세 가지 중요한 특성을 찾아낸다.[18] 첫째는 "놀라운 감정 충일(感情充溢) 상태", 두 번째로는 "학대-피학대 음란증적 인간 혹은 범죄자로 유도했던 도착적 충동들", 그리고 마지막으로 "예술가로서의 재능"이다.

그의 병적인 감수성은 현실에다 환상의 색채를 입히기도 하고, 내면의 정신세계는 선과 악이 교차하는 극단의 자아분열을 일으킬 때도 있으며, 자기비하의 수치심과 과대망상의 오만함이 충돌하기도 한다. 억압된 자아의 병든 자존심은 광기로 번득이며 다른 대상을 '잔혹하게' 학대하기도 한다. "광기가 모든 지혜의 출발점이듯이 정신분열은 모든 예술, 모든 환상의 출발점"이라는 헤세의 주장[19]은 도스또예프스끼를 꼭 찍어 한 이야기 같다.

그런데 문명사회에 사는 우리는 불행한 천재들의 분열된 자아가 토

---

18 프로이트, 《예술, 문학, 정신분석》, 523쪽.

19 헤세, 《황야의 이리》, 274쪽.

해내는 지극히 진실된 표현과 몸짓을 받아들일 넉넉함이 없다. 그런 점에서 앞선 시대를 살았던 탓에 분열된 자신의 분신이 외치는 소리를 활자로 생생히 남길 수 있었던 도스또예프스끼는 행복한 병자였다고 할 수도 있겠다. 20세기를 대표하는 한반도의 천재 화가 이중섭은 정신이상자 취급을 받으며 정신병원을 떠돌다가 불혹의 문턱에서 무연고자 처지로 쓸쓸하게 삭막한 세상과 이별했다.

> 특히 뛰어난 재능과 예민한 정신을 타고난 사람들에게는 자신의 분열이 어렴풋이 예감되는 법이다. 이들은 모든 천재가 그렇듯이 인격의 통일성이라는 망상을 깨트려버리고 자신을 여러 조각으로 이루어진 존재라고, 즉 여러 자아의 묶음이라고 느끼게 된다. 이들이 이런 생각을 입 밖에 내기라도 하면, 대다수 사람들이 그들의 입을 틀어막고, 과학의 힘을 빌려 정신분열증이라고 단언하면서 사람들이 이 불행한 자의 입에서 나온 진실의 외침을 듣지 못하도록 막는다.[20]

◆ ◆ ◆

도스또예스프스끼의 소설에서 또 한 가지 눈길을 끄는 것은 최신 질병 목록을 베껴 놓은 것이 아닐까 싶을 정도로 많은 질병이 나열되어 있다는 것이다. 그가 살았던 19세기가 세균의 시대였던 만큼 장티푸

---

20 헤세, 《황야의 이리》, 83쪽

스, 콜레라, 천연두, 결핵, 뇌염, 백일해, 공수병, 파상풍, 시베리아 탄저병, 아구창과 같은 감염병들이 언급되는 것은 시대 분위기를 반영한 것으로 그리 이상할 것까지는 없다. 그런데 요즘도 규모가 큰 종합병원에서나 진단할 수 있는 뇌졸중, 동맥류, 무도병, 뇌연화증(매독), 결핵성뇌막염, 틱 장애, 일산화탄소 중독, 편두통, 류머티즘과 같은 난치성 질환에 시달리는 환자들이 줄줄이 등장한다.《죽음의 집의 기록》에는 동맥류 때문에 태형을 피한 귀족 죄수와 병원에서 마주친 이야기가 실려있다. 혈관조영술은커녕 방사선촬영 기술도 아직 개발되지 않았던 시절에 어떻게 동맥류를 진단할 수 있었는지 신기할 정도다. 20세기 후반이 되어서야 등장하는 시험관 아기의 출현(《지하로부터의 수기》, 20쪽)을 정확히 예측하는가 하면, "뇌 속에 인이 부족"하면 거친 표현을 일삼는다는(《악어》, 225쪽), 당시로는 최신 뇌신경 생리학 이론까지 인용하고 있다.

도스또예프스끼가 의학, 그것도 당시로는 최신 의학에 관심을 가지게 된 데는 어린 시절부터의 친구이면서 그의 주치의 노릇을 해 온 의사 야노프스끼와의 관계가 많은 영향을 미쳤을 것으로 추정된다.[21] 특

---

21 친구이자 주치의였던 야노스프끼의 증언에 따르면 도스또예프스끼는 최신의학 중에서도 특히 뇌와 신경계 질환에 관심이 많아서, 독일 해부학자이자 골상학의 창시자인 프란츠 요제프 갈(1758~1828)의 논문 대부분을 탐독했다고 한다(《죄와 벌》 영문판 《Crime and Punishment》, Translated by McDuff, Penguin Classcic, 2003. 669p). 도스또예프스끼의 작품에 골상학과 연관된 표현이 많은 것이 작가의 이런 지적 성향과 무관하지 않은 것으로 보인다. 그리고《죄와 벌》(622쪽)에는 까쩨리나의 정신착란의 원인이 "뇌로 올라가는 결핵균" 탓이라는 대화가 나온다. 이 대목은 결핵이 폐뿐 아니라 뇌에서도 생길 수 있다는 당시 프랑스 생리학자인 클라우드 베르나르(1813~1879)의 이론에서 따온 것이다(《Crime and Punishment》, 669p). 그런데 코흐가 결핵균을 발견한 것은 1883년이고,《죄와 벌》이 발표된 것은 1867년이다.《죄와 벌》은 시기적으로 결핵균이라는 개념이 없었던 시절에 나온 작품이다. 따라서 결핵균이 뇌

히 도스또예프스끼가 뇌질환이나 신경생리학에 상당한 식견을 가지고 있었던 것은 19세기에 이르러서 뇌에 대한 연구가 진척되면서 신경생리학이 첨단 학문으로 각광받았던 당시 의학계의 조류와도 관계가 있다.[22]

더군다나 도스또예프스끼는 아버지가 운영하는 병원에서 태어나 어린 시절을 보냈고, 또 성장해서는 자신을 포함해서 첫 번째 아내와 아들, 딸까지도 수시로 병원에 드나들어야 했다. 그런 사정들이 도스또예프스끼에게는 의학지식을 습득할 기회가 되었을 뿐 아니라, 당시 러시아의 의료제도를 총체적으로 살펴볼 수 있는 계기가 되었던 것 같다.

◆ ◆ ◆

그런데 당시로는 최첨단 의학이었을 유럽의 의료 수준이나, 유럽의 영향을 받았을 러시아의 병원과 의사의 수준이 도스또예프스끼에게 그리 만족스럽지는 않았던 것 같다. 스위스에서 간질병 치료를 받고 돌아오는 미쉬낀 공작에게 로고진이 돈만 헛되이 썼다고 빈정댄 것은 도스또예프스끼 자신의 경험이 반영된 것이라 볼 수 있다. 항경련제

로 올라간다는 표현은 20세기의 의학지식을 가진 역자(김근식)의 의역이 아닐까 싶다. 영문판과 정음사판(함일근 역)에는 균이라는 표현이 없다.

22 의학의 역사에서 19세기는 '신경의 시대'라고도 할 만큼 신경생리학의 괄목할 만한 발전이 일어난 시대이다. 19세기의 러시아에서 신경생리학이 급속도로 발전하게 된 것은 그런 시대 배경과 함께 당시 신경생리학의 대가이며, 프로이트의 스승인 마르틴 샤르코가 러시아 황제의 시의(侍醫)로 자주 뻬쩨르부르그를 드나들었던 영향이 컸다고 한다(나카이 히사오,《분열병과 인류》, 한승동 옮김, 마음산책, 2015. 249쪽. 이하 나카이,《분열병과 인류》로 표기).

가 개발, 상용화되기 시작한 것이 20세기 초반이었으니 당시 유럽에서 어떤 치료를 받았더라도 도스또예프스끼의 간질병에 큰 도움이 되지는 않았을 것이다. 또 세 시간 전에 의사가 건강 상태가 좋아졌다고 장담했던 딸이 갑자기 숨을 거둔 것도 의사와 의료에 대한 도스또예프스끼의 불신을 부채질한 사건이 아니었을까.

도스또예프스끼 소설의 주인공들은 대개 의사들에 대한 불신 때문에 치료를 거부하는 차원을 넘어 의사들을 경멸하다시피 하는 정서들을 갖고 있다. "의학이란 전혀 믿을 게 못 되고", "의사들은 악당과 다를 바 없다"는 꼬마 사회주의자 꼴랴(《까라마조프 씨네 형제들》), 의사를 "돌대가리"라 부르는 골랴뜨낀(《분신》), "돌팔이 의원은 모두 무신론자"로 생각하는 따찌야나 빠블로브나(《미성년》). 간질환에 시달리는 벨차니노프(《영원한 남편》)는 "의사라는 존재 자체"를 싫어하고, 간질병을 앓는 오르디노프(《여주인》)나 지하생활자인 내(《지하로부터의 수기》)가 치료를 받지 않는 이유도 "의사가 싫어서"이다.

도스또예프스끼 주인공들의 의사에 대한 반감은 의사들의 태도 때문이기도 하다. 소설 속 의사들은 대개 쓸데없이 거만하고 거들먹거리는 권위주의적 성향을 보이거나, 무능력하면서 돈이나 탐하는 부도덕한 인물로 묘사되어있다. 마카르 이바노비치와 리자 사이에서 태어난 아기가 아플 때(《미성년》) 철도편으로 급히 "모셔"온 "모스끄바의 가장 탁월한 의사"는 바쁘다면서 물약 하나를 던져주고 8백 루블이나 되는 돈을 받아 챙겨 서둘러 돌아가 버렸고, 그 의사가 처방한 "빌어먹을 약"을 먹은 아이는 그날 저녁에 죽는다. 가난한 소년, 일류샤에게

왕진을 온 의사의 모습에는 상류 귀족층만을 상대하는 의사들의 반민중적 속성이 자연스럽게 드러난다.[23]

그래서인지 소설 속 환자들은 공식 의료체계에 속한 병원이나 의사보다는 전통, 민간요법에 의존하는 경향이 있다. 병석에 누워 있던 그리고리 영감(《까라마조프 씨네 형제들》)을 고친 것은 의사가 아니라 주술이 가미된 민간요법이다. "독한 비법의 물약을 탄 보드까를 온 몸에 바른 후 나머지는 아내가 자신을 향해 중얼거리는 모종의 주문소리를 들으며 벌컥 들이킨 후 잠자리"에 든 다음 날 병석에서 벌떡 일어나게 된 것이다. 그 바람에 드미뜨리가 내리친 절굿공이에 맞아 피투성이가 된 채 쓰러지고 마는 신세가 되지만.

현재의 관점에서 볼 때 미개한 미신이라고 할 수도 있는 민간요법이나 주술요법에 대한 믿음이 단지 도스또예프스끼[24]만의 무모하면서도 고지식한 고집은 아니다. 인류 역사에서 최초의 사회주의 혁명이 러시아에서 일어난 것과, 그 결과로 분노한 군중들에게 쫓겨 다니던 니꼴라이 2세 황제 일가가 끝내 비참한 죽음을 맞이하게 된 데는 '시베리아 돌중놈'이라고 비난받던 황태자의 주치의 탓도 크다. 주술로 황태자를 치료하는, 사이비 종교인에 불과한 라스푸틴이 왕비의 환심을

23 "문지방을 넘어서던 의사는 마치 실수를 한 사람처럼 멈칫하고 걸음을 멈추었다. 그는 잘못 찾아왔다고 생각하는 것이 분명했다."(《까라마조프 씨네 형제들》, 957쪽). "의사는 긴 털코트를 걸치고 챙이 달린 모자를 머리에 눌러선 채 오두막집 밖으로 나왔다. 그의 얼굴은 잔뜩 화가 난 것처럼 보였고 무엇인가 몸에 닿는 것을 겁내는 듯이 불쾌한 표정이었다."(《까라마조프 씨네 형제들》, 968쪽)

24 도스또예프스끼가 러시아 민중이 민간요법에 의존하는 사회문화적 배경을 설명하면서 민간요법을 "경시해서는 결코 안 된다."라는 주석(《죽음의 집의 기록》, 288쪽)을 붙여 놓은 것으로 봐서 민간요법에 대해서 어떤 확신 같은 것이 있었던 것 같다.

사면서 온 나라의 국정까지 쥐락펴락한 탓이다. 19세기 첨단의학의 발상지라고 할 수 있는 파리도 예외가 아니다. 의사의 "모든 학문적 노력이 매일같이 온갖 완고한 인습들과 충돌"하면서, "마땅히 의사나 약사를 찾아와야 할 경우에도 여전히 구일기도나 성유물이나 신부들한테 의지"하는 사람들이 있었다.[25]

이성과 과학의 꽃이 만개한 21세기의 문명사회에는 미신이라 손가락질받는 민간요법이나, 의사들이 사술(邪術)이라 비난하는 주술요법은 완전히 소멸되었을까? 숨어있어 드러나지 않을 뿐 도심의 뒷골목을 찾아다니는 수고로움만 감수하면 비방을 얻어내는 것이 그리 힘든 일은 아니다. 현대의학이나 과학이 지상에서 일어나는 모든 생명 현상을 설명하고 해결해주지 못하는 한, 몸과 건강에 대한 미신과 주술은 "과학의 은유적 표현"[26]으로 21세기를 지나서도 계속 생명줄을 이어갈 것이다.

---

25 귀스타브 플로베르, 《마담 보바리》, 김화영 옮김, 민음사, 2005. 121쪽.

26 레비 스트로스가 쓴 《야생의 사고》(안정남 옮김, 한길사, 1997. 66쪽. 이하 레비 스트로스, 《야생의 사고》로 표기)에 나오는 표현이다. 여기서 레비 스트로스는 과학과 주술의 차이를 이렇게 설명한다. "주술은 총체적이고 포괄적인 결정론을 전제하는 데 비해, 과학은 우선 여러 개의 차원을 구분하고 그중의 일부에만 결정론적 형식을 부여하며 그 밖의 차원에는 같은 결정론적 형식을 적용하지 않는다. 한 걸음 더 나아가 생각해보면 주술적 사고나 의례가 엄격하고 치밀한 것은 과학적 존재 양식으로서의 이 결정론의 진리가 무의식적으로 파악되고 있기 때문이라 할 수 있다. (중략) 그러므로 주술적 의례나 신앙은 앞으로 태어날 새로운 과학에 대한 믿음의 표현인 것이다."

민중과 첨단 의료

도스또예프스끼가 첨단 의료체계나 첨단의학을 공부한 의사를 불신하고 환멸까지 느끼게 된 것은 막연한 감정에서가 아니라 상당한 논리적 근거가 있다. 도스또예프스끼는 대부분의 의사들은 민중에게 사랑과 존경을 받고 있다고 주장한다. 한편으로 대다수 민중이 의사를 불신하고 병원을 멀리하는 것도 사실이다. 도스또예프스끼는 이런 모순된 감정이 형성된 원인이 의사들의 문제가 아니라 근대식 병원이 가지고 있는 관료적 의료행정의 문제임을 정확하게 지적하고 있다.

병원은 러시아 병원인데도 유럽, 특히 독일식 규정을 고집하고, "입원해 있는 동안 함께 있을 낯선 사람들, 엄격한 식사의 제한, 위생병과 의사들의 사무적인 냉담함, 수술과 시체 해부 등에 대한 놀라움과 걱정이 앞서는 까닭"에 병원에 관한 "갖가지 불합리한 풍문과 공포의 소문, 때로는 허튼 소문에 그치는 것이 아니라 근거가 있어 보이는 그런 소문"이 생겨나고 이로 인해 "편견과 피상적인 두려움"까지 가지면서 민중이 병원으로부터 점점 멀어지게 된다는 것이다. 게다가 과도한 의료비 탓에 병원은 귀족들이나 가는 곳이라 여기게 되고, 의사 역시 귀족만을 상대하는 귀족이라 생각하고 의사에게도 거리를 두게 된다.

의학은 발전하면 할수록 의료비가 눈덩이처럼 불어나는 속성이 있다. 의료보장제도가 갖춰지지 않은 19세기 민중에게 병원 문턱은 쳐다보기 어려울 정도로 높았을 것이다. 민중은 당연히 손쉽게 접근할 수 있는 민간요법에 의존할 수밖에 없다. 그런데 의사들은 아주 거만한 태도로 민간요법에 의존하는 환자들을 무시하거나 경멸하고, 미개인 취급한다. 민간요법의 바탕이 되는 전통문화나 관습을 반드시 청산해야 할 미개한 인습으로 규정한다. 반면에 민중이 보기에는 어느 날 갑자기 신분상승[27]이 되어 오만한 태도로 거들먹거리는 의사들이 고깝기도 하거니와, 몸이 아파도 쉽게 다가갈 수 없는 처지라 의사에 대한 불신과 불만이 부글부글 끓게 된다.

◆ ◆ ◆

민중이 첨단 의료제도와 의사들에게 불신과 불만을 갖는 것은 19세기 러시아 사회에 국한된 일이 아니다. 한 사회의 고유문화에 뿌리를 둔 전통의학이 밀려나고 근대식 의학이 안방 자리를 차지한 모든 나라의 민중이 겪는 공통된 현상이다. 질병을 바라보는 언어와 정서, 문화의 차이, 전통문화에 젖은 민중을 미개인 취급하는 근대식 의사들의 오만한 시선, 환자를 컨베이어 시스템에 실려 가는 고장 난 제품 취급하는 병원행정의 비인간적 경직성과 관료주의……. 이런 근대식 의료문화는 "의사와는 상관없이 관료적이며 형식적인 잔재가 남아있는 모든 것을 불신하는 민중의 사회적 성향"과 충돌할 수밖에 없다.

도스또예프스끼는 만성병 환자 특유의 감수성과 관찰력으로 유럽식 근대 병원의 문제점을 정확하게 꼬집고 있다. 도스또예프스끼가 직접

27 조선시대에 의원은 중인 신분이었다. 도스또예프스끼 시대의 러시아에서도 의사의 신분은 귀족이 아닌 잡계급에 속했다.

경험했던 병원의 관료주의는 오늘날에 와서는 더 심해졌으면 심해졌지 해결되거나 완화된 것은 없다. 병원의 규모가 클수록 더욱 심하다. 첨단 의료시설과 장비에 대한 의존성이 커지면서 의사의 역할은 왜소해졌고, 그런 만큼 "진찰 능력은 뛰어나지만 치료는 못하는" 의사가 양산된다. 여기에 의학 자체의 전문주의, 의사의 전문화 경향은 의사와 의학으로부터 인간이 멀어지고 소외되는 결정적인 배경이 된다.

> …그들이 전문의한테 보내는 방법이란 것이, 자기들은 단지 진찰만 하니까 모모 전문의한테 가보라. 그 사람은 치료할 수 있을 거라는 식이지. 자네한테 하는 말이지만, 어떤 병이든 고치던 옛날 의사들은 완전히, 완전히 사라져버리고, 지금은 전문의들만이 신문에 광고를 내고 있지. 자네가 콧병에 걸렸다면 자네를 파리로 보낼 거야. 거기엔 콧병을 치료하는 유럽 전문의가 있다니까. 그래서 파리로 찾아가면, 그 전문의는 코를 진찰한 다음 "나는 왼쪽 콧구멍은 치료하지 못하고 오른쪽 콧구멍만 치료할 줄 아니 빈으로 가보시오. 그곳에는 특별히 왼쪽 콧구멍을 치료할 줄 아는 전문의가 있소."라고 하겠지. 그러니 어쩌겠나? 결국 나는 민간요법에 매달리게 됐지.
>
> 《까라마조프 씨네 형제들》, 1113쪽

온갖 분과 전문의까지 생겨난 21세기에 와서도 아직은 왼쪽/오른쪽 콧구멍 전문의가 따로 있을 정도로 나뉘어져 있지는 않다. 하지만 도스또예프스끼는 의학의 발전이 인간의 몸을 장기별로, 세포단위로 갈

가리 찢어 나누는 전문화, 세분화의 길로 갈 것임을 정확하게 예측했다. 결국 인간이라는 존재는 분리, 해체되어 장기·세포 단위로 조각난 몸만 남고, 정작 고통받는 인간은 사라지는 현대의학의 모순을 꿰뚫고 있었던 것이다. 그렇다면 도스또예프스끼가 제시한 의사의 역할은 무엇이며, 그가 존경하고 신뢰한 의사는 어떤 의사들인가?

◆ ◆ ◆

도스또예프스끼는 감옥에서 지옥을 경험한다. 이는 그가 귀족 신분임에도 밑바닥 계층의 흉악범들과 뒤섞여 있었던 탓만은 아니다. 사람을 때릴 수 있는 특권을 가지고 있고, 그런 특권 때문에 포악함이 습관이 되어 버린 간수들, 그리고 그런 간수들을 지휘·감독하는 장교들의 무감각한 야수성, 깃털만 한 권력에 취한 그들의 폭력과 포악함을 보장·보호해주는 법과 규정이 감옥생활을 지옥으로 만든 것이다.

어떤 흉포한 짐승도 동족을 묶어놓고 물어뜯지는 않는다. 도망갈 수도 없는 철창에 가두어놓고 물어뜯으며, 죽어가는 생명체의 울부짖는 소리를 즐기는 짐승은 없다. 그런데 도스또예프스끼는 창살에 갇혀 있어 도망칠 수도, 자신을 방어할 수도, 항의조차 할 수 없는 처지임에도 잔인한 몽둥이질을 당한다. 몽둥이를 휘두르는 간수는 온몸을 뒤틀며 내지르는 도스또예프스끼의 신음을 즐긴다. 도스또예프스끼는 마침내 죽음과 다를 바 없는 암흑을 경험한다. 간질 대발작이다.

먹물 같은 어둠 속에 잠겨버린 도스또예프스끼의 의식이 다시 '빛'

을 보게 된 것은 병원에서다. 짐승보다 못한 처지로 내몰렸던 그가 다시 인간의 형상을 되찾게 해준 사람은 의사였다. 감옥에서 죄수들에게 가장 동정적인 사람이 의사였고, 죄수들에게 어떤 차별도 두지 않았던 사람들도 의사였으며, 한계 상황에 내몰린 죄수들의 진정한 도피처도 의사들이었다. 도스또예프스끼는 의사의 진료를 불신하고 근대식 의료체계를 혐오했지만 "대부분의 의사들은 민중에게 사랑과 존경을 받고 있다"라고 하면서 시공간을 초월한 의사의 역할에 대해 뚜렷한 방향을 제시한다.

민중에게 존경과 사랑을 받는 의사들은 자신만의 비방을 가졌거나 첨단지식을 더 많이, 더 빨리 습득한 똑똑한 의사가 아니다. 질병으로 고통받는 민중에게 절실하게 필요한 것은 비방이나 특단의 시술보다는 "박애심과 온화함, 환자에게 보여주는 형제애 같은 연민"이다. 이것은 19세기 러시아 의학계뿐만 아니라 시공간을 초월하여 모든 의료인이 지녀야 할 의학의 보편적 가치라 할 수 있다.

2016년 여름, 대한민국의 한 교도소에서 잇따라 두 명의 재소자가 징벌방에 갇혀 있다가 죽은 채 발견되었다.[28] 사망원인은 열사병. 2016년 8월, 한반도의 더위는 지금까지 더위와 관련된 모든 기록을 다 갈아치울 정도로 더웠다. 그런데도 징벌방에는 선풍기도 한 대 없었다고 한다. 죄를 지었다고 해서, 규정을 어겼다고 해서 사람을 가둬놓고 삶아 죽인 거다. 두 재소자는 평소 지병도 있었다고 하는데, 교도소의 의료

28 〈8㎡ 방에 부채만 1개… 격리 수용 재소자 또 고열 사망〉, 《중앙일보》, 2016. 08. 24.

진들은 무엇을 하고 있었을까? 아마 복무규정에 충실했을 듯싶다. 교도소 규정에 따라 재소자를 징벌방에 가두어 두는 일에 의사가 개입할 수도 없거니와, 자기 소관이 아닌 업무에 관심을 가질 오지랖 넓은 의사를 찾기도 어렵다. 콧구멍조차 오른쪽/왼쪽으로 갈라 업무영역을 나누는 것이 의사들인데……. 똘스또이는 교도소를 보면 그 국가의 수준을 알 수 있다고 했다.

문화와 의료

도스또예프스끼가 만약 21세기의 인물이었다면, 그는 분명 정신병원에 입원, 격리되었을 것이다. 경우에 따라서는 자해와 난폭행동을 제어한다는 취지로 정신병원의 독거실에 감금된 채 사지가 묶여 있든가, 수면제나 진정제에 취해 늘 깊은 잠에 빠져 있었을 것이다. 그리고 대문호로 칭송받는 인기 작가의 반복되는 간질발작을 안타깝게 여긴 각계각층의 주선이나 열성 독자들의 폭풍 같은 후원과 성원 덕에 최첨단 병원에서 최고의 의료진들로부터 정밀진단을 받은 뒤, 최고의 손재주를 가진 최상의 의료진이 직접 시행하는 섬세한 수술로 뇌의 측두엽 일부가 잘려나가거나 대뇌 좌우 반구를 연결하는 뇌량이 잘려나가는 수술을 받았을지도 모른다. 그런 수술을 받은 이후에도 그의 창작 능력이 유지될 수 있었을지는 아무도 장담할 수 없지만.

도스또예프스끼가 지독한 간질병을 앓고 있었음에도 불구하고 천재 작가로 온 세상에 이름을 남길 수 있었던 것은 그가 러시아에서 태어난 러시아 사람이었기 때문이었고, 병자와 범죄자를 바라보는 러시아 사회의 독특한 문화와 "광활한" 러시아의 자연을 닮은 러시아 사람들의 "지극히 광활한 혼"이 있었기 때문이다. 만약 그가 러시아 사람이었다 하더라도 활동 무대가 주로 유럽, 특히 파리였다면 그는 정신병원에 감금되어 일생을 마쳤거나, 아니면 고흐처럼 자살로 생을 마감했을지도 모른다. 프랑스 파리에서는 간질발작으로 일어나는 전신경련을 "광기의 원형"으로 생각했기 때문이다.[29]

17세기에서 19세기에 이르는 동안 유럽은 광인과 비정상인을 감금하고 화형에 처하는 광기의 역사가 지배했던 반면 러시아에는 그런 문화가 없었다.[30] 유럽의 중세를 휩쓸었던 페스트도 러시아는 살짝 비켜갔다. 러시아의 역사에도 광기의 시대가 있었더라면 유로지비들은 도스또예프스끼의 주인공들이 될 수 없었다. 마녀사냥의 먹잇감이 되었거나 정신병원에 감금된 채 거의 멸종되어 버렸을 것이기 때문이다. 도스또예프스끼는 누구보다 우울한 삶을 산 사람이었다. 유럽에서는 우울증(멜랑콜리)조차도 광기, "가장 무기력한 광기"로 간주했다.[31] 도스또예프스끼는 유럽 사회에서 이성이 저지른 광기의 역사를 이렇게 조롱한다.

---

29 미셸 푸코, 《비정상인들》, 박정자 옮김, 동문선, 2001. 241~277쪽 참조.

30 나카이, 《분열병과 인류》, 246~259쪽.

31 미셸 푸코, 《광기의 역사》, 김부용 옮김, 인간사랑, 1999. 170쪽.

두 세기 반 전에 프랑스에서 최초로 광인 수용소가 만들어졌을 때 스페인 사람들이 했던 풍자가 생각났다. "그들은 자기들이 현명하다는 것을 증명하기 위해서 자기 나라의 모든 바보들을 특별한 건물에 가두어 놓았다." 그렇다. 다른 사람을 광인 수용소에 가둔다고 해서 자신의 현명함이 증명되지는 않는다. "K가 미쳐버렸다. 따라서 이제 우리는 현명하다." 천만에, 달라진 것은 아무것도 없다.

《영원한 남편 외》, 235쪽.

문명사회의 부조리 중에서 가장 심각한 문제 중의 하나는 살 가치 없는 인간, 이질적인 인간, 소수의 인간, 잉여인간을 규정하여 사회로부터 배제, 격리하고 경우에 따라 절멸시켜버린다는 것이다.

19세기를 살았던 라스꼴리니꼬프는 지극히 주관적인 판단으로 전당포 노파를 살 가치가 없는 인간으로 규정했지만, 현대 문명사회에서는 최신의학과 첨단 의료체계의 도움으로, 과학적이고 객관적인 방식으로 살 가치가 없는 인간을 선별한다. 그 과정에 가장 혁혁한 공로를 세운 것은 의사들이다. 도스또예프스끼가 말하기를 죄수들에게 가장 동정적이며 어떤 차별도 두지 않았다던 의사들이, 그래서 죄수들이 안온한 도피처로 삼았다던 의사들이, 20세기가 되면서 죄수와 피식민지 병자를 상대로 악마보다도 더 악랄한 생체실험을 감행하여 건강한 인간의 표준값을 결정하는 끔찍한 짓을 저지른 것이다.

그 결과는, 체계화된 관료조직에 속한 공직자들이 의사의 첨단 이론에 따라 각자 맡은 바 역할을 기계인간처럼 무감각한 표정으로 실수 없이 수행함으로써 일어난 인종 대청소였다. 하지만 이 지독하면서도 끔찍한 범죄에 대해 누구에게도 책임을 묻기가 어렵다. 의사는 연구만 했을 뿐이고, 관료는 명령대로 자기 역할에만 충실했을 뿐이고, 누가 명령을 내렸는지 구체적인 증거를 찾기란 불가능에 가깝기 때문이다. 죄가 있다면 권력자를 잘못 선택한 시민들의 '정치적 죄'만 남는다. 아무도 처벌할 수 없고 처벌받지도 않는 죄…….

인공지능이 이끌어 갈 21세기는 무인화, 전산화, 자동화된 세상이 되면서 피 한 방울 흘리지 않고 거의 모든 인간을 쓸모없는, 잉여 인간으로 만들어버릴지도 모른다. 그 징후는 벌써부터 나타나고 있다. 온 세상에 청년 실업자들이 넘쳐난다. 장년층 취업자들이 하는 일도 대부분 무인화, 전산화, 자동화된 기계장치의 보조역할이나 하는 허드렛일이다. 앞으로 인간의 이성이 하던 모든 일은 로봇들이 다 대체하게 될 것이다. 디지털 시대의 홀로코스트는 어떤 불쾌감도 일으키지 않고 환상의 색채를 띠며 우리 곁에 성큼성큼 다가오고 있다.

건강과 삶의 규범

프랑스 병리학자 조르주 캉길렘은 "생명의 규범이 없는 생명은 존재하지 않는다"라고 했다. 이 생명의 규범이라는 것이 그리 거창한 생명철학은 아니다. 생로병사라는, 누구나 알고 있는 지극히 평범한 생명의 이치를 말한다. 그런데 인간은 아직 이 생명의 규범을 되돌릴 수 있는 힘을 가지고 있지 않다. 그래서 우리 인간은 태어나는 그 순간부터 비가역적인 삶을 살다 간다.

어떤 치유도 병에 걸리기 이전의 몸 상태로 되돌릴 수 없고, 병리적으로 순결한 상태를 되찾게 할 수는 없다. 캉길렘이 질병에 대한 치유란 "환경의 변동"에 따라 새로운 생명의 규범을, "이전보다 고차원적인 생명규범을 손에 넣는 것"[32]이라고 정의한 이유가 바로 이 때문이다. 여기에 건강이란 객관적인 수치로 측정될 수 있는 것이 아니라는 사실을 결부시켜 보면 거룩한 병자인 도스또예프스끼의 건강이 새로운 관점에서 설명된다.

아픔이나 질병의 고통을 견뎌내는 인간의 인내심을 고갈시켜버리는 것을 목표로 삼는 현대의학의 관점에서 보면, 발작의 고통을 묵묵히 견뎌내며 이를 창작의 소재나 기회로 삼았던 도스또예프스끼는 그야말로 미친 사람일 뿐이다. 통계학으로 계산된 표준값으로 정상과 비정상을 가르고, 2×2=4식의 객관성, 필연성, 보편성을 내세우는 과학의 언어로는 도스또예프스끼가 경험하는 순간의 환희를 설명할 길이 없다. 하지만 현대의학과 첨단 의료장비에 의존하는 21세기 의사의 시각에서 볼 때 도스또예프스끼는 여전히 한 사회의 건강한 구성원이 될 수 없는 불구폐질자이고, 고명한 의과대학 교수의 진단서 없이는 취업은 물론 운전대조차 잡으면 안 되는 장애인이다.

---

32 조르주 캉길렘, 《정상과 병리》, 이광래 옮김, 한길사, 1996. 238쪽.

환자의 몸을 바라보는 의사의 관심과 자신의 몸을 바라보는 환자의 관심이 같을 수는 없다. 의사는 과학적 시각에서 환자의 몸을 정상과 비정상으로 가르지만, 환자는 쾌·불쾌의 감정으로 자신의 몸을 의식한다. 도스또예프스끼는 발작 직전의 그 한순간을 자신이 경험할 수 있는 가장 쾌적한 상태라고 판단했다. 곧바로 닥쳐오는 "무시무시한 각성의 시간"은 가장 쾌적한 한순간을 즐긴 대가로, 감당해야 할 업보로 받아들였다. 그러나 이때 의사는 적의 움직임을 감지한 경계병이 실탄을 장착하듯이, 주사기에 디아제팜(항경련제)을 장착한다.

인간이 느끼는 쾌·불쾌의 감정은 과학으로는 설명 불가능하고 과학으로 해결할 수도 없는 문제이다. 인간의 쾌·불쾌의 감정까지 과학의 언어로 설명하려 들고, 또 해결하려 달려드는 의학의 월권을 견제할 수 있는 도덕 규범(의학 윤리)은 반드시 필요하다. 또 모든 것이 기계로 작동되는 과학의 시대요 디지털 시대라 할지라도, 인간의 오성이 지금껏 인식할 수 없었던 죽음과 영혼의 세계를 설명하기 위해서는 과학 이전의 신화와 과학 너머 종교의 역할이 여전히 필요하다. 이 사실을 도스또예프스끼는 자신의 온 몸을 불사르며 가르친 것이다. 그는 진정 21세기의 의사들을 가르칠 수 있는, 19세기의 거룩한 병자였음에 틀림없다.

10장

관료주의와 민주주의

행정적 희열

폰 렘브께(《악령》)는 마흔 살까지 하찮은 일이나 하다가 부인의 도움으로 뒤늦게 행정관에서 출발하여 현지사까지 승진한 사람으로, 요즘 한국 사회에서 회자되는 '어공', 즉 줄 잘선 덕에 어쩌다 공무원이 된 사람 중의 한 사람이라고 보면 될 것 같다. 그런 어공인 폰 렘브께가 부임하자마자, 스쩨빤이 젊은 사람들을 선동하는 위험인물이라는 밀고가 들어간다. 직업 공무원인 '늘공'들이 아직 업무 파악조차 안 된 인사권자인 '어공'에게 미리 알아서 긴 거다. 이 때문에 잔뜩 움츠려든 스쩨빤은 친구이자 후견인이기도 한 바르바라 뻬뜨로브나에게 자신의 처지를 이렇게 설명한다.

무슨 걸레 같은 기차표를 파는 매표구 곁에 누구든 가장 쓰레기 같은 하찮은 인간을 세워보세요. 그러면 이 하찮은 인간은, 당신이 표를 사러 오면 당신에게 자신의 권력을 과시하기 위해 당장에 자신이 무슨 주피터라도 된 듯 당신을 깔볼 것입니다. "이거 보라고, 난 당신한테 내 권력을 보여주겠어, 바로 이거야……."라는 식이죠. 바로 이 지경이 되면, 이놈들은 행정적 희열에 이른 겁니다.

《악령》, 90쪽

기차 매표구의 매표원 같은 말직이라도 감투 쓰고 완장만 차면 "행정적 희열"이 발작을 일으킬 정도로 한껏 권력을 과시하는 것이 인간들의 속성일진대, 시장이나 도지사 수준의 권력자라면?

현지사 관할의 쉬삐굴린 노동자들이 폭동을 일으키자 폰 렘브께는 경찰서장을 대동하고 사태 진압에 나서는데, 그 앞을 쓰쩨판이 막아서며 예정되었던 자신의 강연이 취소되고, 현청 공무원으로부터 부당하게 가택 수색을 당했다며 항의한다. 권위의식으로 가득 찬 현지사가 거칠게 대응하자 스쩨판은 자신의 권리를 찾기 위해서 온 것이라며, "발도 구르지 마시고 어린애를 대하듯 그렇게 소리 지르지" 말고 좀 더 "정중하게" 이야기해달라고 요구한다. 이에 격노한 현지사는 얼굴을 붉히면서 "당신은 지금 누구와 얘기를 하고 있는지 알고 있기나 한 거"냐고 소리를 바락바락 지른다. "사회를 파괴"하는 불순분자 주제에 온몸으로 불철주야 "사회를 방어"하고 있는 현지사한테 감히 함부로 말대꾸하지 말란 이야기다. 지금 우리 사회에서도 너무나 익숙한 풍경이다.

라스꼴리니꼬프는 "그 일"을 저지르고 난 며칠 뒤 하숙방을 올라가다가 경비원에게 경찰서에서 온 소환장을 건네받는다. 자신의 범죄가 벌써 발각된 것인가 반신반의하면서 불안한 마음으로 경찰서를 찾아간다. 경찰서에서 라스꼴리니꼬프가 겪는 일은 현재 우리 사회의 공공기관에 가면 얼마든지 마주칠 수 있는, 정말 기시감이 넘치는 풍경이다.

라스꼴리니꼬프가 내민 소환장을 본 경찰서 서기는 "그를 훑어보지만 호기심은 전혀 없이 저기 사무관"에게 가보라며 손가락질을 한다. 자신과는 무관한 일이라는 게다. 사무관은 육군 중위로 부경찰서장인데, 라스꼴리니꼬프를 본 중위는 "당신 뭐야?"라고 대뜸 소리부터 지른다. 소환장에는 9시까지 나오라고 되어있는데, 12시에 왔다고 짜증과 신경질을 낸 것이다. 이에 라스꼴리니꼬프는 지지 않고 "소환장을 15분 전에" 받았다면서 넌지시 관청의 실수를 지적하자 중위는 "소리를 지르지 말라"고 주의를 주면서 "관청에 와 있는 것이니 멋대로 굴지 말라"고 협박 아닌 협박을 한다. 이에 질세라 당신도 관청에 와 있으면서 소리를 지르고 게다가 담배를 피우면서 자신을 포함한 시민들에게 무례한 행동을 하고 있지 않느냐고 따지자 "당신이 상관할 바 아냐!"라는 답이 돌아온다. 그리고 자신의 딱한 처지를 호소하는 라스꼴리니꼬프의 이야기는 "우리들과는 상관없는 일"이고, "들어줄 시간"이 없으니 사생활까지는 이야기하지 말라면서 말을 자른다.

그렇다. 시민들이 관청 안에서 소리를 지르고 소란을 피우는 일은 있을 수 없는 일이고 중벌로 다스려야 하는 일이지만, 그 관청의 공무원들이 제멋대로 소리를 지르고, 근무 시간에 자리를 비우고, 폭탄주를 반주로 곁들인 점심 탓에 불콰해진 얼굴로 민원인을 대해도 자신의 상관이 아닌, 일개 시민이 그것도 관청에 소환된 피의자가 상관하고 나설 일이 아닌 것은 맞다. "여기가 어디라고 감히"라든지 "여기가 어딘지 알아?"라는 협박과, 예산 · 인력 · 시간이 없다는 푸념은 지금도 대한민국의 어느 관청에 가더라도 쉽게 들을 수 있다. 그리고 민원 업무를 이야기할 때는 시간이 없고 바쁜 공무원들을 배려하여 요점만 간결하게, 알아듣기 쉽게 이야기해야 한다. 이야기가 길어지면 예정에도 없던 출장이 갑자기 생기는 경우도 있다.

◆ ◆ ◆

안나 그리고리예브나의 기록에는 도스또예프스끼가 소설의 출간 계약과 치료 목적으로 여행을 해야 할 상황에서 여권이 발급되지 않아 잠시 낭패를 겪은 이야기가 나온다. 임시 거주증밖에 없는 도스또예프스끼에게, 상시 거주증이 없다는 이유로 감독관이 여권 발급을 거부한 것이다. 임시 거주증만으로 지금까지 아무 문제 없이 살아왔다는 도스또예프스끼의 항의에 감독관보는 자신은 법을 지킬 뿐이라는 건조한 대꾸를 한다. 그러면 지금 당장 상시 거주증을 어떻게 구하느냐는 도스또예프스끼의 물음에 "그건 자신은 모르는 일"이란 무책임하면서도 무관심한 답이 돌아온다. 그런데 당국에서는 며칠 뒤 임시 거주증을 보관하는 대신 다른 증명서를 발급하여 도스또예프스끼의 여행에 아무 문제가 없도록 조치한다. 처음부터 그렇게 했으면 되었을 일을……. 도스또예프스끼는 아내에게 쓴 편지에서 이 일은 그들이 법과 원칙보다 "작가 앞에서 어떻게 폼을 잡"아 "행정적 희열"을 느낄까 하는 생각 때문에 벌린 일이라고 설명한다.[33]

관료는 일시적인 가면(페르소나)에 불과한 관등과 직위에, 그리고 부자들은 재력에 자신의 인격을 동일시하는 경향이 있다. 특히 한국 사람들은 자신이 타는 차종이나 배기량에다 자신의 능력이나 인품까지 동일시한다. 이런 사람들의 내면에서는 정신적 인플레이션이 일어난다. 그리고 그 동안에는 누구나 엄청난 희열을 느끼고 산다. "자부심의 무의식적인 고양"이 일어나고 "병적인 권력의지"가 표출되기 때문이다.[34] 그런데 경제 인플레이션은 경제 정책으로 조정이 가능하지만 정신적 인플레이션은 스스로 성찰하지 않으면 통제가 안 된다. 끝도 없이 팽창하다 거품이 꺼질 때가 되면 그 사람은 '미친다'.

법과 규정 뒤에 숨은 행정 기계

21세기 한국의 행정기관에서 시민들이 담당 공무원들로부터 가장 많이 듣는 소리는 "법(규정)이 그렇다"는 말과, "담당자가 자리에 없어

---

33 안나 그리고리예브나, 《도스또예프스끼와 함께한 나날들》, 440~441쪽.

34 칼 구스타브 융, 《인격과 전이》, 한국융연구원 C.G 융 저작 번역위원회 옮김, 솔, 2007. 31~53쪽 참조.

서", "아직 정식으로 접수된 공문이 없어서……", "상부(중앙부처)의 지시", "결재를 아직 못 받아서", "예산이 없어서", "인력이 없어서"라는 말이 아닐까 싶다. 이렇게 힘들고 까다로운 일을, 담당 공무원의 윗선과 줄이 닿는 사람이라면 5분 안에 처리할 수 있다.

관료라는 말은 근대 민주주의 국가에서 국민에게 더 나은 행정서비스를 제공하는 국민의 종복이라는 개념으로 쓰인 용어라기보다는, "정부와 관리의 과도한 권력을 경멸하기 위하여 사용"하기 시작한 말이다. 19세기 초 유럽에서는 이미 관료제는 나태와 비능률을 상징하는 제도처럼 굳어져 버렸고, 관료들의 고압적인 태도와 권력을 남용하는 버릇 때문에 관료는 시민사회로부터 "조롱과 경멸의 대상"이 된다.[35] 관료주의라든지 관료사회라는 말에 제일 먼저 떠오르는 인상은 부정적인 모습 일색이다. 무사안일, 복지부동, 권위주의, 권력의 주구, 영혼 없는 철밥통, 뇌물과 청탁, 알선과 수뢰, 마피아 조직……. 이런 이미지가 고착된 것이 어제 오늘의 이야기가 아니요, 한국 사회만의 독특한 관료문화가 아니란 것이다.

그런데 지금 우리 사회의 사정은 19세기 러시아보다 조금 더 심각하다. 서구사회를 따라가기 위해 인위적 근대가 강요된 동아시아 사회의 공통된 현상이기도 하겠지만, 봉건 잔재인 관존민비 사상이 제대로 청산되지 못한 상태에서 능률과 실적을 앞세워 관료에게는 과도한 권한을 부여하고 국민은 계몽과 지도의 대상으로 만들어 놓았다.

---

35 에바 에치오니 할레비, 《관료제와 민주주의》, 윤재풍 옮김, 대영문화사, 1995. 25쪽.

게다가 우리는 관존민비라는 위계의 최상위에 군부가 군림하던 시절이 수십 년 지속된 적도 있었다. 그 시절 국민은 '군관민'이라는 서열구조 속에서 짓눌려 살아야 했고, 군의 명령체계에 우리 사회의 모든 구성원이 일사불란하게 복종하도록 강요하는 '군관민 일체'를 밤낮으로 암송해야 했다. 이제는 군부가 정치와 행정 일선에서 물러났지만, 한국 사회의 관료 우위의 서열구조는 크게 달라진 것이 없다.

관료들은 국가와 국민을 입에 달고 살지만 내심으로는 국가와 국민이 아니라 임명권자에게 충성한다. 그래서 임명권자의 "구두에 묻은 흙이라도 빨 태세"로 살면서, 임명권자를 태운 차가 꽁무니가 보이지 않을 때까지 머리를 숙이다가도 임명권자의 임기가 끝나거나 실권하면 제일 먼저 고개를 돌린다.

◆ ◆ ◆

"그만둬. 그들 옆엔 법이 있다."

소설《난장이가 쏘아올린 작은 공》에서 난장이네가 살던 집이 철거되기 직전, 오갈 데 없는 세 남매가 처량하고 불쌍한 대화를 나누다가 영호가 불쑥 "집을 헐러 오는 놈들을 그냥 두지 않겠"노라고 하자 영수가 동생을 타이르면서 한 말이다.[36]

---

36 조세희,《난장이가 쏘아올린 작은 공》, 이성과 힘, 2001. 84쪽.

관료 세계를 움직이는 것은 법과 규정이다. 명령과 복종에 의해 유지되는 관료사회의 일사불란한 질서 역시 상명하복이라는 규정에 따른 것이다.[37] 그러므로 관료들의 업무에 창의성이나 자발성, 독창성, 감수성, 기발한 상상력이 발휘될 여지는 전혀 없다. 그런 성향들이 조금씩 남아있더라도 시간이 지나면서 대부분 위계질서에 짓눌려 모두 질식하거나 압사당해 버린다.

그런 점에서 관료 세계의 인물들과 맞닥뜨릴 때 가장 불편해하고 대화나 소통이 아예 불가능한 지경에 이르고 마는 사람들은 아마도 창의성과 상상력을 최고의 가치로 여기는 예술가들일 게다. 어찌 보면 예술가들과 관료들은 서로가 받아들일 수 없고, 이해할 수 없는 문법과 어법, 그리고 서로 다른 가치관으로 대치하는 꼴이다. "원칙이라는 태엽에 감겨 있는 행정 기계"와 자유로운 영혼의 감각을 몸과 마음으로 자유롭게 표현해야 하는 예술가 사이의 간격은 너무 넓다.

자신의 시대를 병적인 시대라고 평가했던 도스또예프스끼가 병든 세상을 살아가면서 특히 힘들어 했던 것은 당시 러시아 사회의 관료주의였던 것 같다. 우선 사형 언도까지 받았던 사상범의 처지였던 까닭에 사사건건 행정당국의 감시를 받아 운신이 자유롭지 못했을 터이고, 당연히 작품을 일일이 검열 받아야 하고, 경우에 따라서는 작가의

37 "'이것은 명령이다'라는 말은 많은 사람들에게 지상의 의무를 말하는 양 병적으로 들렸고 지금도 그렇게 들린다. 그러나 이 말은 그저 악과 어리석음을 불가피한 것으로 간주하게 함으로써 오히려 면책을 제공하였다. 복종의 충동, 즉 무엇이 양심적인지를 느끼지만 실제로 모든 양심을 저버리는 태도로 나타난 이런 복종 행태는 도덕적인 의미에서 완전히 유죄다."(야스퍼스, 《죄의 문제》, 137쪽)

의도와는 상관없이 "돼지 같은 검열관 놈들"[38]에 의해 군데군데 칼질을 당하거나, 아예 지면에 발표할 수 없었던 작품도 있었을 것이다.

하지만 작가의 창작혼을 난도질하는 이런 조치를 누가 결정했는지, 누가 최종 책임자인지 밝혀내기란 사실 불가능에 가깝다. 관료조직에서 한 개인이, 그것도 민간인 신분의 개인이 자신이 당한 부당한 행정조치의 결정권자를 찾아낸다는 것은 신새벽에 안개가 자욱하게 깔린 미로 속을 헤매면서 사람을 찾는 것과 마찬가지다.

어렵게 찾아내 봤자 돌아오는 답은 "담당이 아니어서 나는 모르는 일"이라거나, "상부의 지시" 아니면, "지침에 따랐"다거나, "규정에 근거해서", "법적으로 문제없다"라는 들으나 마나 한 답만 겨우 들을 수 있을 뿐이다. 그런 대답이라도 들을 수 있다면 다행이다. 미로 속에서 담당자를 찾다 찾다 먼저 쓰러지는 경우가 대부분이다.

관료 세계는 "자발성도 창의성도 행동의 자유도 없고, 다만 명령과 규율만 있을 뿐인 복종의 세계"다. 그 세계에 속한 관료는 "거대한 행정활동 중 극히 일부만 담당하는 사람"이므로, 그에게는 거대한 활동의 목적과 전망이 보이지 않는다. "행위가 기계적인 것이 되어버리고 마는 세계"에 살고, "자기가 하는 일의 의미를 알지 못하는 세계"에 살면서 단지 "익명의 사람들이나 서류하고만 관계"하는 "추상의 세계"에 사는 사람들이다. 이들에게 유일한 모험이 있다면 "이 관청에서 저 관청으로 돌아다니는 것"이다.[39] 승진과 전보가 유일한 인생의 목표인

---

38 모출스끼, 《도스또예프스키》, 378쪽.

39 밀란 쿤데라, 《소설의 기술》, 권오룡 옮김, 민음사, 2013. 162쪽.

사람들……. 승진만 할 수 있다면 흔적을 남기지 않고 얼마든지 생사람도 때려잡을 수 있는 사람들이기도 하다.

관료 세계 앞에 선 무지렁이 백성들은 저들의 업무를 성가시게 하고 짜증스럽게 하는, 앵앵거리며 날아다니는 한 마리 파리 같은 존재일 뿐이다. 이들 관료는 구시대의 '과거급제형 인간'들로 국민의 조롱과 경멸에는 아랑곳없이 스스로는 능력이 있어 선택받은 소수의 엘리트라는 자부심이 강하여 대다수 국민과 자신들을 철저하게 구별한다. 그들의 눈에 99%의 국민은 밥만 먹여주면 만족하고 사는 개돼지[40]이거나, 애나 낳는 번식 기계[41] 로 비칠 뿐이다.

법규의 무능한 집행자

도스또예프스끼는 수형생활을 하는 동안 성탄절을 맞아 동료 죄수들과 함께 연극 공연을 계획한다. 죄수들이 옥중에서 연극 공연을 하려면 담당자의 허가를 받아야 하는데 담당자는 소령 계급의 군인으로, "어느 곳에서나 사람을 억누르려 하고, 무엇인가를 빼앗으려 하며,

40 〈교육부 고위간부, "민중은 개돼지" 신분제 공고화해야〉, 《경향신문》, 2016. 07. 09.

41 한 국책 연구기관의 연구보고서에 저출산 문제의 해법을 위해 고학력 여성의 비혼율이 높으니, 고학력 여성을 줄이거나 여성들이 아예 학위나 자격증을 딸 기회를 박탈해야 한다는 연구결과를 발표하여 여성 단체의 엄청난 반발을 불러일으킨 적이 있다. 특집 〈저출산의 주범, '고스펙의 여성'이라고?〉, 《주간경향》 1217호, 2017. 03. 14.

누군가의 권리를 박탈하려 드는 사람, 한마디로 말해서, 어디서고 규칙만을 따지는 사람"이다. 누군가를 감시하고 감독하는 관료의 부조리한 속성을 하나도 빼놓지 않고 그대로 실행에 옮기는 유형의 인물이다. 그런데 엄격한 법규를 적용하면 관료들이 법규의 적용대상자들에게 자신의 힘을 한껏 과시함으로써 엄청난 "행정적 희열"을 느낄 수 있을 뿐 아니라 자신에게는 어떤 불이익도 없고 신변에도 아무런 문제가 생기지 않는다.

우리도 잊을 만하면 본다. 이 나라의 권력자들이 때만 되면 방송국의 중계 카메라들을 불러 모아놓고 법무부 장관을 중심으로 늘어선 채 "법과 원칙에 따라……."를 되풀이하는 것을. "법에 따른 엄중한 조치"는 시민들에게 하는 말이고, 자신의 허물은 "법적으로 아무 문제" 없으면 사람이 죽어나가도 그 자리를 그대로 보전할 수 있다. 도스또예프스끼가 보기에 이들은 "자기 과신의 철면피"요, "자기면책에 대한 과대망상"에 시달리는 중증 환자이다.

그런데 법과 원칙의 엄격한 집행이 가져오는 결과는 무엇일까? 혼돈과 무질서가 종식되고 사회가 한층 더 평화로워질까? 결코 그렇지 않음을 도스또예프스끼는 수용소에서 직접 경험했다.

> …이러한 법규의 무능한 집행자는 법률의 정신과 의미를 하나도 이해하지 못한 채, 문자 그대로 법률을 집행한다는 것이 오히려 일을 무질서로 끌어들일 수 있을 뿐 아니라, 다른 결과는 결코 이끌어낼 수 없다는 것을 이해하지도 이해할 능력도 없다. "법에 그렇게 씌어

> 있는데 더 이상 어쩌란 말이냐?" 이렇게 말하는 그들은 법률 이외에 건전한 사고, 냉정한 판단이 자신에게도 필요하다는 사실 때문에 적지 않게 놀라게 된다. 특히 냉정한 판단은 그들 대부분에게 아무런 쓸모없는 것일 뿐 아니라 선동적인 사치물이자 장애물이며, 참을 수 없는 것으로 비쳐지는 것 같다.
>
> 《죽음의 집의 기록》, 237쪽

감옥에서는 라스꼴리니꼬프 방의 위생상태보다 하나 나을 것 없는 좁디좁은 공간에서 여럿이 공동생활을 해야 한다. 병든 사람이 나타나지 않는다면 이 또한 이상한 일이다. 감옥처럼 열악한 환경에 무방비로 내던져진 폐병 환자는 산송장이나 마찬가지다.

그래서 도스또예프스끼는 묻는다. 탈옥의 가능성은커녕 탈옥의 꿈조차 꿀 수 없는 병약한 죄수에게 탈옥을 방지한다는 명분으로 계속 족쇄를 채워두는 처분의 정당성을. 신선한 공기 한 모금이면 눈이라도 한번 뜰 사람을 건강한 사람도 숨이 컥컥 막히는 공간에 계속 가두어 두는 이유를. 죄를 지었기 때문에? 죄에 대한 당국의 처벌은 법과 규정에만 어긋나지 않으면 모두 정당한가?

폐병 환자가 감옥에서 족쇄를 찬 채 죽도록 만든 것은 법규에 따라 자신의 직무를 충실하게 수행한 간수들이라고 할 수는 없다. 그렇다고 해서 입법자가 '병든 죄수는 죽어도 된다'라는 생각으로 법과 규정을 만든 것도 아닐 것이다. 그렇다면 누가 죽인 것인가?

한나 아렌트에게 인간이 가진 '악의 평범성'을 확인시켜주었던 아이

히만은 상명하복이라는 관료의 복무규칙에 누구보다 충실했던 사람이다. 합법적으로 선출된 권력이 내린 명령과 지시를 충실히 이행한 행정행위의 결과는 수백만이 넘는 인간의 대량살육이다. 자신의 판단이 배제된 "무능한 법의 집행자"가 복무규율에 충실히 따른 결과다.

그런데 무모하게 법을 집행할 때 그 법의 처분 대상이 되는 인간은 저항한다. 인간이기 때문에 당연히 저항한다. 저항하는 시민과 부닥치는 관료는 포악해진다. 고지식한 법의 집행을 위해서 폭력을 휘두른다. 경우에 따라서는 때리고 가두어 둘 권한까지 생긴다. "포악은 습관"이 된다. 습관이 된 포악함은 고문으로 발전하고, 고문의 기술은 과학의 발전 속도만큼이나 빠르게 진보한다. 몽둥이와 총으로 다스리던 시절은 아니기 때문에 겉으로는 고문이 근절된 것처럼 보인다. 하지만 21세기의 고문은 아예 흔적을 남기지 않을 정도로 세련되어져 간다.

법은 언제나 법 집행자들의 폭력이나 불법을 비호한다. 간혹 인간 사회의 도덕률로는 도저히 용납할 수 없는 포악함이 드러날 때라도 젊은 혈기에, 아니면 의욕이 넘친 상태에서 적극적으로 업무를 수행하는 과정에서 생길 수 있는 약간의 잡음이나 실수로 생각한다. 과거의 수많은 시국사건들이 고문으로 조작되었음이 속속 밝혀지고 있는데도 사건을 담당한 현장 수사관들은 물론 검사, 판사까지 제대로 사과하고 반성한다는 사람이 단 한 명도 없는 이유는 무엇일까? 도스또예프스끼가 그 의문에 답을 한다. 그들은 그저 아무 생각이 없고, "금수의 무감각"만 있는 "무능한 법의 집행자"일 뿐이기 때문이다.

천재와 천치

한국 사회에서 천재나 수재 소리를 듣는 사람은 "네 살 때 천자문을 줄줄 외우고"라는 식으로 대개 암기에 탁월한 재능이 있는 사람이다. 한국 사회에서 20대에 고시 3과(행정, 사법, 외무)에 합격했으면 당연히 천재 중의 천재라는 평가를 받지만 이 역시 암기 능력과 무관하지 않고, 창의성이나 독창성과는 전혀 관계가 없다. 서구사회에서 천재란 그야말로 하늘이 내린 천부의 능력을 가진 사람을 지칭하는 것으로 창의성이나 독창성을 우선시 하는 예술가들을 일컫는다.[42] 모짜르트가 음악의 신동이라고 평가받는 이유는 어려운 악보를 줄줄 외워서가 아니라 어린 나이에 창의성과 독창성을 가진 자신만의 음악을 창작하였기 때문이다.

칸트는 그런 예술적 창의성과 독창성을 가능케 하는 것이 바로 인간이 가진 판단력[43]이라고 보았다. 그런데 한국에서 흔히 수재나 천재라는 평가를 받는 의사나 법조인들의 경우, "각자의 분야에서 그 자신이 교사가 될 정도로 훌륭한 규칙들을 머리에 가질 수는 있"지만, "천부

---

42 "천재란 예술에 규칙을 부여하는 재능이다. 이 재능은 예술가의 생득적(生得的) 능력으로써 그 자신 자연에 속하는 것이므로, 우리는 또 다음과 같이 표현할 수 있을 것이다. 천재란 생득적인 심의(心意)의 소질이요, 이것을 통해서 자연은 예술에 규칙을 부여하는 것이다."(임마누엘 칸트, 《판단력비판》, 이석윤 옮김, 박영사, 1974. 186쪽).

43 칸트의 정의에 따르면 법이나 규정, 규칙을 암기하는 것은 오성의 능력이고, 판단력은 구체적 사례, 즉 실무에 반영하는 능력(특수를 보편에 포섭하는 능력)을 말한다. 이런 판단력이 없이 법과 규정만을 달달 외운 관료들의 행정은 현실과 동떨어진 탁상행정이 될 수밖에 없다. 호흡곤란증이 있는 90 노인에게 신속하게 인공호흡기를 다는 의사는 진단과 처방에서는 천재라 평가할 수 있겠지만 생명의 유한성이란 관점에서 보면 천치와도 같은 판단을 한 것이다.

의 판단력은 없다"라는 평가를 내린다. 여기에 덧붙여 천부의 판단력이 없는 것은 "천치에 이르는 것"으로 이 같은 "결함을 구제할 방도는 전혀 없다"면서 판단력에 관해서만은 우리나라의 수재형 인간들에게 '극형'을 내린다.[44]

판단력이 천부의 능력이기 때문에, 후천적인 교육과 수양으로는 연마될 수 없는 것이란 칸트의 주장을 온전히 수용하기는 어렵지만, 지난 시대의 과거급제형 인간들이라 할 수 있는 법률가, 의사, 관료들에게 사실 창의성이나 독창성, 자유로운 상상력 같은 것들을 기대하기는 어렵다. 암기 능력 하나로 급제만 하고 나면 엄청난 부와 명예, 권력까지도 거머쥘 수 있는 한국 사회에서는 창의성이나 독창성이 가미된 재능을 기르거나 연마할 필요가 없었고, 그럴 기회조차 없었기 때문이다.

병에 걸렸을 때 꾸는 꿈은 건강할 때 꾸는 꿈과 달리 너무 선명하고 강렬하여 오랫동안 기억되기도 하고 혼란스런 "인간의 뇌리에 강한 인상"을 남겨 예술로 승화되는 경우도 있다는 것은 병든 상태에서 꿈을 꾸어본 사람, 즉 도스또예프스끼 같은 사람만이 할 수 있는 말이다. 그러나 첨단 장비를 갖추어놓은 수면클리닉의 전문의는 병적인 꿈과 건강한 꿈의 차이를 판단할 능력이 없다. 암기된 지식을 토대로 처방의 기계적인 숙달만을 강요함으로써 사고의 기능을 마비시키는 의학교육의 특성 탓이다.[45] 의사는 병자의 꿈을 이해하기는커녕 약으로 아

---

44 칸트, 《순수이성비판》, 165쪽.

45 칼 구스타브 융은 "오래 생각지 않는다. 손으로 받아든다(생각지 말라 행동하라)"는 원리에 따라 진행되

예 꿈을 지워버린다.

도스또예프스끼는 한편으로는 천재요, 한편으로는 천치와 다를 바 없는 이런 유형의 인물들을 "틀에 박힌 평범한" 사람들로 정말 "행복한" 사람들이라고 평가했다. "자기가 비범하고 독창적인 인간이라고 가장 편안하게 상상함으로써 아무런 심적 동요도 없이 흡족하게" 살기 때문이다. 도스또예프스끼가 살았던 시대와 달리 지금 한국 사회에서는 이렇게 "자신의 능력과 재능을 의심해보지 않는 어리석은 인간의 자신감"만 가득한, "순진함에서 나온 뻰뻰스러"운 인간들이 학연·지연·혈연으로 똘똘 뭉쳐 5년 주기로 대통령을 바꾸어가며 사실상 한국 사회를 지배하고 있다.

가면을 쓴 간질병

도스또예프스끼 소설에는 상류층과 권력층에 대한 조롱과 풍자가 넘친다. 또 가난한 사람들, 짓눌리고 버려진 사람들의 상처받고 학대받은 영혼을 따뜻한 눈물로 씻겨주기도 하고 가슴 저미는 문장으로 어루만져주기도 한다.

는 의학교육의 특성 탓에 의사는 모든 전문가 가운데 사고 기능을 발전시킬 기회가 가장 적다고 했다(칼 구스타브 융, 《정신요법의 기본문제》, 한국융연구원 C. G. 융 저작번역위원회, 솔, 2007. 200쪽. 이하 융, 《정신요법의 기본문제》라 표기).

그러나 위대한 대문호의 소설에서는 현실을 지배하며 인간의 숨통을 옥죄고 영혼까지 짓밟는 듯한 권력에 대한 저항의 분위기를 전혀 느낄 수 없다. 판단력이 결여된 관료들의 탁상행정에 이를 갈지만 관료제도의 개혁에는 관심이 없다. 자유로운 예술혼과 부닥치는 법과 규정이라는 제약에, 그는 저항하지 않고 우회하거나 돌아선다. 낡은 옷의 실오라기를 하나하나 뜯어내듯이 당시 러시아의 척박한 현실을 올올이 드러내기는 하지만 그 현실을 개선할 수 있는 어떤 단서도 제공하지 않는다. 도스또예프스끼의 예술혼에는 마르쿠제가 이야기했던 "위대한 거부"의 분위기가 느껴지지 않는다.

관료제도의 비효율과 권위주의를 타개하는 가장 현실적인 방법은 독점된 권한을 나누고, 시민의 자발적 참여를 통한 자치와 민주주의 원칙을 강화하고 실천하는 것이겠으나 도스또예프스끼는 민주주의 확대에도 관심이 없었다. 위대한 작가의 위대한 무관심만 돋보일 뿐이다. 오히려 민주주의와는 상극이라고 할 수 있는 계급·신분사회를 옹호하고, 상류 귀족층의 선의와 고결한 정신세계를 믿는다. 도스또예프스끼에게 당시의 척박한 러시아의 현실은 개혁이 되거나 뒤집혀져야 할 모순이 아니라, 신성한 러시아와 러시아 사람들이 행복한 천상의 세계로 올라가는 과정에서 당연히 겪어야 할 고행과 수난이었을 뿐이다.

도스또예프스끼에게 삶은 그 자체로 절대적으로 아름다운 것이기에 삶을 고단하게 만드는 그 어떤 고난도 문제가 되질 않는다. 오히려 절박하고 절망적인 상태에서만 얻을 수 있는 피학적 쾌락을 즐길 기회로 삼는다. 이런 도스또예프스끼를 향해 E. H. 카는 "대중을 벼랑 끄트머리로 안내하고는 그들이 가파른 파탄으로 떨어지는 것을 막기 위해 반쯤 썩은 낡은 재목으로 엉성한 울타리를 친 사람의 입장"에 섰다고 평가했다.[46] 그 반쯤 썩은 낡은 재목이란 그가 절대적으로 신봉했던 러시아 정교라는 신앙이며, 곧 무너질 구시대의 질서였다. 병든 시대를 살아가는 병든 인간들의 절망을 극복할 대안이라고 도저히 생각할 수 없는 것들이었다.

도스또예프스끼는 자신이 그토록 경멸했던 관료제도에 의해 근근이 명줄을 이어가고 있던 황제의 권위에 굴종하는 한편, 러시아 정교가 가진 영적 권위에 허무하게 복종한다. 부조리한 현실을 어떻게 개선할 것인가에 대해서는 냉정하다 싶을 정도로 무관심하지만, 실체를 확인할 수 없는 신의 세계와 영혼의 쾌락에 대해서는 편집증적인 집착과 애착을 보인다. 대신 신의 세계로 들어가는 입장권을 가지고 있지 않거나 구입하기를 거부하는 무신론자들에게 경멸과 저주를 보내고, 여성을 포함한 사회적 약자, 이민족, 소수자에 대한 혐오감에 치를 떨기도 한다.

프로이트는 도스또예프스끼의 이런 자세를 "치졸한 인간이 힘들이지 않고 취할 수 있는 자세"이며, 그래서 그는 "교육자적인 인간이 결코 될 수 없었던 사람"이었고, "인간을 해방시킬 수 있는 인물도 아니"었고, "스스로 인간을 가두고 감시하는 역할"을 했을 뿐, "인류의 문화

---

46 E. H. 카, 《도스또예프스끼 평전》, 김병익, 권영빈 옮김, 열린책들, 2011. 383쪽(이하 카, 《도스또예프스끼 평전》으로 표기).

가 그에게 빚진 것은 거의 전무하다"라고 할 정도로 혹평했다.[47]

도스또예프스끼는 교회에 나간 적도 없고 성직자들에게는 혐오감까지 품고 있었다고 한다. 그러면서도 러시아 정교가 러시아를 구원할 것이라 온 세상에 외쳐댔다. 이를 두고 E. H. 카는 순수한 신앙심의 발로라기보다는 "뻔뻔스러운 실용주의"[48]라고 했다.

그런데도 그의 문장에서 독실한 신앙인의 분위기가 풍기고 가끔 신성한 색채까지 읽을 수 있는 이유는 그의 고질병인 간질병 탓이다. 측두엽 간질병의 특이하면서도 중요한 증상 중의 하나가 종교적 신경증이나 과잉종교증이다. 니체는 측두엽 간질병 환자들의 이런 사이비 종교적 열정을 "가면을 쓴 간질병[49]"으로 해석해야 한다고 했다.

---

47 프로이트, 《예술, 문학, 정신분석》, 520쪽.
48 카, 《도스또예프스끼 평전》, 337쪽.
49 니체, 《선악의 저편, 도덕의 계보》, 84쪽.

11장

이성 · 문명 · 전쟁

귀신들이 사라진 자리에…

성년이 된 아르까지 돌고루끼가 의붓아버지 마까르 돌고루끼를 만났을 때 마까르 돌고루끼는 이미 늙고 병들어 죽음을 기다리고 있는 처지였다. 상전(베르실로프)이 하인인 자신의 아내를 빼앗아 낳은 아들인 탓에 "그냥[50] 돌고루끼"가 되고 만 의붓아들에게 늙은 계부는 곧 맞이하게 될 죽음에 대한 철학을 일러준다.

…늙은이는 그저 행복한 기분에 싸여서 이 세상에서 물러나야 해. 그런데 불평을 잔뜩 늘어놓으며 불만을 품고 죽음을 맞는다면 그것은

50 귀족의 사생아일 뿐 귀족이 아니라는 의미.

커다란 죄지. (중략) 늙은이는 언제나 만족하며 살아야 한다. 그리고 자신의 지혜가 전성기에 있을 때 죽어야 하며, 하루하루를 만족한 기분으로 보내야 해. 그리고 곡식 이삭이 단 속으로 들어가듯이 기쁨에 충만한 채 마지막 숨을 거두고, 자신의 신비한 사명을 다했다는 더없는 행복감에 싸여서 이 세상을 떠나야 하는 거지.

《미성년》, 618쪽

이때 "그냥 돌고루끼"는 "저 세상에서 인간의 영혼을 기다리는 기운 속"에 "인간의 지혜가 미치지 못하는 비밀"이 있다는 마까르 돌고루끼의 말을 이해하지 못하고, 도대체 "신비한 사명"이란 게 무엇이냐고 따지듯이 묻는다. 그런 종류의 '비밀'이나 '신비'는 인간의 지혜, 즉 이성이 일구어낸 과학의 힘에 의해 모두 밝혀지고 해명될 것인데, 혹시 "과학의 적"은 아니냐고 되묻는다.

어떤 기자가 나에게 "늘 죽음을 마주하고 사는 직업"을 갖고 있지 않느냐면서, 죽음의 정의를 물었다.[51] 질문을 받은 나는 곧장 답을 하지 못하고 머릿속이 뜨악해진 채로 한참을 머뭇거려야 했다. 의사에게 묻는 죽음의 정의는 곧 의과학에서 규정한 죽음의 개념이나 정의를 묻는 것일 터, 요즘 같은 시대에 검색만 해보면 온갖 고급 정보들이 정리되어 일목요연하게 죽 펼쳐질 터인데 구태여 말주변 없는 의사에게 직접 묻기까지 해야 할 필요가 있을까 싶어서였다.

51 〈치매… 죽음… 그리고 내면의 '거지들'- 의사 김진국 "기억의 병"〉, 《독서신문》, 2016. 03. 09.

의학에서 말하는 '죽음'이란 동공반사가 없고, 자가호흡이 없고, 심박동이 없고, 맥박이 촉지되지 않으며, 심전도 소견이 아무런 요동도 없이 일(一)자로 늘어지는 상태다. 이것이 확인되면 의사는 자신의 역할이 다했음(expire)을 선언한다. 만약 심장도 뛰고, 자가호흡도 있지만 뇌파가 일(一)자로 늘어지면 이때는 뇌의 '죽음'임을 선언하고, 여전히 살아있는 몸은 어떻게 처분할 것인지에 대한 논란이 분분해진다. 계속 살려 둘 것인가, 죽도록 내버려 둘 것인가(소극적 안락사 또는 연명치료 중단), 죽일 것인가(적극적 안락사)에 대한, 도무지 해결하기 어려운 팽팽한 논쟁이다. 21세기의 의학기술은 뇌의 죽음은 인정되었으나 여전히 따뜻하게 살아있는 몸을 분해하여 재활용할 수 있도록 만들어 놓았다. 물론 주검을 재활용하는 것도 얼마든지 가능하다.

의사의 시각에서 죽음을 이렇게 정리해놓고 나니 돌고루끼의 예측대로 죽음에 대한 비밀과 신비는 사라졌다. 그런데 뭔가 허전하다. 인간의 삶이 죽음을 통해서 끝이 나는 건 맞지만 만약 죽음이 몇 줄의 공식으로 저렇게 요약될 수 있는 것이라면 삶이 삭막해지고 허무해진다. 예술도 종교도 아무 의미가 없는 것이 되는 것 아닌가? 죽음의 의학적 기준을 충족하고 난 뒤의 나는 도대체 어떤 존재인가? 물론 죽음이 존재의 소멸이란 것도 부정할 수는 없지만, 죽음의 기준을 충족한 뒤의 나는 그저 찔러도 꼬집어도 발로 차도 반응이 없고, 서서히 부패해서 결국 사라지고 말 악취 나는 고깃덩어리에 불과한 것인가? "죽은 다음에도 사랑은 계속 남아있을" 것이란 예측은 늙은 유로지비의 헛소리인가?

시대에 따라 죽음을 대하는 형식과 개념은 달라졌을지 몰라도 인간의 죽음에는 인간의 이성이나 의과학 개념으로는 설명할 수 없는 그 무엇이 있다. 인간의 형상을 가진 생명체를 실험실에서 만들어낼 수도 있고, 인간의 지능을 능가하는 기계인간을 만들어낼 수도 있고, 아이를 직접 낳는 것은 개와 같은 짐승들이나 하는 짓으로 여기는《멋진 신세계》[52]의 세계에서도 죽음을 위한 공간을 따로 두는 이유는 살아있는 우리가 인식할 수 없는 그 무엇이 죽음 속에 있기 때문이다.

인간은 죽음을 그냥 내버려두지 않는 유일한 생명체다. 죽음의 주인을 위해 장례를 치르고, 제사나 추모제를 열기도 하고, 죽음의 공포 때문에 종교를 만들었고, 죽음을 위로하거나 기억하기 위한 유희와 예술을 만들었다. 그런 유희와 예술은 인간의 앎이 함부로 다가갈 수 없는 신성한 것에 대한, 또는 신비한 것들에 대한 예찬과 경배의 의미를 담고 있는 의례이다. 그런 의례를 중심으로 한 언어 습관, 행동양식, 삶의 방식이 한 집단의 고유한 문화로 정착된다.

한반도도 예외는 아니다. 한반도 어디를 가든 산에, 들에, 강에, 바다에, 나무에, 돌에, 그리고 그 자연 속에 살아가는 동물들, 심지어 내 집 안의 안방이나 부엌에까지 신이 없는 곳이 없었고, 민중은 하늘 아래 땅 위에 존재하는 사물들과 생명 속에 깃들어 사는 온갖 신들을 경배하며 기꺼이 머리를 조아렸다. 그런 신들과 소통하는 사람을 만신(萬身)이라 불렀다.

---

52 헉슬리,《멋진 신세계》, 194쪽, 303쪽.

새해 첫날이 밝아오기 하루 전날 한반도의 아이들은 방에 불을 밝히고 문설주에 채를 걸어놓고 잠을 청했다. 아이들의 신발만 훔쳐가는 야광귀(夜光鬼)를 물리치기 위함이었다. 적어도 베이비부머 세대 정도의 나이라면 직접 체험했거나 기억하고 있는 풍습이다. 그런데 지금 야광귀는 더 이상 아이들에게 위협이 되지 않는다. 어디 숨어있는지, 아니 아예 멸종해버렸는지 흔적조차 찾을 길이 없다. 아이들은 야광귀의 존재 자체를 모른다.

이 땅 구석구석에 숨어있던 귀신들이 자취를 감추게 된 것은 개항과 함께 한반도의 밤을 밝히기 시작한 전깃불의 영향이다. 세상이 대낮처럼 밝은 곳에서 귀신이 움직일 공간은 없다. 어둠이 걷히면서 하늘의 별을 보기가 어려워졌고, 귀신들이 숨어있던 자리에 이제는 사람들이 빼곡히 자리를 차지하고 있다. 철야와 야근은 전깃불이 가져온 새로운 착취 방식이지만, 대부분의 사람은 문명사회의 근면함으로 받아들인다.

◆ ◆ ◆

인간의 이성에 기반한 과학은 세상의 질서를 뒤집어 놓았다. 과학의 힘 앞에 종교권력이 무기력하게 무너졌고, 세속의 권력도 계몽된 시민의 힘 앞에 권위를 잃어버렸다. 기존의 철학과 인문정신도 과학의 힘 앞에 꼬리를 내린다. 예술도 과학의 힘 앞에서는 미를 창출하는 기존의 형식들을 버려야 했다. 인간을 둘러싸고 있는 자연은 신비한 색채를 잃어버렸다. 자연의 신비함이 사라지면서 인간이 가지는 원초적인 두려움도 사라졌다. 과학은 인간이 가진 무지의 베일을 걷어내버렸다. 그 결과 "자연과학 외의 환영" 따위는 없어졌고 귀신들이 자취를 감춘 자리를 "화학분자니 원형질"이니 하는 것들이 차지하고 있다.

도스또예프스끼는 이런 변화를 가져온 인간의 이성에 눈을 흘긴다. 의혹의 시선을 던진다. 인간의 이성이 "훌륭한 것"이란 사실은 "의심할 여지가 없지만", 그것은 어디까지나 "사유능력을 만족시켜주는 것일 뿐", "삶의 모든 국면들의 표현"인 욕구를 충족시켜 주는 것은 아니라면서.

이성의 언어는 세상이 2×2=4라는 수학의 공식과 연산에 의해 움직이는, 과학적 확실성에 의해 지배되는 세상에서만 통용되는 언어다. 2×2=4라는 것은 내 의지나 감정과는 상관없다. 내가 없는 곳에서도 내가 보지 못하는 상황에서도 2×2=4이므로 필연성, 보편성, 확실성, 객관성을 가진다. 그런 이성의 언어로 사상(捨象)된 세계는 "간격이 없고, 비약이 없고, 우연이 없고, 운명이 없다."[53] 그 세계에서 인간은 "자연의 법칙에 의해 연주"되는 존재일 뿐이고 세상은 출산율, 사망률, 평균수명, 취업률, 유병률, 발병률, 경제성장률, 1인당 국민소득과 같이 공식과 법칙으로 버무린 수치로 설명된다. 하나의 기준으로 줄을 세우는 세상이요, 인간의 사유능력을 극한까지 몰아감으로써 불가지의 영역을 없애버린 세상이다. 그 세상에서 인간은 "의지나 혹은 변덕을

---

53 칸트, 《순수이성비판》, 223쪽.

부릴 수 있는 자질"이 없는, 규칙과 법칙과 개념에 복종하는 "피아노 건반"에 불과한 존재가 되고 만다. 그리고 앞으로 남은 내 삶마저 사형 선고를 받고 기다리는 사형수처럼 주어진 법칙에 따라 내 의지와는 무관하게 계산되어 결정된다. 2×2=4라는 것은 결국 "삶이 아니라 죽음의 시작"을 알리는 공식이나 마찬가지다.

인간은 "기계의 톱니바퀴"가 아니며, "피아노 건반 중의 하나 또는 오르간의 작은 나사못"이 아니다. 인간의 삶은 수학 공식으로 "단순히 제곱근을 구하는 것이 아니"다. "이성의 눈에는 치욕으로 보이는 것도 마음의 눈에는 끊임없이 아름다움"으로 보이기도 한다. 자유란 인간의 본질을 구성하는 가장 중요한 요소이기에, "인간은 항상 어디에서나 그가 누구이든 간에 절대적으로 이성과 그의 이익이 지시하는 대로가 아니라, 자기가 원하는 대로 하기를" 좋아한다. 이성의 이익이란 "과학과 경제법칙들로부터 얻어 낸 평균치에 근거" 한 것으로 "행복, 재산, 자유, 평안" 따위이다. 불행이라는 "불가사의한 이익"과, "이익 중의 이익"이라 할 수 있는 자유로운 욕구, 변덕·광기에 달하는 몽상은 그 범주에 포함되지 않는다. 인간은 기계의 톱니바퀴가 아니라 인간 그 자체임을 입증하기 위해 "환상적인 꿈과 가장 뻔뻔스러운 어리석음"을 유지하기도 하고 "일부러 자신을 미치게" 만들 수도 있다. 이성은 그런 꿈과 어리석음, 광기를 이익의 범주로 분류하지는 않는다.

근대의 악당, 낭만주의자

도스또예프스끼는 이성을 인간의 "사유능력"으로 인간이 가진 총체적 능력의 "20분의 1"에 불과한 것으로 평가절하한다. 그래서 자신은 자신의 "총체적인 능력을 만족시키기 위해 살고 싶지" 기껏 내 능력의 한 귀퉁이에 불과한 이성 따위가 가진 아주 사소한 사유능력을 충족시키기 위해 살지는 않는다고 잘라 말한다.

도스또예프스끼가 말하는 자신의 총체적인 능력이란 인간의 이성에 의해 "구축된 규칙이라든가 하는 일정한 체계"가 아니다. "자신만의 체계"에서 해를 거듭하며 "완전한 형식으로 승화된, 놀랍고도 경이로운 사상"이다. 그 사상은 "자신의 영혼의 고통을 통해서, 그의 영혼의 내부로부터 요구"된 것이다. 그의 내면의 세계에 오래전부터 자라난 "창조적 능력"이 드러나기 시작하면서 감지하게 된 "영혼의 고유함이라든가, 진실함이라든가 자유로움" 같은 것들이다. 그것은 "한순간"에 나타났다 사라지는 것으로, 이성의 힘이 긴장의 끈을 놓친 뒤에야 비로소 나타나는 것이어서, 이성의 언어로는 설명할 수 없고 이성의 법칙으로 분석할 수 없다.

> 살다 보면 때로는 정신력과 이지력이 병적인 긴장을 하여 마치 의식이 환한 불꽃처럼 타오르는 것 같은 순간이 있다. 이런 순간에는 어떤 예언적인 것이 충격을 받은 정신에 꿈처럼 떠오른다. 그때 정신은 미래의 예감으로 애를 태우며 그것을 미리 맛보게 되는 것이다. 그리

하여 온몸의 조직이 그렇듯 살려고 하고 살기를 희구한다. 그리고 너무도 뜨거운 너무도 맹목적인 희망에 불타올라 가슴은 마치 모든 신비와 미지의 모든 것을 간직한 미래를 — 비록 그것이 폭풍과 뇌우를 동반한 것이라 하더라도 삶이 있기만 한다면 — 불러내는 것 같다. 내게 다가왔던 순간이 바로 그러한 상태였다.

《네또츠까 네즈바노바》, 215쪽

어린 네또츠까의 한순간은 미쉬낀 공작이 경험했던 발작 직전의 한순간과, 끼릴로프가 자신의 모든 것을 내주어도 좋다던 그 한순간의 감각과 일치한다. 지하생활자인 내가 말하는 "아름답고 숭고한 것들에 대한 온갖 미묘함을 인식하기에 가장 적합한 상태"와도 겹친다. 또 오르디노프가 영혼의 고유함 같은 것을 감지할 수 있는 한순간과 뻬쩨르부르그의 몽상가가 느끼는 한순간의 감각과도 같은 것이며, 이 모든 주인공들이 느끼는 한순간은 간질병 환자 도스또예프스끼 자신이 수도 없이 경험했던 발작 직전의 한순간을 설명하는 말이기도 하다.

"아름답고 숭고한 모든 것"이 용솟음치는 이 한순간은 도스또예프스끼가 "작은 타락에 빠져 있을 때"나 "나락까지 떨어졌을 때" 일어나는 것이어서 방탕과 방종, 무질서를 용납하지 않는 이성의 능력으로는 감각할 수 없는 것이다. 이런 '한순간'의 감각이 도스또예프스끼를 "예술로의 나태한 심취"로 이끈다.

◆ ◆ ◆

이성의 힘으로 계몽된 사회에서는 "아름답고 숭고한 것들에 대한 온갖 미묘함"을 인식하기는 어렵다. 인간에게 아름다움과 함께 숭고한 감정을 심어주던 고산준령들은 계몽된 문명사회에서는 교통을 방해하는 장애물일 뿐이다. 인간의 의지로 절멸시켜버려야 할 하찮은 동물들의 서식처일 뿐이다.

"아름답고 숭고한 것"을 포착한 도스또예프스끼의 감각은 이성의 현미경에서 나온 것이 아니다. 화려함을 쫓는 문명사회의 감각도 아니다. 법칙과 공식으로 계산된 감각은 더더욱 아니다. 그것은 "세상에 존재하는 모든 것"에 숨어있고, "가장 추악하고 보잘것없는 쓰레기에서도" 들추어낼 수 있고, "똥을 그린 그림"에서도 찾을 수 있다.

아름답고 숭고한 것들을 보기 위해서는 현미경도 망원경도 치밀한 이성도 필요 없고 다만 "작은 술잔에 한 방울의 눈물"이 필요할 뿐이다. 그리고 "병적인 초조함" 때문에 생긴 "불쌍하고 초라한 정열", "눈물과 경련"이 따라오는 "신경질적인 충동", "신경질적인 갈망", "우울증","내면적으로 은밀하게 자신을 갉아먹는 고통" 같은 것들이다. 도스또예프스끼는 이런 자신의 심미적 태도를 낭만주의로 규정한다.

> 우리 낭만주의자의 성격은 모든 것을 이해하고, 모든 것을 보고 그리고 가장 훌륭한 정신과 비교할 경우에라도 더 잘 보는 것이며, 어느 누구와도 혹은 어떤 것과도 결코 타협하지 않는 것이며, 그러나 그와 동시에 어느 누구도, 혹은 어떤 것도 싫어하지 않는 것이며, 모든 것을 우회하고 모든 것을 양보하고 또 모든 사람을 외교적으로 대하는

> 것이며, 유용하고 실용적인 목표에 끊임없이 주의를 기울이고(어떤 종류의 공공주택들, 연금들, 훈장들) 몇 권의 서정시들을 통해 그러한 목표를 모든 열의와 구별하는 것과 동시에 '아름답고 숭고한 것들'을 그들의 삶이 끝날 때까지 고이 간직하는 것, 그리고 또한 만일 그 똑같은 '아름답고 숭고한 것들'에 도움이 되는 것이라면 그들 자신을 어떤 보석상의 싸구려 보석들처럼 탈지면 안에 안전하게 보존하는 것이다. 우리 낭만주의자는 큰 아량을 가진 인간이며 전 인류의 사기꾼 중에서 가장 큰 악당이다.
>
> 《지하로부터의 수기》, 75쪽

이성은 지금까지 신비와 계시에 사로잡혀 살던 인간들을 계몽시켰고 무질서한 사회를 정연하게 정돈하기 시작했다. 이성과 과학이 정말 진저리치듯이 못 견뎌 하는 것은 세계의 무질서다.[54] 무질서한 세계를 만든 인간들의 무례함과 무지도, 열정도 광기도 사라졌다. 비이성적인 태도와 비과학적인 사고들은 설 자리를 잃어버렸다. 정제되지 않은 거친 욕망들은 근원을 알 수 없는 무거운 힘에 짓눌렸다. 그리하여 인간의 내면은 한결 "양순해졌다". 하지만 도스또예프스끼는 문명사회가 요구하는 인간의 양순함을 거부한다. 그래서 악당인 게다. 아니면 범죄자[55]이거나.

---

54 "모든 이론과학이란 질서를 부여하는 것이다."(레비 스트로스, 《야생의 사고》, 61쪽)

55 "…길들여지고 평균적이며 거세된 우리 사회에서는 산에서 왔거나 또는 바다의 모험에서 온 야생적 인간은 필연적으로 범죄자로 변질되고 만다."(니체, 《우상의 황혼》, 186 쪽)

그런데 도스또예프스끼는 낭만주의라는 것이 유럽에서 넘어와 "모든 사람들이 알고 있는 오래된" 단어로, "존경받을 만하고, 정당하다"는 것 까지는 인정한다. 하지만 도스또예프스끼 특유의 유럽에 대한 혐오와 멸시가 스멀스멀 피어오른다. 자신은 러시아적인, 지극히 러시아적인 낭만주의자이지 유럽의 낭만주의자는 아니라며 선을 긋는다. 왜냐하면 러시아 사람들은 "우둔하고 별을 쳐다보는 듯한 독일사람들의 눈"을 가져 본 적이 없고, "프랑스의 몽상가"들처럼 어떤 상황에서도 변하지 않고, 인생이 끝날 때까지 한결같이 "몽상적인 노래"를 불러대는 "바보들"이 아니기 때문이란 것!

사이비 애국주의

낭만주의자이되 러시아 낭만주의자임을 자처하는 도스또예프스끼의 눈에 유럽의 이성이 일구어낸 과학이 탐탁스러울 리는 없다. 도대체 인간의 삶에 있어 과학이란 게 무엇인지 그 본질을 묻는다. "매일매일 땀 속에서 사는 탓에 더러운 루바쉬까를 입은 농부"들에게 과학이 무슨 의미가 있으며, "깨끗하다고 해서 부활하는 것도 아니고, 더럽다고 해서 파멸하는 것도 아닌데, 과학에 의해 요구되는 청결과 질서"는 또 무엇이란 말인가? 게다가 과학이란 "땅과 노예라는 지배 수단을 잃어버린 기득권층이 그 대체물로 차용한 것"이어서 "지주들과 같은 가진 자들의 것"이지, "민중과는 무관한 것" 아닌가?

사회주의자였던 도스또예프스끼가 사회주의를 싫어하게 된 이유도 변절이라기보다는 과학과 이성이 인간의 자유로운 영혼에 미치는 해악을 간파한 탓이다. 이성과 과학은 "민족들의 삶에서 언제나 부차적이고 보조적인 의무만을 수행"해 왔을 뿐, 어떤 "민족도 과학과 이성을 기반으로 해서 건설된 적은 없었다"는 것, 그리고 이성은 "결코 선악을 구별할 힘"이 없고, "과학은 주먹구구식의 해결책"만 내놓을 뿐이므로 현실의 문제를 해결하는데 아무런 도움이 되지 못하는 걸로 생각했다. 이런 "과학을 연구하는 사람"에 대한 증오가 오만하면서도 현학적인 사상가 포마 포비치(《스쩨빤치코프 마을 사람들》)에 의해 폭발한다. "학자들이 하는 과학에서 나오는 것이란 무슨 사기 같은 장난이지 과학이" 아니며, 그 학자들이란 "책을 잔뜩 짊어진 현대의 멍청이"일 뿐, 영혼이 없고, 가슴이 없어서 선행(善行)을 모르는 사람들이란 것이다. 이성과 과학에 대한, 그리고 그로 말미암은 러시아 사회의 부조리에 대한 도스또예프스끼의 시각은 조시마 장로의 잔잔하면서 편안한 설교로 정리된다.

> 세인들은 과학을 가지고 있지만 과학 속에는 감각으로 확인된 것만이 존재할 뿐입니다. 인간 존재의 절반을 차지하고 있는 고고한 정신세계는 어떤 승리감, 증오심과 더불어 완전히 거부되고 축출되고 있습니다. 세상은 자유를 선언하였고, 현대에 들어서는 더욱 그렇습니다만, 그들의 자유 속에서 우리는 무엇을 보고 있습니까? 그것은 예

속과 자살에 지나지 않습니다.

《까라마조프 씨네 형제들》, 551쪽

이어 조시마 장로는 인간의 자유를 "욕구의 증대와 신속한 충족"으로 받아들인 근대의 인간들이 "무의미하고 어리석은 욕망과 관습과 비합리적인 망상"에 사로잡혀 "자신의 본성을 왜곡"하게 되었다고 설파한다. 그래서 부자들은 자신들의 한도 끝도 없는 욕망이 충족되지 못하면 "고독"에 시달리다 "정신적 자살"을 시도하고, 가난한 사람들은 "욕구불만과 질투"를 술로 다스리다가 결국에는 "피를 마시게 된다"는 것이다.

도스또예프스끼는 러시아의 무질서와 혼돈은 빵이 부족해서도 아니고, 낙후된 정치체제나 권력층 탓도 아닌, 유럽에서 흘러들어온 이성과 과학의 영향으로 러시아 사회의 고유한 믿음이 흔들린 탓이라고 생각했다. 하느님을 믿지 않아 정신이 나가고 속이 텅 빈 채 "허영과 자만심을 먹고 사는" 무신론자들이 "서로를 잡아먹고 만 결과"란 것이다. "미처 기반도 닦이지 않는 곳에 타인의 제도를 도입해서 구원의 길을 모색하는 개혁"은 사회 전체에 해만 끼친다.

보라! 인간 사회에서 "가장 문명화된" 유럽의 신사들은 어떤 사람들인지를. 인류의 역사에서 "가장 세련되게 피를 흘리게 만든 이들"은 "거의 예외 없이" 유럽의 "가장 문명화된 신사들"이다.

어쨌든 문명 때문에 인간이 피에 더 주리게 되지는 않았더라도, 전보다 더 나쁘고 혐오스러운 방법으로 피에 주리게 된 것은 확실하다. 지난날에 인간은 학살이 정의라고 생각했으며, 편안한 양심으로 자신이 처벌해야만 한다고 생각한 이는 누구든지 전멸시켰다. 오늘날, 우리는 학살을 끔찍스러운 것으로 생각하지만 이 끔찍스러운 일을 전과 똑같이, 심지어는 더 많이 행하고 있다. 어느 것이 더 나쁜지 당신 자신이 결정하기 바란다.

《지하로부터의 수기》, 40쪽.

◆ ◆ ◆

19세기 러시아의 무질서와 혼돈 속에서도 도스또예프스끼는 러시아의 장래를 낙관한다. 그런데 그 근거를 자세히 들여다보면 꼭 사이비교주가 부흥회에서 떠들어대는 황당한 설교 같기도 하다.

뾰뜨르 대제의 개방정책 이후 러시아 민중에게는 "시야의 확대"가 일어났는데, 그 시야라는 것이 개화, 과학, 문명 같은 것이 아니라, "러시아의 보물인 정교를 인류의 봉사에 적용"[56]시켜 "정교의 통솔자로서, 그 보호자, 보존자로서" 역할을 강화·확대하여 콘스탄티노플을 러시아의 것으로 만들자는 다짐 같은 것이다. 이런 도스또예프스끼의 공상은 "러시아가 통합된 정교의 선두에 서서" 정교를 믿지 않는 유럽의 슬라브 민족까지 러시아의 보호 아래 대동단결케 하여 전 세계의

56 이종진 옮김, 《작가의 일기》, 236쪽.

유토피아를 건설하자는 쪽으로 비약된다.[57] '대동아공영'의 러시아 판이다.

이런 공상이 과연 건실한 신앙인의 기원인지 아니면 편집증이 있는 병자의 과대망상인지, 그것도 아니면 측두엽 간질병 환자들에게 나타나는 과잉종교증의 결과인지를 판단하기란 쉽지 않다. 다만 도스또예프스끼는 자신의 공상 혹은 망상이 생긴 배경만큼은 충분히 이해하고 있었던 것 같다.

까라마조프 씨네의 막내, 알료샤는 도스또예프스끼 스스로 자신의 주인공이라고 불렀던 인물이고 그런 점에서 도스또예프스끼의 긍정적인 분신이라고 할 수도 있다. 드미뜨리의 존속살인 혐의를 심판하는 법정에서 이뽈리뜨 검사는 알료샤의 장래를 걱정하는 논고를 펼친다.

검사는 먼저 알료샤를 "민중의 근본에 호응하려고 애쓰는, 지식계급에 속하는 이론가"로 평가한다. 그런데 알료샤 같은 이론가들은 러시아 사회의 모든 불행과 죄악을 "유럽 문명에 전가하는 오류"에 빠져 "본질적 근본"으로 돌아가려는 경향들이 있다. 이것은 마치 놀란 어린아이가 어머니 품안으로 달려드는 것과 같은 것으로, 청년 지식인들의 이런 경향들은 시간이 지나면 "암흑 속의 신비주의"와 "맹목적 사이비 애국주의"로 흐를 가능성이 있다. 검사는 이 두 가지를 "유럽 문명 속에서 생겨나는 때 이른 퇴폐"보다 더 위험한 것이라 강력하게 경고한다.

---

57 이종진 옮김, 《작가의 일기》, 240쪽.

"암흑 속의 신비주의"와 "맹목적 사이비 애국주의"는, 사실 소설 속 인물인 청년 알료샤가 빠져들게 될 위험한 사상이나 신앙이라기보다 도스또예프스끼 자신이 이미 빠져있던 신앙이요 사상이었다. 그는 자신의 사상과 신앙의 위험성을 충분히 감지하고 있었고 그 사실을 이뽈리뜨 검사의 논고에 반영한 것으로 보인다. 하지만 간질병 탓인지 그 사상은 정제되지 못한 채 무책임한 선동을 일삼는 침략자의 사상으로 세상에 나타난다.

> 러시아인들에게도 러시아적 세계관을 제시할 때가 왔습니다. 러시아적인 사상과 러시아적인 그리스도의 힘에 의해서만 이룩될 수 있는 전 인류의 개혁된 미래상과 그 부흥에 관한 청사진을 제시하세요! 그러면 머지않아 훌륭하고 성실한, 고명하고 어진 모습을 한 우리들의 영웅이, 놀라서 경탄을 금치 못하는 전 세계 앞에 우뚝 서 있는 모습을 보게 될 것입니다.
>
> 《백치》, 839쪽

위대한 대문호의 헛소리-전쟁이여 만세!

도스또예프스끼는 자신의 조국 러시아가 2세기가 넘도록 따따르족의 지배 아래 있었던 역사와 그런 까닭으로 주체성이 텅 비어버린 역사를 "민중의 음탕, 절도, 은닉, 고리대금업, 강도, 가정파괴, 국민 일반의 치욕[58]"으로 메우고 있는 현실에 치를 떨었던 것 같다. 그래서 러시아가 이런 수치와 모멸감에서 벗어나 유럽의 강대국이 되어야 한다는 강박증이 있었던 것 같고, 러시아가 강대국이 될 수 있는 구체적인 안 — 공상이란 전제를 깔고 있긴 하지만 — 을 내놓는다.

첫째, 땅이 넓은 국토를 지키기 위한 '군사력의 강화', 둘째, 유럽을 모방하지 않는 자체적 역량의 '과학', 즉 '러시아만의 자유로운 과학'이 필요하고, 셋째, 국방에 투자하는 만큼의 '교육 부분의 투자'다. 근대를 지향하는 모든 국가에서 추진했고, 추진하고 있는 정책안이라 별로 새로울 것도 없지만, 이런 정책제안을 한 당사자가 문명과 과학에 침을 뱉고, 가난과 핍박은 천상의 행복을 얻기 위한 고행과 수난이며, 러시아 정교가 러시아는 물론 러시아 사람, 나아가 온 세계를 구원할 것이라는 낙관론을 펼치던 사람이라고 쉽게 믿기 어렵다.

이런 도스또예프스끼의 맹목적 사이비애국주의는 전쟁 예찬론과 결부되면서 막장으로 치닫는다. 그의 전쟁 예찬론은 빼쩨르부르그에서 "가장 평화적이고 악의 없는 사람"이라 할 수 있는 공상가의 역설적 공상인 것처럼 포장하고 있지만, 이는 자신의 호전적인 사상을 감추기 위한 말장난에 불과하다.

빼쩨르부르그 공상가의 주장에 따르면 전쟁은 "인류에게 채찍" 과 같은 것으로, 형제가 서로 죽이는 내전은 혐오스러운 전쟁이지만 "정

58 이종진 옮김, 《작가의 일기》, 81쪽.

치적인 국제적인 전쟁은 모든 점에서 유익하며 절대적으로 필요한 것"이다. "숭고한 이념"이 없으면 인류는 존속할 수 없는데, "자신의 형제와 조국을 지키기 위해 자신을 희생하는 것 이상 더 고결하고 숭고한 이념"이 있을 수 없고, 전쟁은 "갑자기 기운이 나고 정신이 고조"되기 때문에 일상의 권태와 우울함에 대한 더할 나위 없이 좋은 처방이 될 수 있다. 게다가 전쟁은 "전투 중의 모든 사람을 평등하게 만들고", "주인과 노예를 화해"시키는 힘이 있어, 현대사회에서 절대 해결되지 않을 불평등의 문제를 해결할 수 있는 "유일한 약"이라고 했다.[59]

또 전쟁이 끝나더라도 그 "전쟁에 대한 회상" 때문에, 비록 전쟁에 패배하더라도 즐겁게 살 수 있으므로 전쟁은 누구에게나 "마음속의 축제"가 된다. 반면에 평화가 오래 지속되면 "숭고한 이념은 사라지고 그 대신 냉소와 무관심, 권태, 그리고 기껏해야 심술궂은 비웃음"이 넘치고, 평화가 지속되면 숭고한 것들은 핏기를 잃고 메마르고 죽어가며 대신 부와 탐욕이 모든 것을 삼켜버린다. 오랜 평화는 "권태를 빚어내고, 사상의 타락과 음탕을 부르고 감정을 둔하게 만드는 법"이며, "과학과 예술을 최고조로 발달하게 하는 것은 전쟁 직후 초기"에 일어나는 일이다.

이것이 평화를 사랑하고 전쟁을 반대하는 천재 작가의 전쟁에 대한 역설이나 패러디일까? 아니다. 스따브로긴이 마뜨료냐를 강간할 때, 라스꼴리니꼬프가 도끼로 전당포 노파를 내려칠 때, 드미뜨리가 이웃

---

59 표도르 도스또예프스끼, 《작가의 일기》, 이길주 옮김, 지식을 만드는 지식, 2012. 100~110쪽(이하 이길주 옮김, 《작가의 일기》로 표기).

집 소녀를 상대로 "벌레의 정욕"을 충족시킬 때와 같이, 그의 내면에 숨어있던 가학적인 야수의 심성이 오롯이 드러난 것이다. "비열한 성격을 타고난 혐오스런 쌍둥이"라고 할 수 있는 도스또예프스끼의 분신, "또 하나의 자기"가 내지르는 소리다. 도스또예프스끼가 정의하는 "또 하나의 자기"란 "심각한 정신착란의 1단계이며 전혀 예상치 못한 나쁜 결과를 초래할 수도 있는 상태"를 말하고, "또 하나의 자기"가 "정신착란"을 일으키면 "논리적인 실수, 판단의 착오, 사물에 대한 비정상적인 시각"이 드러난다. 그리고 끝내 내면에 숨어있던 야수들이 뛰쳐나온다. "분노의 야수, 박해받는 희생자의 비명에서 쾌락적 행복을 느끼는 야수, 사슬에서 풀려나 마음대로 다룰 수 없는 야수, 방탕한 생활로 인해 수족통풍이나 간장병이 생긴 야수"들이…….

◆ ◆ ◆

유럽과 유럽 문명에 대해서는 수세, 방어적 태도를 취하던 천재 작가요, 세계적인 대문호가 아시아 쪽으로 눈을 돌리면 전혀 다른 사람으로 돌변한다. 잔인하고 무지막지한 종교 제국주의 사상으로 무장한 야수가 되어 "수백만 명이 아직 졸고 있는 아시아의 깊숙한 곳"으로 진격할 것을 선동한다. 아시아는 "러시아의 출구"이고 러시아의 자원이 있고 러시아의 바다가 있는 곳으로, 아시아를 통해 변혁과 충격을 일으키면 "지식인들과 회의주의, 나태, 무위도식에 빠진 모든 러시아 사람들"에게 탈출구가 될 것이라는 망상인지 잠꼬대인지 구분이 안

되는 헛소리를 내뱉는다.[60] 러시아가 아시아를 상대로 문명 보급자의 역할을 떠맡는 한편, 그 과정에서 지금 당장 러시아에 없거나 부족한 민족적 자긍심과 자각을 북돋워 줄 계기가 될 것이라며.

또 유럽이 "인구 과잉 상태로 굴욕적인 공산주의"가 확산되어가고 있으므로, 유럽 대신 아시아에서 희망과 가능성을 찾는 한편, 공산주의의 위협으로부터 유럽을 구한다는 명분을 내세워 주저 없이 유럽을 상대로 한 전쟁까지 선동한다. 이렇게 터무니없는 '헛소리'를 내지르는 도스또예프스끼를 향해 E. H. 카는 "위대한 예술가가 주전론의 저널리즘에 봉사하여 펜대를 놀려 댔다는 것은 후대에 고통스럽고 믿을 수 없는 꼴을 보여 준 것"이라고 한탄했다.[61]

도스또예프스끼의 전쟁 예찬과 선동이 더욱 심각한 것은 그가 배타적이면서도 맹목적, 독선적 신앙을 가지고 있었다는 점이다. 종교와 전쟁이 결부되었을 때 얼마나 잔혹한 결과를 불러오는지 21세기에 이른 지금 우리는 계속 목격하고 있다. 온 지구촌을 공포로 몰아가는, 끝없는 테러의 뿌리가 바로 신앙이요 종교 아닌가. "끝없는 전쟁이여! 만세"가 현실이 된 것이다.

도스또예프스끼의 부추김에 정말 러시아의 정신이 고양된 탓인지 20세기 초입에 러시아는 아시아(일본)와 전쟁을 벌인다. 결과는 참담한 패배였다. 그리고 10여 년 뒤 도스또예프스끼가 사랑했던 러시아는 멸망했다. 지금의 러시아는 도스또예프스끼가 충성을 다했고, 유럽

---

60 이길주 옮김, 《작가의 일기》, 161~167쪽.

61 카, 《도스또예프스끼 평전》, 327쪽.

이 멸망한 뒤에도 영원히 남아있을 것으로 믿었던 황제의 러시아가 아니다.

도스또예프스끼는 러시아를 지키는 두 가지 무서운 힘[62]이 있다고 믿었다. "수백만을 헤아리는 러시아 국민의 일치단결과 정신적 불가분성", 그리고 "그들과 군주의 밀접한 결합체", 이 두 가지다. 그런데 러시아를 지켜줄 것이라 믿었던 국민이 일치단결하여 군주와의 결합에서 떨어져 나와 군주를 권좌에서 내몰고 인류 역사에서 최초로 사회주의 혁명을 성공시킨다. 그 과정에서 도스또예프스끼가 "잡초처럼 하잘것없는 족속"이라 무시하고 경멸했던 여성들이 큰 역할을 한다. 1917년 3월 8일, 전쟁과 굶주림에 시달리던 러시아의 여성 노동자는 일치단결하여 거리로 쏟아져 나왔다. 결국 짜르 체제의 러시아는 붕괴된다. 3월 8일이 '국제 여성의 날'로 지정된 것은 바로 러시아 여성들이 일으킨 그날의 거사를 기념하기 위한 것이다. 그러나 그 혁명의 열기는 20세기의 '비범인'이요 '초인' 중의 한 사람이었던 스탈린에 의해 한순간에 식어버린다.

유럽의 문명국가들이 일으킨 양차 세계대전으로, 20세기 인류의 역사는 도스또예프스끼의 표현처럼 "피가 강물"이 되어 흐르고 피가 "샴페인처럼 즐겁게 흘러갔"다. 이 핏빛 역사에 대해 도스또예프스끼와 니체는 어떤 생각을 가지고 있을까? 일말의 책임은 느끼고 있을까? 위대한 작가와 위대한 철학자인 두 사람은 똑같이 전쟁을 예찬했고,

---

62 이종진 옮김, 《작가의 일기》, 345쪽.

민주주의를 무시하거나 부정했고, 여성·노인·병자와 같은 사회적 약자와 사회적 소수자를 멸시하고 증오했다. 스탈린과 히틀러 체제에서 일어난 대참극이 도스또예프스끼나 니체의 사상과 전혀 관련이 없다고 주장하는 것은 한국 사회의 고질적인 가부장제 문화와 남존여비 사상이 공자의 사상과 전혀 무관하고, 순전히 여자들 탓이라고 주장하는 것과 다를 바 없는 말이다.

심신미약자의 헛소리는 정상참작의 사유가 될 수는 있지만, 그 심신미약자가 위대한 작가요 철학자라고 해서 그들이 내지른 헛소리와 온 인류에게 해로운 수다까지 위대한 것으로 떠받들거나 침소봉대, 견강부회할 필요는 없다. 니체도 그가 심리학의 스승이라고 생각했다는 도스또예프스끼 만큼이나 섬망과 정신착란, 우울증이 심했던 환자였다.

4부

아름다움과 어리석음

어리석음은 간결하면서도 결코 교활할 수 없는 법이지만, 지성은 요리조리 핑계를 대고 꼬리를 잘 감추지. 지성은 비열하지만, 어리석음은 솔직하고 정직하잖니…….

_《까라마조프 씨네 형제들》 중에서

12장

일상의 아름다움 -세계를 지탱하는 힘

도스또예프스끼가 살았던 19세기는 기존의 질서와 생각들이 뒤집어지던 시대였다. 어제 뒤집혔던 것이 오늘 또 뒤집히고, 내일 또 무슨 일이 벌어질지 모르던 시절이었다. 모든 것이 의심스럽고 모든 일상이 무너지던 시절이었다. 유럽에서 일어난 혁명의 물결이 러시아를 향해 거침없이 넘실대며 흘러가고 있었던 탓이다.

찰스 디킨스는 그 당시 유럽의 분위기를 "최고의 시절이자 최악의 시절, 지혜의 시대이자 어리석음의 시대, 믿음의 세기이면서도 의심의 세기, 빛의 계절이자 어둠의 계절, 희망의 봄이자 절망의 겨울"인 시대라 했고, "모두들 천국으로 가고자 했지만 엉뚱한 방향으로 걸어가고 있던" 시대였다고 규정한다.[1]

---

1 디킨스,《두 도시 이야기》, 13쪽.

그 시대는 무엇보다 "인간의 마음이 혼미해진 시대"였기에 무엇이 참이고 거짓인지, 무엇이 옳고 그른 것인지, 선과 악을 어떻게 구별할 것인지 가늠조차 할 수가 없었다. 기존의 질서는 무너지고, 권위가 곤두박질치고, 그런 시대를 가능하게 했던 과학과 이성은 인간의 영혼마저 분석과 조사의 대상으로 삼았다. 그리하여 신성함과 신비함은 힘을 잃어 버렸고 죽음의 세계가 가지고 있던 비밀까지 없어졌다. 세상을 구성하는 모든 현상이 합리적 법칙에 의해 낱낱이 설명되면서 명상과 성찰이 불가능해지고, 사색과 관조가 어려워졌다. "세상은 기술적 합리성의 전체주의적 세계"[2]로 변질되면서 삶의 아름다움도 사라졌다. 세상이 아름다워 보이는 이유는 합리성과는 무관한 신비함과 신성함 속에 감추어진 비밀과 동경이 있기 때문이다.

도스또예프스끼는 인간의 이성이 과거와 전통의 폐허 위에 다시 쌓아 올린 문명사회의 혼돈과 부조리를 정나미 떨어질 정도로 잔인하게 까발린다. 삶이 있어 세상이 아름답다고 하던 작가가 묘사한 지상의 풍경은 잔인하고 삭막하고 허무하다. 읽는 사람으로 하여 살아갈 의욕을 잃어버리게 만들 정도다. 읽는 이를 잠시나마 편안하게 해주거나, 발 디뎌보지 못한 낯선 세계에 대한 동경과 호기심을 불러일으킬 만한 풍경도 찾기 어렵다. 그저 더럽고 냄새나고 숨이 컥컥 막힐 정도의 혼탁하고 답답한 환경에서, 죽고 죽이며 아득바득 거칠게 살아가는 사람들이 펼치는 이야기, 그래서 가슴이 먹먹하기도 하고, 분노가

2 헤르베르트 마르쿠제, 《일차원적 인간·부정》, 차인석 옮김, 삼성출판사, 1979. 103쪽.

치솟기도 하고, 어떤 때는 이맛살이 찌푸려지고 속이 메스꺼울 정도로 지저분하고 거친 이야기다. 그래서 도스또예프스끼를 꼼꼼히 읽어내기 위해서는 확고한 결심과 함께 엄청난 인내가 필요하다.

그런데 도스또예프스끼는, 살려고 버둥거리는 사람들의 발아래 깔린 받침대를 걷어차 버리는 이 무지막지한 세상을 어떻게 고칠 것인지에 대해 아무런 해답을 내놓지 않는다. 희망과 절망이, 빛과 어둠이 교차하는 혼돈의 시대에 맥없이 쓰러져가는 민중을 안타까이 쳐다보기는 하지만 그들을 구제하기 위한 방책은 어떤 것도 내놓지 않는다. 젊은 시절에 잠시 기웃거렸던 이념으로부터는 일찌감치 전향을 했다. 러시아의 혼돈과 무질서에 가장 큰 책임이 있는 황제에게 시대착오적인 충성심을 가지고, 러시아 상층부 귀족들에게는 무한한 신뢰를 보내는 한편, 그 자신이 그런 귀족 신분이라는 것에 대한 한없는 긍지와 자부심을 내보이기도 한다. 그러다가 뜬금없이 전쟁을 예찬하고 부추기기까지 한다.

그렇다고 해서 지상의 삶을 허무하게 만드는 것만은 아니다. 막연하긴 하지만 "아름다움이 세상을 구원"할 것이라는 희망을 제시한다. 절망적인 시대에 절박한 처지로 내동댕이쳐진 채 살아가는 사람들에게 아름다움이란 게 과연 얼마나 힘이 될 수 있을까? 아름다움이 돌을 밥이나 돈이 되게 하지 않는 이상, 아름다움이 부자들의 횡포와 권력자들의 학정을 바로잡아 주지 않는 이상, 아름다움이 세상을 구원할 것이라는 소리는 세상과 등진 채 죽림에서 노니는 현자들의 음풍농월과 다를 바 없다.

그러나 아름다움이 세상을 구원할 것이라는 도스또예프스끼의 믿음은 확고하다. 아름다움 속에는 "인간의 지혜가 닿을 수 없는 모든 비밀과 역사의 전체"가 들어있기 때문에 아름다움이 없으면 과학조차 "단 1분"도 견디어내지 못하고 "천덕꾸러기"로 전락하고 말 것이며, 허무주의자도 지상의 '미'만큼은 사랑한다는 것이다. 그래서 "획득된 미의 형식"이 없으면 삶 조차 거부할 수 있다고 말할 정도로 단호하다.

◆ ◆ ◆

도스또예프스끼가 세상을 구원할 것이라 믿었던 아름다움은 고대 그리스에서부터 출발한 서구의 고전적인 아름다움도 아니고, 콘서트홀의 청중들을 얼어붙게 만드는 오케스트라의 장엄한 음색도 아니고, 미술관에 갇혀 있는 그림들이 아우성치듯이 뿜어내는 색조의 화려함도 아니다. 웅장한 건축물 앞에 선 나의 왜소함을 느끼면서 우러나오는 숭고한 아름다움도 아니다. 그것은 영(靈)의 세계를 직접 체험했던 사람이 느끼는 일종의 "종교적 감정의 본질" 같은 것으로 "그 어떤 이성적 논리로도 접근할 수 없는 것"이다.

우리는 도스또예프스끼가 사형대 앞까지 끌려갔던 사형수였다는 것과 혼절을 반복하는 지독한 간질병 환자였음을 기억해야 한다. 그래서 도스또예프스끼의 눈에 비친 아름다움은 세련되고 깔끔하고 깨끗하고 우아하고 매끈하고 편리하고 스마트한, 문명사회의 아름다움이 절대 아니다. "편안함이야말로 인생의 전부라고 선전되는 시대"와는 전혀 어울리지 않는 아름다움이다.

5분 후에 사형집행이 예정된 사형수가 남은 5분을 쪼개어 쓰다가, 마지막 3분이 남았을 때 교회의 황금빛 용마루를 이글이글 태우고 있는 태양빛을 어슴푸레하게 느낀다. 그 빛은 3분 뒤에 사형수인 자신과 융합되어 새로운 자연으로 다시 태어나게 될 것이다. 바로 그때 사형집행 정지 명령이 떨어지고 두건이 벗겨지면서 두 눈동자에 강렬한 빛이 파고든다. 저절로 이맛살이 찌푸려지면서, 가늘게 뜬 눈에 비치는 모든 광경! 하늘, 구름, 나무, 산과 들, 나지막한 지붕, 바람에 이는 먼지, 시들어 빛바랜 꽃들, 길거리에 아무렇게나 나뒹구는 쓰레기와 개똥 무더기, 쓰레기통을 뒤지는 골목 강아지, 더러운 옷을 입고 길거리에서 쌈질하는 아이들의 악다구니……. 이 모든 것들이 바로 내가 살아있음을 알려주는 것들이다. "죽음의 확실성"이 기적처럼 사라진 바로 그 순간, 섬광과도 같은 한 줄기 빛과 함께 도스또예프스끼의 눈길을 사로잡는 지상의 모든 것! 닥쳐오는 죽음을 기다리던 사람에게 이보다 더 아름다운 광경이 있을 수 있겠는가?

늘 그 자리에 있으면서 세상을 지탱해왔던 것들이지만 거기 그 자리에 있었는지조차 몰랐다가, 죽음 직전에서야 비로소 눈에 들어오기 시작하는 하찮은 것들, 삶이 멎어버렸다면 볼 수 없는 것들, 죽음 이외에 아무것도 기대할 것이 없는 사형수의 눈에 사로잡히는 모든 것들, 곧 끝나버릴 삶이었기에 더욱 가슴 저리게 아름다운 것들이다. 살아있음의 신비를 느끼게 하는 빛과 그 빛에 비치는 모든 아름다운 것들, 그것들로 해서 가슴 깊은 곳에서부터 치솟아 오르는 기쁨과 환희……. 그것은 문명사회를 지탱하는 박제된 아름다움과는 차원이 다른 것이다.

아름다움에 대한 도스또예프스끼의 이런 감수성은 사형집행을 기다리며 사형대 아래 도열해 있었던 독특한 경험만으로 이루어진 것은 아니다. 멀쩡하던 인간을 한순간에 칠흑 같은 어둠 속으로 처박아버리는 발작이 수도 없이 되풀이되고, 그때마다 겪어야 했던 죽음에 대한 공포, 비참한 추락 뒤에 쓰나미처럼 밀려오는 수치와 치욕, 그리고 달랠 길 없는 슬픔과 비애, 마지막 남은 삶의 의지 한 조각 마저 꺾어버릴 듯한 불안과 우울증…….

발작으로 넋을 놓아버린 도스또예프스끼가 삶과 죽음의 경계에서 괴성을 내지르며 몸부림치고 있을 때, 어둠을 걷어내며 밝아오는 한 줄기 빛이 "부활과 갱생"을 축하하며 그를 깨운다. 희붐한 새벽빛에 드러나는 풍경은 늘 변함없이 그 자리를 지키던 것인데도 삶의 의지를 다시 충전한 도스또예프스끼의 눈에는 새롭게 채색된 아름다운 모습으로 다가온다. "삶의 모든 1분이, 삶의 모든 순간"이 인간에게 축복이 되어야 한다는 "인간의 의무", "인간의 율법"을 인식하게 하는 아름다움이다. 그런 아름다움은 멀리 있는 것이 아니며, 이성과 교육으로 얻어지는 것도 아니다. "이상한 감정"과 함께, "바보처럼, 백치처럼, 얼빠진 사람처럼 멍한 상태에 빠져 주춤하다가, 간신히 정신을 가다듬고" 나면 "강렬한 호기심"을 불러일으키며 시선을 사로잡는 내 주변의 하찮은 일상들이다. "어딘가 따뜻한 둥지를 구해서 안락한 삶을 살기 위해 오랫동안 바쁘고 복잡하게 살아온 뻬쩨르부르그 사람들에게는 이미 사소하고 시시한 것이 되어버린 지 오래이며, 싫증이 날 대로 난 허망한 것들"이다. 그렇지만 막 죽음과도 같은 잠에서 깨어난 도스또예프스끼의 눈에는 "일상의 권태와 울적함"이 신기하게 비치고, "사소하고 시시한 것"들이 "신선한 감응, 새로운 희망"으로 반짝이게 된다.

◆ ◆ ◆

"일상의 권태와 울적함"에서 새로운 희망을 느낄 수 있는 사람은 어떤 사람일까? "문명화된 신사"는 절대 아니다. 사소하고 시시한 일상에서 신선한 감응을 느낄 수 있는 사람은 앞으로 살아갈 날이 60년이나 남은, 튼튼한 몸을 가진 사람도 아니다. 생명의 유한성을 가장 절박하게 인식해본 사람, 고독하게 죽어가는 사람이 겪는 공포를 체험해본 사람, 사람을 소스라치게 만드는 주변 이웃의 냉기를 느껴본 사람, 성큼 달려가고 싶은 세상이지만 멀리 떨어진 채 그저 물끄러미 바라만 볼 수밖에 없는 병약한 사람들이다.

그들의 눈에 비친 세상의 아름다움이란 누군가에게는 너무나 사소하고 시시한, 그래서 권태롭기 짝이 없는 일상이지만, 삶을 지속하게 만드는 일상이다. 아름다운 공동체 속에서 나의 자유로운 일상이 주는 아름다움이다. 하지만 그 평범한 일상 속에서도 자신의 자리를 쉽게 찾을 수 없는 사람들의 물기 촉촉한 눈동자에 맺히는 그런 아름다움이다.

인류의 역사에서 근대는 일상이 유지될 수 없는 시대였고, 진부한 일상이 파괴된 폐허 위에 쌓아 올린 바벨탑을 문명이라고 여겼던 시대였고, 싫증이 난 일상을 지탱해주던 사상과 사람까지 송두리째 부정하고 손가락질하는 것을 진보라고 여겼던 시대였다. 누군가에게는 진부하고 싫증나는 일상을 지키고자 하는 우직함과 고집스러움이 박해받고 천대받던 시절이었다. 그리하여 "실생활의 원천"이 고갈되어 버렸던 시대였다.

일본의 사상가 다키 고지는 일상성을 "인간이 세계에 정착해 사는 방식"이라고 정의한다.[3] 일상성은 하찮은 것 같지만 실질적으로 '세계를 지탱하는 힘'이다. 무엇과도 바꿀 수 없는 가치가 '문화'라는 형식으로 남아있는 곳이 바로 우리가 일상이라고 부르는, 너무나도 사소하고 권태로운 하루하루의 삶이다. 그런 삶이 지속될 때 세상이 유지되고 또 세상이 아름다울 수 있지만, 일상이 무너지면 세계도 같이 무너진다. 아름다움도 자취를 감추면서 죽음과 부패와 악취만 넘친다.

아름다움이 세상을 구원할 것이라는 도스또예프스끼의 예언은 20세기에 들어와서 정확하게 증명되었다. 문명화된 신사들로부터 권력을 위임받은 문명사회의 비범인들이 일으킨 전쟁으로, 온 세계의 일상이 송두리째 도륙나고 만 것이다. 덩달아 아름다움도 종말을 고하면서 세상마저 붕괴되고 말았다. 21세기에 들어와서는 더 무너질 세상이 없다고 해야 할 정도로 모든 것이 자취를 감추고 말았다. 남은 것이 있다면 세계화된 시장뿐이다. 아름다움도 시장에서 사고 팔 수

---

3 다키 고지, 《전쟁론》, 지명관 옮김, 소화, 2001. 86쪽.

있는 아름다움만 남았다. 시장에서 팔리지 않는 것, 팔 수 없는 것들은 전부 냄새나는 쓰레기, 철거해야 할 흉물이요, 격리해야 할 세균 덩어리들이며, 살처분해서 매립해야 할 유해한 단백질 덩어리들이다. 자동화 시대의 길거리에는 쓸모없이 인건비만 축내는, 누군가에게는 혐오감을 부추기는 잉여인간들이 넘쳐난다. 일상의 아름다움이 사라졌다. "실생활의 원천"도 사라졌다. 그 자리에는 "돈으로 주조"된 아름다움들만 빼곡하게 채워져 있다.

> 실생활이란……. (중략) 지독히 단순하고 가장 평범한 것으로 일상에서 시나브로 눈에 띄는 것이라 여겨집니다. 그러나 그것은 너무도 단순하기 때문에, 그렇게 단순하리라는 것을 우리가 아무래도 믿을 수 없어 자연히 몇 천 년 동안 그것을 알아차리지도 알지도 못하고, 우리는 그 옆을 지나치고 있는 것입니다.
>
> 《미성년》, 387쪽

13장

어리석은 자들의 맑은 영혼

인간은 원래 유약한 몸과 무지를 안고 태어나는 까닭에 "우스꽝스럽고 경솔하며, 때로는 쓸데없는 타성에 젖어 권태로워하기도 하고, 사물을 바로 볼 줄도, 판단할 줄도 모르"는 어리석은 존재이다. 그래서 거짓을 일삼고, 끔찍한 죄를 지어 "불행한 사람"이 되기도 하고, 어처구니없는 실수를 거듭하여 수치심에 밤을 지새우기도 하는 것이다. 신이 아닌 다음에야 "모든 것을 단번에 이해하고 항상 완전함으로 갖추고 일을 시작"할 수는 없는 것 아닌가.

사실 인류의 역사는, 인간의 태생적 어리석음에 동반하는 고행과 수난의 쇠사슬을 끊으려고 발버둥친 흔적이 쌓인 것이다. "세상은 어리석음 위에 세워졌고 그것이 없다면 세상에는 아마 아무런 일도 일어나지 않았을 것"이 틀림없다. 인간이 신을 창조하고 또 믿게 된 것도 인간의 무지와 어리석음 탓이었으니…….

인간이 어리석음에서 비롯된 고행에서 풀려나기 시작한 것은 인간이 사유하는 주체로 변신하면서부터이다. 사유하는 인간이 가진 이성의 힘은 인간의 어리석음 위에 창조된 모든 것들, 어리석은 인간들이 스스로를 보호하기 위해 마련한 모든 것들을 쓸모없게 만들거나 힘을 빼앗아 버리고 말았다. 인류의 역사가 이성의 시대로 진입하면서 신비함과 신성함이 가진 힘은 거세되었고, 그 앞에 무릎을 꿇던 인간은 경배의 대상이 사라지면서 전능하면서도 한없이 오만한 존재로 바뀌고 말았다.

되감을 수 없는 태엽에 감겨 있는 가련한 피조물에 불과하던 인간은 20세기에 들어오면서 신의 힘을 빌리지 않고서도 인간의 몸을 창조하고 개조할 수 있는 능력까지 갖추게 되었다. 마침내 태엽을 되감을 수 있는 기술이 개발되더니 인간의 이성마저 대체할 수 있는 기계이성, 인공지능을 세상에 내놓을 수준에까지 이른다.

근대는 인간에게 "한량없이 위대한 존재"였던 신이 사실은 존재하지 않음을, 인간이 만들어낸 허구란 사실을 과학이 입증한 시대이다. 그리하여 인간은 더 이상 자신의 어리석음 때문에 지은 죄로 가슴을 치며 무릎을 꿇고 빌 필요가 없어졌다. 용서를 구할 대상이 없어졌기 때문이다. 대신 복종, 경배의 대상이 달라졌다. 인공지능의 '계시', 즉 무인자동화 시스템에 다소곳이 무릎을 꿇고 그 어떤 저항도 없이 일사불란하게 절대복종을 하고 있는 것이다. 도스또예프스끼가 이 모습을 보았더라면 21세기의 인간들은 영혼이 없거나 있더라도 죽은 영혼이라 했을지도 모르겠다. 살아있는 영혼은 절대 "기계학에 순종하지 않으며, 의심이 많고 반동적"이라는 것이 도스또예프스끼의 영혼관이었기 때문이다.

디지털 문명으로 탈바꿈한 21세기의 멋진 신세계는 사랑과 용서, 화해와 조화보다는 능력과 성과, 경쟁과 혁신을 바탕으로 세워진 세상이다. 남을 밟고 올라서지 않으면 한순간에 자신이 나락으로 굴러떨어지고 마는 절박함, 자신의 어리석음을 감추기 위해 남을 심판할 수밖에 없는 각박함으로 가득 찬 세상이다. 어리석음이 아니라 '스마트함' 위에 세워진 세상, '스마트'한 사람들만 살아갈 수 있는 세상이다.

게다가 디지털 문명은 그 어떤 것도 지속가능하지 않고 물이 흘러가듯 흘러갈 뿐이며, 모든 사물과 사상의 생성과 소멸의 주기가 어지러울 정도로 빠르다. 액체처럼 "유동하는 세계"[4] 인 것이다. 그런 세상에서 지난 시절 어리석은 인간들의 속성이라고 할 수 있는 미련함이랄지 우직함, 고집스러움, 배려와 양보, 믿음과 사랑, 존경과 감사, 이해와 용서 같은 감정들도 빠른 물살에 휩쓸려 떠내려가 버렸다. 한 집안 식구들도 흩어지고 흘러가서 과학(DNA)으로 증명되지 않으면 가족인지조차도 알기 어려운 세상이다. 스메르쟈꼬프의 아버지가 누구일까? 유전자 검사를 하지 않는 이상 추측만 할 수 있을 뿐이다.

길거리에서 노숙을 하는 고아이면서 백치 소녀인 리자베따가 이 시대에 태어났다면 신앙이 깊은 사람들이나 어린 아이들로부터 사랑과 보호를 받으며 살아갈 수 있을까? 미쉬낀 공작 같은 간질병 환자들의 처지는 또 어떨까? 나무가 자동차 주행에 방해가 된다고 생각하는 사

---

4 지그문트 바우만, 《고독을 잃어버린 시간》, 조은평 · 강지은 옮김, 동녘, 2012. 15~23쪽.

람은 많아도 아름드리 당산나무 아래에서 편안함과 행복을 느끼는 사람이 얼마나 될까? 발 내디딜 때마다 투기와 투자의 대상이 될 만한 땅을 살피는 사람은 있어도, 내딛는 걸음마다 "아름다운 사물들이 펼쳐져 있음"에 감동하는 사람이 얼마나 있을지 모르겠다.

신성함과 거룩함이 존중되던 시절에 신앙심의 밑바탕이 되었던 고행과 수난은, 이성의 불빛이 어둠 속의 신비와 신성함을 몰아 낸 시대에는 어리석고 무모한 기행으로 취급된다. 이성과 계몽의 시대에 미쉬낀 공작 같은 인물은 무능하고 어떤 면에서는 무례하기도 하고 시대의 변화를 수용하지 못하여 사회질서에 적응하지 못하는 '바보 천치'라 불린다. 사라지고 보이지 않는 것들이나 아주 오래된 것만을 기억하고, 그러면서도 '지금' '여기'에 적응하지 못하는 사람들은 '치매 환자'라고 진단한다. 그리고 그런 '바보 천치'나 '치매 환자'들을 한 곳에 따로 소복이 모아두고 있다. 갇힌 사람들은 매일 절규를 하고 통곡을 한다. 빨간 고추 말리던 마당에서 자유로이 거닐고 싶다고! 돌아가고 싶다고! 어린 날의 기억이 남아있는 그 시절로…….

◆ ◆ ◆

도스또예프스끼가 자신의 주인공이라고 했던 알료샤의 가족은 철저하게 해체된다. 생모는 네 살 되던 무렵에 이미 저 세상 사람이었고, 홀아비가 된 아버지는 자식들을 내팽개치고 집안을 창녀의 소굴로 만들더니 피붙이의 패륜에 비참하게 목숨을 잃는다. 이복형 중 큰형은 억울하게 존속살해의 누명을 덮어쓴 채 유형지로 보내졌고, 작은형은 중병으로 인사불성 상태에서 시름시름 앓으며 죽어간다. 이복동생인 스메르쟈꼬프는 불행하게 태어나서 단 한순간도 행복하게 살지 못하고 친부를 죽인 뒤 스스로 목숨을 끊는다. 알료샤도 수도원을 떠나 언제 되돌아올지도 모를 먼 길을 떠나야 할 처지였지만 돌아올 곳도 의지할 데도 없는 외톨이 신세였다. 그리고 일류샤의 어린 친구들도, 근대의 성공한 성인이 되기 위해 곧 둥지를 박차고 뛰쳐나가 뿔뿔이 흩어진 채 불안한 자유를 누리며 성장해가게 될 아이들이었다.

도스또예프스끼의 시대에 중학교도 못 마친 "괴짜"였고, "이상한 사람"이며, "특수하고 고립된 존재"인 유로지비형 인물, 알료샤의 인격에 가장 중요한 영향을 미친 것은 유년시절의 기억이다. "두 살 때부터" 기억 가능한 "어머니의 얼굴과 그 부드러움"으로, "모든 것이 묻혀버린 어둠 속에서 솟는 빛줄기처럼, 혹은 형상을 알 수 없이 발기발기 찢긴 커다란 그림 조각들처럼 한평생 뇌리에 남아있는", 유년 시절 어머니에 대한 기억이 알료샤를 절대적으로 아름다운 인간으로 만든다.

천재 작가 도스또예프스끼를 만든 것도 어린 시절의 추억이다. 그 추억은 "달착지근한" 것으로 성인이 된 한 인간의 "괴롭고 아프고 지치고 슬픈" 가슴에 "새로운 힘을 주어 소생"시키는 힘을 가지고 있다. "삶에 대한 최초의 달콤한 경이감에 부풀어 올랐던 기억"에서부터 "무성한 푸른 초원 위에서 꽃들과 놀던 기억"과 어머니의 자장가 소리에 "무지갯빛으로 빛나는 꿈"을 꾸며 잠이 들면 요정들이 도스또예프스끼의 작은 요람을 날개로 감싸주던 기억까지…….

이 아련하면서도 달착지근한 기억들, 술잔에 눈물과 슬픔을 타서 마실 때 가슴을 할퀴면서 떠올라오는 기억은 내가 살아있음을 확인하면서 느끼게 되는 경이감과 감사의 마음을 불러일으키기에 충분하다. 근대의 아이가 자신도 모르는 사이에 성인이 되고 난 뒤 잠을 청하는 침대에는 요정이 날아들지도 않으며, 어느새 늙어버린 뒤에 꾸는 꿈은 무지갯빛이 아니라 먹빛이기 때문이다. 먹빛 사이로 희미한 한줌의 빛이 비추는 길을 따라 요정 대신 유령이 나타나 늙은이를 죽음으로 인도한다.

"사랑할 줄 모르는 어른"들의 기억에는 충족하지 못한 욕정이나 욕망 때문에 생긴 회한과 증오가 넘쳐나겠지만 때 묻지 않은 어린 시절의 추억에는 사랑과 용서, 화해와 조화로 가득 차 있다. 가난한데다 병까지 들었던 일류샤는 아버지의 치욕을 씻기 위해 악동들로 가득 찬 학급 전체와 혼자 맞서 싸운다. 그러나 분노와 적개심은 한순간일 뿐, 아버지와 자신의 명예까지 짓밟던 친구들을 용서하고 화해하고 사랑하게 된다. 사랑과 용서의 힘인지 그는 죽어서도 주검에서 썩는 냄새가 나지 않는 꼬마 성자가 된다.

알료샤는 일류샤의 친구들에게, 가난하고 병약한 일류샤에게 따뜻한 손길을 내밀었던 어린 시절의 "아름답고 선한 감정"들, 무덤 속의 삶이 쓸쓸하지 않게 참새들이 찾아올 수 있도록 빵 조각을 자신의 무덤가에 뿌려달라는 친구의 마지막 부탁을 들어주던 어린 시절의 "아름답고 신성한 추억"을 꼭 간직하자고 당부한다. 어린 시절의 아름다운 추억은 세월이 흐른 뒤 "해체된 개체"가 되어 자칫 "냉소적이고 잔인한 인간"이 될지도 모를 근대의 아이들을 "커다란 악으로부터 지켜 줄 수 있는 힘"이 되기도 한다면서. 그리고 사랑하는 사람의 추도식에서 사양하지 않고 배불리 마음껏 많이 먹는 러시아 민족의 오래된, 그리고 영원히 지속될 전통과 풍습을 따르기 위해 일류사의 추도식장으로 함께 떠난다.

전통! 도스또예프스끼는 전통이라는 이 한 마디를 하기 위해서 그렇게 많은 글과 말을 쏟아 냈는지도 모른다. 인간이 한평생 아름답고 선한 감정으로 서로 손을 잡고 살 수 있게 하는 힘은, 죽은 뒤에라도 "부활과 갱생"을 통해 다시 만나 기쁘고 즐거웠던 지난날을 이야기할 수 있게 하는 것은, 어린 시절의 아름다운 기억이 배여 있는 전통과 풍습임을 유언처럼 남기고 도스또예프스끼는 길고도 긴 장편소설을 마무리한다. 그리고 곧 이어 지상의 짧은 삶을 마치고 천상에서 영원한 삶을 이어간다.

삶의 아름다웠던 순간들은 잠시도 머물지 않고 흘러가고 또 흩어진다. 그런데 흘러가버린 순간들은 거품처럼 사라지는 것이 아니라 기억 속에 차곡차곡 퇴적되어 한 인간의 삶을 구성한다. 그 기억을 담은 육신은 소멸될지라도 "살아있는 영혼"에 의해서 지나간 순간의 아름다움으로 부활하기도 하고 갱생되기도 한다. 그렇게 부활, 갱생한 기억들이 세대를 이어 전해져 내려오는 것이 바로 "성스런 전통"이다. "살아있는 영혼"이 영원한 삶을 사는 보금자리는 바로 이런 "성스런 전통" 안에 지어진다. "성스런 전통"은 단순하면서도 시시하지만 결코 무시할 수 없는 "실생활의 원천"이기도 하다. 이것은 기하학과 수학으로는 건설될 수 없는 것이다. 그러므로 "유클리드적 지성"으로 다져진 근대의 과학자들과 같은 "교육받은 계층"에게는 "성스런 전통"이란 것이 있을 리도 없고, 이해할 수도 없다. 또 유클리드 기하학과 수학적 법칙으로는 삶의 의미와 삶의 아름다움을 설명할 수 없다. 그것은 생명 없는, "죽은 형태를 인식하는 방법"[5]이기 때문이다.

도스또예프스끼에게 전통이라면 당연히 러시아 정교에 뿌리를 둔 문화와 신앙의 전통일 것이다. 하지만 "요새도 그런 것 쓰세요?"라는 말이 인사말이 된 요즘 우리 사회에도 전통이란 게 있다면, 그것은 아버지의 아버지, 또 그 아버지의 아버지 시절로부터 전해져 내려오던 것, 얼굴도 알 수 없는 할머니의 할머니의 할머니로부터 전해져 내려오던 것을 바보처럼, 백치처럼 고집스럽게, 우직하게, 미련하게 사랑하는 사람들이 지키고 있는 것이다. 그런 어리석은 사람들을 우리는 '꾼'이나 '장이'라고 부른다. 삶의 아름다움과 기쁨까지 느끼게 만드는 전통을 지킨다는 것은 수구꼴통이라거나 국수적인 민족주의와는 성격이 다르다. 전통은 눈에 보이는 실체가 아니다. 이것은 "아득한 옛날 한가하고 즐겁든 세월로부터/실 같은 봄비 속을 타는 듯한 여름볕 속을 지나서 들쿠레한 구시월 갈바람 속을 지나서/대대로 나며 죽으며 죽으며 나며 하는 이 마을 사람들의 의젓한 마음을 지나서 텁텁한 꿈을 지나서/지붕에 마당에 우물둔덩에 함박눈이 푹푹 쌓이는 어느 하룻밤/아배 앞에 그 어린 아들 앞에 아배 앞에는 왕사발에 아들 앞에는

5 오스발트 A.G.슈펭글러, 《서구의 몰락》, 양해림 옮김, 책세상, 2008. 27쪽.

새끼사발에 그득히 사리워오는/"것들로, "히수무레하고 부드럽고 수수하고 심심한 것"이며, "그지없이 고담(枯淡)하고 소박(素朴)한[6]" 것들이다. 낡고 시시하여 한없이 진부한 것처럼 보이기도 하지만 뿌리가 뽑힌 근대 인간들의 황무지처럼 황폐해진 정신세계에 언제나 맑은 샘물이 있는 쉼터 같은 역할을 하는 것이다. 하여 어린 시절의 기억이 밴 전통이 해체되고 소멸된 세상은 한결 더 화려하고 자유롭고 편리하게 보일지는 몰라도, 그 세상을 살아가는 사람들은 불안과 우울에 시달리며 하루하루의 삶을 소진해나간다. 그러다가 몸이 먼저 소진(burn out)된다. 하지만 그렇게 닳고 해어진 몸이 돌아갈 고향도 없다. 그냥 길거리에 퍼질러 앉아 이슬을 맞고, 마시며(露宿) 살다 흔적도 없이 소멸될 뿐이다.

◆ ◆ ◆

도스또예프스끼는 자신의 시대를 "과학 만능의 시대"요, "자유로운 지혜와 과학과 식인이 미쳐 날뛰는 세월"이라고 평가한다. 과학은 물론 예술과 종교도 지향하는 가치가 다를 뿐 인간의 지혜와 지식의 산물이라는 점은 같다. 따라서 예술 없이 과학만 존재하는 세상이 있을 수도 없고, 과학 없이 예술만 존재하는 세상이 있을 리도 없다. 도스또예프스끼가 과학에 진저리를 친 것은 과학 자체를 부정한 것이 아니

6 백석, 〈국수〉 중에서

라 과학이 예술은 물론 종교의 가치마저 압도해버리던 시대 분위기에 절망한 탓일 게다.

다만 한 가지 확실한 것은 과학이 정의하는 개념과 공식·법칙만으로는 유로지비 같은 어리석은 사람들이 품고 있는 내면의 가치나 병자들만이 경험할 수 있는 영혼의 세계를 평가할 수 없다는 것이다. 그리고 전통에 뿌리를 둔 삶을 설명할 수도 없다. 그것은 과학과 이성으로 꾸려지는 것이 아니기 때문이다. 민족의 정체성은 과학이 아닌 신화가 만든 것이므로 과학으로는 내 민족의 정체성을 확인하기도 어렵다. 과학은 죽음을 인식의 대상으로 삼지도 않는다. 하지만 죽음이 없는 삶이 있을 수 있는가? 과학은 질병이 없는 무균질의 사회를 지향할 뿐, 질병의 고통으로 담금질된 맑은 영혼의 세계에 대해서는 아는 것이 없다. 과학의 눈에 질병이란 그저 퇴치하거나 박멸해야 할 악일 뿐이다.

인간은 과학으로는 설명되지 않는 형이상학적 존재이지만, 첨단과학은 유전자나 신경 뉴런 하나로 인간의 모든 행위와 사고까지 버무리려고 덤벼든다. 도스또예프스끼는 과학을 부정한 것이 아니라, 우주의 삼라만상과 무한광대한 인간의 정신세계까지 과학의 공식과 법칙으로 설명하려드는 과학자들의 "녹슨, 경박한 물질주의 상투"[7]를 잘라버리고 싶었던 것이다.

완전한 삶을 구성하는 데는 예술도 필요하고 과학도 필요하고 종교도 필요하다. 그러나 문명의 빛이 퍼지면서 어리석은 인간들이 무릎을

---

7 융, 《정신요법의 기본문제》, 205쪽.

꿇고 손 모아 머리를 조아리던 거룩한 존재들은 힘을 잃고, 그에 따라 믿음조차 시장에서 거래되는 산업으로 변질되었으며, 예술의 정신도 변패되어 미(美)가 투자와 투기의 대상으로 전락한 채 과학만 득세하는 세상이 되고 말았다. 그리하여 과학과는 무관한 어리석은 사람들의 맑은 영혼이 빚어낸 고졸(古拙)의 아름다움도 자취를 찾을 수 없게 되었다.

마을 축제가 사라지고, 산이 깎여 나가고, 들이 콘크리트로 뒤덮이고, 나무와 새, 꽃, 벌, 나비를 구경하기 힘든 근대도시에는 돈으로 주조된 아름다움만이 상층부에 박제된 채 전시되고, 하층부는 더럽고 냄새나고 세균이 득시글거리는 쓰레기와 비명과 아우성으로 소란스럽기만 하다. 지난 시절 어둠 속에 숨어있던 악령들은 보란 듯이 거리를 활보하고, 불안과 우울은 계층을 가리지 않고 그림자처럼 사람들의 꽁무니를 따라다닌다. 근대도시의 시장에는 없는 것이 없고 돈만 있으면 돌아가신 아버지, 어머니까지 복제해서 되살릴 수 있다. 돈만 있는 인간들의 오만함이 하늘을 찌른다.

다만 한 가지가 없다. 양심이 담금질하여 키워 낸 맑은 영혼이다. 그런 영혼이 만들어내는 고졸한 몸짓과 겸손한 말투는 OECD 기준에 비추어보면 참으로 어리석은 짓이고, 백치가 내뱉는 말로 들리겠지만.

14장

어짊(仁)에 의지하여 예(藝)에 노닐다

세상은 점점 냉혹해지고 있어. 몇 년 더 지나면 또 우울한 고독이 뒤따를 거야. 목발을 짚고 부들부들 경련을 일으키는 노년이 찾아오겠지. 그리고 그 뒤에는 우수와 권태가 뒤따를 거야. 너의 환상의 세계도 빛을 잃겠지, 그리고 꿈은 시들어 낙엽처럼 떨어지고 마침내 사라져버리겠지…….

《백야》, 264쪽

그런 거다. 삶이란 "편안함이 인생의 전부라고 선전되던" 도스또예프스끼의 시대에도 "어리석고 동그란 원, 그저 한낱 꿈" 같은 것이었고, 빠름과 스마트함이 인생의 전부요 최고의 경쟁력이라고 선전되는 디지털 시대에도 삶은 "꿈처럼 환영처럼" 순식간에 지워지고 날아가버리고 마는 것이다. 세상이 냉혹해지고 삭막해지고 점점 더 잔인해지는 것도 도스또예프스끼의 시대와 크게 달라진 것은 없다. 도시는 24시간 환상의 색채로 반짝이고 있지만, 그늘진 뒷골목에는 여전히 "그림자처럼, 까닭없이 목적도 없이 우울하고 침울"한 표정의, 사람인지 유령인지 쉽게 가늠하기 어려운 생명체들이 서성이고 있다. 디지털 문명에는 어리석음이 끼어들 틈이 없지만, 아무리 그래도 인간은 원래 어리석은 존재 아닌가? 냉혹한 세상에서 혼자 힘으로는 단 한순간도 삶을 지탱할 수 없을 만큼 유약한 존재가 바로 인간 아닌가? 그래서 더 절망적인 거다.

이제는 어리석은 사람들뿐 아니라 총명한 이성을 가진 사람들까지 잉여인간이 되어 불안하고 불쾌하고 불만스런 표정으로 길거리를 쏘다니고 있다. 디지털 문명의 축제에서는 기계이성, 인공지능이 인간의 이성을 대체하기 때문에 인간의 사유능력이나 기억력이란 게 별 쓸모가 없다. 게다가 21세기의 첨단과학은 인간이란 A(아데노신), C(시토신), G(구아닌), T(티민), U(우라실)이라는 뉴클레오티드의 조합으로 이루어진 단백질 덩어리로, 뉴런의 지령에 따라 움직이는 화학물질에 불과한 존재라고 설명한다.

인간이 아무리 죽음 앞에 무력한 존재라고 하더라도 한 인간의 삶에 어떻게 눈물과 우수와 비애와 절망만 가득할 수 있겠는가? 흘러가 버린 순간들이 퇴적된 것이 삶이기에, 지상의 모든 삶에는 반드시 영혼을 춤추게 하던 기쁨과 환희의 순간들이 있기 마련이다. 시간에 파묻혔던 그 순간의 기억들이 다시 살아나면 삶은 새로워지고 화사한 빛깔로 채색된다. 그리하여 지난 시절의 슬픔도 "인간의 삶의 위대한 비밀"에 의하여 "고요하고 감동적인 기쁨"으로 바뀌게 된다. 그래서 사람들은 스쳐 지나가버리는 일상의 공허와 허무를 달래기 위해, 뻬쩨르부르그의 몽상가처럼 불타버리고 남은 "재 속을 헤집듯 자신의 낡은 몽상"을 뒤적거리는 것이다. 물처럼 흘러가는 시간을 '지금' '여기'에 붙들어두려고 몸부림을 치는 것이다. 그 몸부림이 바로 헤겔이 "자신을 드러내 보이려는 꿈틀거림"[8]이라고 했던 예(藝)의 정신이요, 생명이 있는 실체의 자기운동[9]이며, 오로지 인간만이 즐기고 또 누릴 수 있는 유희의 문화다.

로봇이 세상을 지배하고, 기계이성에 인간이 무력하게 굴종할 수밖에 없는 시대에, 인간의 역할이 더 이상 필요 없는 자동화·무인화·전산화의 시대에, 아무리 어리석은 인간이라 할지라도 삶을 마치는 마지막 순간까지 인간으로 남아있어야 함은 두말할 필요도 없다. 비록 세상이 쓸모없는 잉여인간이라 하여 내버렸다 할지라도, 인간은 어디까지나 인간인 이상 자기 자신을 잃지 않으려고 쉼 없이 꿈틀댄다. 그것은 생명의 율법이다. "한 포기의 풀, 한 마리의 곤충, 한 마리의 개미도 이성을 갖지 못하고도 자신의 길을 놀라울 만큼 잘 알고 있고, 하느님의 신비를 증명하고 있으며, 끊임없이" 자신의 삶을 완성해가고 있지 않은가!

꿈틀거림은 살아있음의 증거요, 내 삶에 나만의 색채를 입히려는 영혼의 몸부림이며, 죽음의 공포를 떨쳐 내려는 간절함이기도 하고, 삶

---

8 안네마리 게트만·지페르트 편집, 《헤겔, 예술철학》, 한동원·권정임 옮김, 미술문화, 2008. 100쪽.
9 G.W.F. 헤겔, 《정신현상학 I》, 임석진 옮김, 한길사, 2011. 214쪽.

을 가능케 하는 아름다움의 원천이기도 하다. 그리고 냉혹하다 못해 잔인무도하기까지 한 세상에 내동댕이쳐진 유약하고 어리석은 내 자신을 지키려는 "위대한 거부"요, 저항이다. 숭고하고 거룩한 존재에 대해 겸허히 무릎꿇게 하는 내면의 다그침이기도 하다. 물거품처럼 사라지고 마는 환희, 기쁨의 순간에 영원한 생명을 부여하게 하는 기술이다. 이 모든 것들이 예(藝)의 근간이요 정신이다.

도스또예프스끼의 기록은 자기 시대에 절망한 사람이 기록한 절망의 기록이다. 병든 몸으로 병든 시대를 살았던 병자가 남긴 병록지다. 세상의 발 빠른 변화를 따라잡지 못하는 어리석은 자들의 질투과 시기가 뒤섞인 푸념이기도 하다. 그런 어리석은 병자가 남긴 절망의 기록 속에도 삶의 의지를 다지게 만드는 몇 구절이 숨어있다. "삶을 향한 갈망을 이길 만한 그런 절망"은 이 세상에 존재하지 않는다는 것! 그래서 "삶의 모든 1분이, 삶의 모든 순간이 인간에겐 축복"이 되도록 해야 하는 것이 "인간이라는 존재의 율법 자체"라는 것. 그리고 그런 축복받은 삶을 가능케 하는 "위대한 자극제"[10]가 바로 예(藝)의 정신이요 유희의 문화라는 것까지.

◆ ◆ ◆

도스또예프스끼는 미쉬낀 공작을 백치라고 불렀지만 그것은 어디

---

10 니체, 《우상의 황혼》, 162쪽.

까지나 문명사회의 기준에 맞추어 평가한 것이다. 동아시아 문화권의 시각에서 보면 미쉬낀 공작은 진정 어진 사람이다. 그는 시류에 함부로 흔들리지 않는 굳센(剛毅) 의지로 자기 길을 고집하는 한편, 꾸밈과 가식이 없는 소박함(朴)을 지니고 있다. 모국어인 러시아말조차 더듬거릴 정도로 말이 어눌(訥)한 사람이지만, 교활하지도 않으면서도 간결하고 선명하며, 남과 자신을 비교하지도 않고, 모욕을 받아도 가슴에 묻어 두질 않으며, 남의 심판자가 되려는 뜻도 없는 사람이다. 더하여 세상을 보는 눈은 맑아서 혼탁한 세상에서도 아름다움을 찾아내고 대립과 갈등보다는 용서와 화해를 추구하는, 참으로 어진 사람이다. 미쉬낀 공작을 비롯해서 알료샤, 마까르 돌고루끼, 소냐, 리자베따……. 도스또예프스끼 소설 속의 모든 유로지비들이 다 그렇다. 이성의 기준에서 보면 어리석은 듯해 보이지만 그들은 순결하게 어진 사람들이다.

우리 옛 조상들은 미쉬낀 공작이나 알료샤 같은 이들이 지닌 어리석은 심성에 의지하여 삶을 즐기고 가꿀 줄 아는 지혜가 있었다. 어리석으면서도 어진 사람들이 추구하던 아름답고 여유로운 삶의 철학은, 어리석음이 용납되지 않고 기쁨과 슬픔, 눈물과 환희가 없고 이성의 기능만 득세하는 이 시대를 헤쳐 나가는 한 가닥 힘이 될지도 모른다.

도스또예프스끼는 이성과 계몽의 시대와 전혀 어울리지 않는 어리석은 병자였지만, 천상의 행복으로 가는 길(道)을 고집하며 한평생 글쓰기라는 놀이(遊)를 통해 병든 시대를 거뜬히 헤쳐 나왔던 위대한 예술가였고 어진 삶을 실천한 바보 성자였다.

도에 뜻을 두고 덕을 잣대로, 어짊에 의지하여 예에 노닌다.

志於道 據於德 依於仁 遊於藝

《논어》, 술이편

도스또예프스끼에게 질병을 극복했다는 식의 평가는 오히려 모독일 수 있다.
그는 질병의 고통을 삶의 한 부분으로 당당하게 끌어안았다.
그는 의사들이 세워놓은 정상과 비정상의 경계를 거부하고
생명과 건강의 가치를 다시 정립하게 만들었다.